Kaizen

The Key to
Japan's Competitive Success

改　善

珍藏版

[日] 今井正明　著

周亮　战凤梅　译

机械工业出版社

CHINA MACHINE PRESS

图书在版编目(CIP)数据

改善(珍藏版)/(日)今井正明著;周亮,战凤梅译.—北京:机械工业出版社,
2017.1(2025.8重印)
(精益思想丛书)
书名原文:Kaizen: The Key to Japan's Competitive Success

ISBN 978-7-111-55938-2

I. 改… II. ① 今… ② 周… ③ 战… III. 企业管理—研究—日本 IV. F279.313.3

中国版本图书馆CIP数据核字(2017)第009263号

北京市版权局著作权合同登记 图字:01-2009-6192号。

Masaaki Imai. Kaizen: The Key to Japan's Competitive Success
ISBN 0-07-112647-3

Copyright © 1986 by Kaizen Institute, Ltd.

Simplified Chinese Translation Copyright © 2017 by China Machine Press. This edition is
authorized for sale in the Chinese mainland (excluding Hong Kong SAR, Macao SAR and Taiwan).

改善(珍藏版)

出版发行:机械工业出版社(北京市西城区百万庄大街22号 邮政编码:100037)
责任编辑:董凤凤   责任校对:殷 虹
印   刷:固安县铭成印刷有限公司   版   次:2025年8月第1版第13次印刷
开   本:170mm×242mm 1/16   印   张:17.25
书   号:ISBN 978-7-111-55938-2   定   价:69.00元

客服电话:(010)88361066 68326294

当今的商业环境，用"复杂、严峻"形容毫不为过。后疫情时代叠加地缘政治紧张、经济周期调整、供应链重构、消费者信心波动、不确定性激增等挑战，让中国企业普遍感受到前所未有的压力。作为深耕企业运营改善多年的咨询顾问，我观察到许多寻求出路的企业，往往走向两个极端：要么期待靠一次"大手笔"的颠覆式创新或技术跃进拯救全局，要么在焦虑中"病急乱投医"。

今井正明先生的《改善》，依然可被视作面向这个时代的清醒剂和行动指南。这本持续改善领域的权威著作，是今井正明先生持续改善"三部曲"的第一部（其他两部为《现场改善》和《战略改善》）。它首次系统地将日本战后崛起的核心管理哲学——持续改善（Kaizen），带到了全球舞台。持续改善的核心思想异常朴素，却无比有力：持续不断、全员参与、聚焦现场的渐进式改进，是组织打造韧性和竞争力的基石。

为什么在当前环境下，持续改善思想尤为关键？我有三点观察：

1. "小改善"是应对"大不确定"的务实策略。面对从 VUCA 时代到 BANI 时代[⊖]，大规模颠覆性变革风险高、代价大。

⊖ VUCA 是 volatility（易变性）、uncertainty（不确定性）、complexity（复杂性）和 ambiguity（脆弱性）的英文首字母缩写。BANI 是 brittleness（脆弱性）、anxiety（焦虑感）、nonlinearity（非线性）和 incomprehensibility（不可知性）的英文首字母缩写。——编者注

改善倡导"小步快跑""快速迭代",允许在可控范围内低成本试错、学习和积累进步。 对于存在大量浪费的企业,持续改善是见效快、风险低的稳健增长路径。

2. 改善文化是驾驭技术浪潮的"底盘"。人工智能、数字化、自动化无疑是当今的热点。 但作为咨询顾问,我在服务企业时常常看到:先进技术引入后,效果不及预期。 问题往往不在技术本身,而在于缺乏承接技术的土壤,即持续改善的文化和体系。 拥有持续改善文化的组织,更能有效运用新技术,因为它们有良好的标准化做基础,有全员参与的改善意识,有尊重现场和数据的习惯,能精准识别技术应用的关键点,并将其融入价值流优化。 更重要的是,持续改善所培养的开放心态和适应变化的能力,正是拥抱技术变革的关键。 反之,缺乏改善文化的企业,容易陷入"为数字化而数字化"的陷阱。

3. 改善是连接传统智慧与现代管理的桥梁,对中国企业尤其如此。改善理念与中国"苟日新,日日新""精益求精"的理念高度契合。 许多中国企业家崇尚激进式变革(如重组、并购、激进转型),视改善为"小打小闹"。 今井先生对此早有警示:"激进式变革往往是危机下的急救措施……而持续改善能让企业拥有承受激进式变革的强健体魄。"在中国追求高质量发展的今天,"积小胜为大胜"的耐心智慧,正是夯实"中国智造"根基、获得可持续竞争力的关键。

深入研读《改善》,我们会领悟到,这看似简单的二字背后,蕴藏着丰富的内涵:它是一种追求持续进步的哲学理念,是人类与组织生存发展的底层逻辑;它是一种发生在"每人、每天、每处"的企业文化;它是一套融合战略目标(方针管理)、关键流程优化(价值流改善)与日常点滴改善的管理体系;它更包含了一系列指导我们有效行动的工具与方法。 持续改善是知行合一的智慧结晶。

2023 年 6 月，今井正明先生在东京与世长辞。他毕生致力于持续改善的研究、实践与全球传播，通过写作、咨询（创立全球改善咨询集团）、研讨会及演讲的形式，将改善的火种播撒到世界上每个角落。《改善》的再版正是对先生最好的缅怀与致敬。作为今井先生理念的传承者、践行者，全球改善咨询集团将持续以"现场精神"为指引，陪伴中国企业穿越周期——因为真正的改善，始于书中所述的改善的理念和原则，成于认真的实践。我们的使命，不仅是解读今井先生的理论，更是帮助企业将书中的原则转化为实实在在的业绩和核心竞争力。我们深知，践行改善：

- **必须回归现场**：恪守"三现主义"（现地、现物、现实），与客户团队一起深入工作发生的地方，洞察真问题。
- **核心在于激活全员**：致力于激发组织中的每一位成员，让他们掌握改善的方法，提升改善的能力，成为持续改善的推动者。
- **成效源自系统落地**：提供从理念导入、体系搭建、工具培训到深度辅导的全周期服务，助力客户持续提升业绩，并形成企业自身的持续改善管理体系和文化。

在这个充满挑战与机遇的时代，我诚挚地向各位企业家、管理者以及持续改善的爱好者推荐这本《改善》。无论您身处制造业还是服务业，无论您的企业规模有多大、处于哪一个发展阶段，改善的思想可以超越行业与规模的界限。

让我们**躬身实践**这本经典，这不仅是为了怀念今井正明先生，更是为了行动。将改善融入我们每一天的工作、每一次决策、每一个流程的优化。唯有如此，才能在剧变中锻造韧性，在挑战中发现机遇，在不确定中创造确定的未来。

持续改善，乃基业长青之道。

以此，致敬今井正明先生，并与各位同人共勉。

全球改善咨询集团中国区总经理

孙辉

　　回首第二次世界大战后的 40 年，我们看到日本已取得了世界经济强国的地位。它在各种产品领域经过 5 个适应阶段，最终成为令世人敬畏的竞争劲敌。这 5 个阶段包括：

- 大规模引进美国和欧洲先进技术
- 探索未知领域驱动生产力提高
- 受美国戴明博士和朱兰博士理念的启发，在全日本范围实施改进项目
- 生产高度灵活
- 跨国经营

　　在成功吸取国外技术并取得高度发达的生产力和顶级质量后，今天的日本工业集中致力于探索灵活的制造技术。这意味着要有能力在很短的时间内使生产制造适应顾客及市场需求的变化。这里的关键词包括机械化、自动化、机器人化及其他相关系统。

　　西方公司可以从日本工业领域学习到很有趣的经验。在阅读本书时，你会看到飞利浦也引入了"全面质量管理"项目。像大多数西方公司一样，飞利浦学到了不少经验。我们构建的这一项目直接指向"整体改进"，而不是仅局限于改进产品质量，目标是

改进飞利浦所做的每一件事。

今井正明先生在飞利浦参与了这一进程的启动阶段，提出了"改善"这个口号，并以此命名了本书。以"改善"为立论视角，他回顾了日本过去30年中在生产效率、质量和灵活性等方面的改进策略。此外，他还列举了生动的例子，考察了在策略中运用到的工具和系统。因此，本书对日本以外的经理人将会有很大的启发。

世界正经历从分散市场向全球市场的转变。在这种环境下经商需要具备跨国经营的特色。要想在高度竞争的世界中求得生存之地，跨国公司需要运用手腕和技能使自己融入当地经营环境，得到所在国的认可。尽管成功的日本公司已经确立了自己的地位，但它们仍然面临一项严峻的挑战：如何成为真正的跨国公司。在我的职业生涯中，有6年是在日本度过的，这几年的经历使我越来越清晰地意识到日本人在全球经营领域还未能妥善解决一道难题——跨国性。

在探索跨国经营模式的道路上，日本不妨学习一下荷兰。日本和荷兰都是相对较小的国家，对于它们来说，具备适应他国文化的能力并了解国外的经营实践很有必要。近百年来，在以飞利浦为典型代表的荷兰，跨国行为方式已经成为这个国家的第二天性。

不要把文化差异当成障碍。生产制造注定是一种全球性的活动，所以，好的实践方式，不管出自何处，都值得我们关注。此外，日本的高层管理者，特别是在我所处的行业中的管理者必须懂得，衡量管理水平的尺度正是他们放眼世界的程度，包括他们的祖国日本，也是争夺的战场。双赢是共存的关键。

W. 德克博士

飞利浦公司监理会主席

挑　战　改　善

　　"改善"是日本管理中最为重要的一个理念，是日本竞争力的关键。改善意味着改进。在本书的语境中，改善意味着包括所有人——高层管理者、经理和工人持续不断地改进。在日本，许多系统都在致力于使管理者和工人具备改善的意识。

　　"改善是每个人的事"，这个理念是理解日本与西方管理差异的关键。如果让我说出日本与西方差异最大的管理理论，我会毫不犹豫地说："日本强调改善和过程导向的思维方式，而西方看重创新和结果导向的思维方式。"

　　改善是日本最为常用的一个词语，在报纸、电视和广播中，我们每天都会听到政府官员和政治家大谈改善与美国的贸易平衡，改善与某国的外交关系，改善社会福利系统。劳资双方都在谈论劳资关系中的改善问题。

　　在商业活动中，改善的概念如此深入人心，以至于经理和工人甚至都没意识到它曾经影响着自己的思维。

　　在石油危机前20年，世界经济实现了前所未有的增长，贪婪地渴望新产品和新技术。这个时期是创新策略的全盛时代，受技术驱动，创新策略快速发展、欣欣向荣，为企业创造了高额利润。创新策略鼎盛时期的环境特征表现为：

- 市场急速扩张

- 消费者更看重数量而非质量

- 充足的低成本资源

- 相信由创新产品带来的成功可以抵消传统运营中的不良绩效

- 管理者更关心增加销售量而不是减少成本

这样的时代已然一去不复返。 20 世纪 70 年代的石油危机无可挽回地使国际商业环境发生了剧烈的变化。 这种新形势的特点体现为：

- 原材料、能源、劳动力成本骤增

- 生产部门产能过剩

- 市场饱和或逐渐缩小，公司之间的竞争却在加剧

- 消费者价值观不断变化，对质量要求越来越苛刻

- 对快速引入新产品提出要求

- 对降低盈亏平衡点提出要求

尽管环境发生这些改变，但许多管理者仍然热衷于创新策略，拒绝开发一种策略去适应新的纪元。

无数的忠告都在警示企业：原材料成本在上涨，以质取胜的竞争在加剧，是时候以更快的速度开发出顾客更需要的产品和服务了。 然而，西方商界长久以来对上述告诫置之不理，结果，现在"猛然"发现那些原先在自己眼中根本不值一提的日本公司已成长为一群可畏的竞争对手。

在当今的商业竞争环境中，对于采用最新技术的任何迟疑都会让你付出惨重的代价；因延误采纳改进的管理技术所造成的损失也丝毫不会少于前者。 但西方管理者在运用日本公司发展出的改善工具时还是显得很迟疑。 更糟糕的是，西方经理人甚至都不知道改善策略的存在，通过改善提升竞争力就更无从谈起了。

　　成功的公司已经证明，在变化和挑战依然可控的情况下，完全可以对其进行预测并从容应对。举例来说，日本公司利用改善策略成功地设计、生产、营销了具有竞争力的产品。许多西方商人都在问日本人是怎样做到的。然而，由于某些原因，学者在尝试回答这个关键问题时常常忽略了改善。尽管人们找到了无数种文化、社会、政治上的因素，但是研究日本管理实践的学者很少考察由日本人在过去 30 年里真正运用过的管理策略。

　　本书解释了为什么改善在应对 20 世纪八九十年代的挑战时起着必不可少的关键作用。但对改善的强调并不意味着创新就应该被忽略掉。公司要求生存、谋发展，创新和改善都是必不可少的。

　　许多研究日式管理方法的文章只会造成困惑。每位学者都推崇一套独特的日本管理成功秘诀——他们常常暗示这种成功在西方不可复制。更令人困惑的还要数那些术语，像"质量""生产力"以及其他行话，对专家来说可能有些启发性，但对于普通读者来说就很难理解了。

　　我并非想驳斥其他作者对于日本管理的阐述。改善作为日本管理中的一种基本哲学理念，是很多最佳实践的根基。因此，刚入门的读者将会发现，这一思路将成为他们未来学习和研究中一项坚实的基础；研究日式管理方法的经理人会发现，改善的理念能将许多其他作者得到的那些表面的、无关的、分散的观察结论联系到一起。

　　许多管理实践之所以成功仅仅是因为它们本身是好的管理实践。这样的成功与文化因素毫无关系，丢掉文化偏见就意味着这种实践可以，也真正能够成功地为他国所用。正如日本也有进步缓慢、注定走向衰落的公司，同时美国也有优秀的公司正在为产品和服务质量创建新的行业标准，差异并不在于国别的不同，而在于思维方式。

　　我认为改善是优质管理背后的决定性理念。改善就像一条线，将过去 30 年日本发展出的哲学系统和解决问题的工具贯穿起来。它所传递的信息便是：改进，努力做得更好。

由于改善的认知起点是"任何企业都存在问题"，所以，改善解决问题的方式是建立一种企业文化，使每个人都能自觉地承认这些问题。 在职能内部和跨职能业务中都可能存在问题。 例如，新产品研发就是典型的跨职能问题，它要求市场部门、工程及生产部门的人员共同协作，联合完成。

在西方，人们常常以解决冲突的视角看待跨职能问题，而改善策略却能让管理者采用一种系统的协同方式解决跨职能问题，这是日本管理竞争力的秘密之一。

改善策略还认为，要想在竞争中生存下来并实现利润，务必使管理满足并服务于顾客的需求。 在质量、成本和进度安排（满足数量和交货方面的需求）等领域进行改进十分重要。 在改善中，所有活动都应以最终提高顾客满意度为目标。

本田公司的本田宗一郎指出：对于顾客而言，一个产品要么有质量要么没质量，我们没有中间道路可走。 他认为管理的作用就是不断努力以更低的价格提供更好的产品。 改善策略发展出一整套系统和解决问题的工具，用以实现上述目标。

大多数日本公司一直在从事改善运动，许多公司认为管理层应当将50%的精力投入到改善中。 日本经理不懈地探寻改进公司内部体系和流程的方法，他们甚至把改善用到了劳资关系、市场实践、供应商关系等领域中。 中层经理、监工和工人也都积极地参与改善项目。 日本工厂中的工程师常常会被告诫："如果你总是按相同的方式做事，那就永远不会进步。"

另外，改善还看重过程。 改善提倡过程导向的思维方式和管理系统，支持和认可人们为改进而付出努力的过程。 这与西方管理方式形成了鲜明对比，后者以结果为基础评价一个人的表现，不会奖赏为结果所付出的努力。

在本书中，我试着阐述那些日本公司中发生的故事，以及改善策略背后的理念。虽然阐述理论，但重点仍在于运用。我在书中提供了尽可能多的案例和例证。既然改善是所有人的事，细心的读者很快就会意识到改善其实就在你身边，与自己的工作有关——许多改善中的实践都可以很容易地运用起来，使我们从中受益。

本书还介绍了改善在日本公司参与跨国竞争的过程中所发挥的作用。基本上，公司可以分为两类：认同改善策略的公司和不认同该理念的公司。在许多日本公司运用改善获得成功时，大多数西方公司不知道改善能够带来如此巨大的竞争机遇。一个原因在于没有论证过改善策略及其分支理论；另一个原因在于改善策略仍是新生事物。但日本公司已积累了30年的经验，而且改善策略已经发展成型，因此，现在正是时候阐释改善，使其能为更多的公司所接纳。这便是本书的全部意义。

今井正明

改善，是一种理念

改善的价值

20 世纪 50 年代，我在位于华盛顿的日本生产力中心工作。这份工作的主要职责就是协助组团考察美国公司的日本商人探索"美国工业生产效率的奥秘"。

京都大学工程学院名誉教授富山敏郎就是来美研究工业车辆行业的考察小组中的一员。最近，他所在的考察团相聚一堂，纪念他们的研究之旅走过 25 年的历程。

在宴会餐桌上，富山提起他最近一次重返美国，回访他曾经考察过的一些工厂。在这趟"真情之旅"中，密歇根迪尔伯恩的里弗鲁日钢厂（River Rouge Steelworks）就是他此次行程中的一站。他难以置信地摇着头说："你知道吗，这家工厂跟 25 年前完全一样。"

他说他最近还访问了欧洲，以前还曾带领一批人到那里研究欧洲的砖瓦厂。参观了一家又一家工厂，考察团的成员变得越来越焦躁不安，他们惊愕于那里竟会使用如此"古老"的设备。

考察团惊讶地发现这些工厂还在使用带式传送机，不仅是工人，就连访客也要在那些传送机上面或下面走过，这说明这里缺乏安全防范意识。一位考察成员说："如果管理者不关心工人的安全，那就毫无管理可言。"在现在的日本，这种带式传送机是很少见的。即便仍在使用，也要在设计时保证人们走路时不会从那里经过。

我最近在美国旅行时与海边富士夫同行，他是东芝研发中心的首席专家。海边给我讲述了他与东芝日本国内某偏远工厂的同行相遇时的情形。当听到海边已经有十多年未踏足工厂时，那人不无责备地说道："你真应该走出来看看现在的工厂，你今天可能都认不出它了！"他详细向我描述了当时的情景：在1984年工厂关停一周的暑假里，东芝公司改进了1/4的生产线。

这些谈话令我开始反思日本和西方管理者工作方法上的差异。经历了1/4个世纪，工厂竟然没有任何改变，这在日本绝对是不可想象的事情。

一直以来，我都在寻找一个关键的概念，去解释缘何这两种管理方式会如此不同，或许用这种概念可以解释为什么许多日本公司能够持续而显著地提升自己的竞争优势。比如，如何解释这种现象：许多新的观念来自西方，许多最先进的工厂、研究院和技术最早在西方出现，而从20世纪50年代开始，又有如此多的工厂居然没有半点改变？

改变，是不必言说的公理。近日，一位美国大型跨国公司的执行官对我说，他们公司的主席在执行委员会大会的一开始就说道："先生们，我们的工作是管理改变。如果做不到，那我们就得改变管理层！"这位执行官笑着说："我们都明白他在说什么！"

在日本，改变同时也是一种生活方式。但是，当我们谈到管理改变或是改变管理时，我们指的真是同一种东西吗？我体悟到，也许改变也分为不同的种类：渐变和突变。尽管我们可以很轻松地观察到日本的渐变与突变，但渐变在西方的生活方式中却并非那么显而易见。那我们又该如何解释这种差异呢？

这个问题又引导我去思考价值观的问题。是不是日本与西方在价值观上的差异导致他们对于渐变和突变的观点与态度截然不同呢？突变，人人皆可捕捉，而人们也乐于看到此类变化。这在日本和西方大体都是事实。那么渐变呢？我之前说过，日本工厂许多年都保持不变是一件不可思议的事情，这里既指渐变也包括突变。

综合以上各种思考，我得出一个结论，那就是日本与西方看待和理解变化时存在的差异源于"改善"这个概念，这种理念对于许多日本管理者来说如此自然又显而易见，以至于他们甚至都没意识到自己拥有过这种概念。"改善"这一理念解释了为什么日本的公司不可能多年以来保持不变。此外，在对西方管理实践进行多年研究后，我得出这样一个结论，当今大多数美国公司中根本就不存在改善这种概念，至少这种概念是非常淡薄的。更糟的是，他们往往会在还不知道它的真实内涵是什么的时候就首先把它否定了。这就是古来有之的"异邦异见"综合征的典型临床表现。改善观念的匮乏能解释为什么一家美国或欧洲的工厂能 25 年一点没变化。

改善的要义简单又直接：改善意味着改进。此外，改善意味着涉及所有人的持续不断的改进，既包括经理也包括工人。改善哲学认为，我们的生活方式，包括工作生活、社会生活以及我们的家庭生活，理应得到不断的改进。

为试图理解日本战后的"经济奇迹"，学者、记者还有生意人都肩负起了研究诸如生产力运动、全面质量管理、小组活动、建议系统、自动化、工业机器人以及劳资关系等因素的使命。他们格外关注一些日本特有的管理实践，其中就包括终生雇用体制、年功薪酬制以及企业工会等。然而我认为他们都没有抓住那个藏在诸多日本管理神话背后的真相。

最具有日本特色的管理实践的精髓（生产力改进、全面质量控制活动、质量控制小组和劳资关系）可以简化为一个词：改善。用改善这个词去代替诸如生产力、全面质量控制、零缺陷、看板以及建议系统等词，能够给日本工业勾勒出一幅更为清晰的图景，改善是一个统领多层含义的概念，它的内涵中包括许多近年来享誉世界的具有日本特色的管理实践（见图 1-1）。

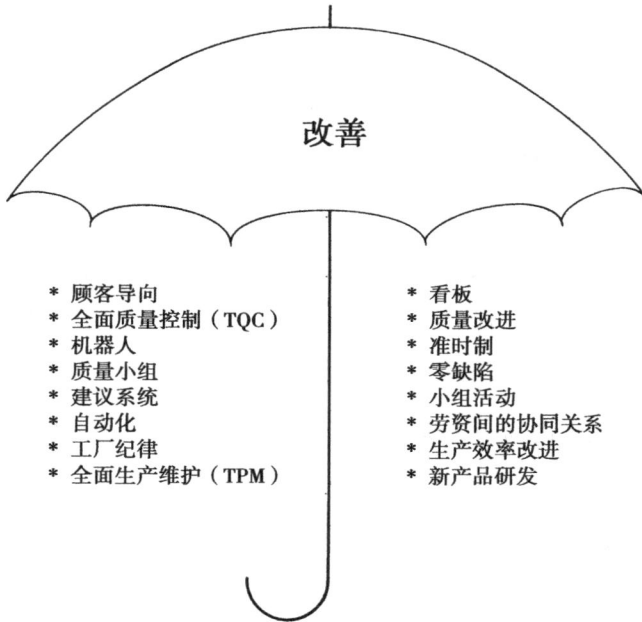

改善

* 顾客导向
* 全面质量控制（TQC）
* 机器人
* 质量小组
* 建议系统
* 自动化
* 工厂纪律
* 全面生产维护（TPM）

* 看板
* 质量改进
* 准时制
* 零缺陷
* 小组活动
* 劳资间的协同关系
* 生产效率改进
* 新产品研发

图 1-1　"改善"的多层含义

在日本，TQC 或 CWQC 等概念帮助公司形成了"过程导向"的思维方式，并使公司开发出许多策略，确保所有组织层次内的人都能得到持续的改进。改善的策略传达了这样一种信息，即任何一天，都不能在公司没有任何改进中荒度过去。

"改善永无止境"的信念已然深深地扎根在了日本人的思维当中，正如那句日本古语所言："如果三天没见到一个人，那朋友们就应该好好观察他，看看有没有什么变化降临到他的身上。"这句话的意思是他在三天之内必然发生了某些变化，因此，他的朋友就应该非常用心地去发现这些改变。

在第二次世界大战之后，许多日本公司不得不从一片真正的"废墟"中起步。每天都会给管理者（也包括工人）提出新挑战，每天都意味着进步。单单为了使经营运转下去就需要无止境的进步，因此改善已经成为了生活方式。幸运的是，许多将"改善"这一概念提升到新高度的工具，由戴明和朱兰博士这样的大师在 20 世纪 50 年代末和 60 年代初引入日本。如今在日本广泛使用的许多新理念、新系统和工具陆续在日本得到进一步发展，基于 20 世纪 60 年代统计质量管理和全面质量控制，将改进变得更为量化。

改善与管理

图 1-2 体现了在日本，人们对工作职能的理解。如图所示，管理包括两个要件：维护与改进。维护指的是维护现有技术、管理以及运营标准的一类活动；改进指的是那些改进现有标准的活动。

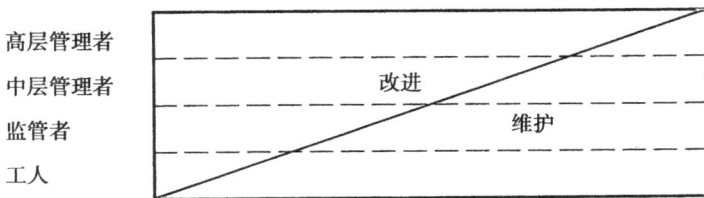

图 1-2　日本对工作职能的认知之一

在维护性的职能中，管理层执行其所承担的任务，使公司的所有人都能够遵守建制下的 SOP（标准操作规程）。这意味着管理层必须首先为所有的运营活动建立起规则、制度、指示和流程，然后看是不是所有人都去遵守 SOP。如果人们有能力遵守这些标准却不去遵守，那么管理层就需要引入纪律。如果大家没有能力遵守，管理者就应该向人们提供培训，或者重新审视和修订这些标准，使其能够为人们所遵守。

在任何经营活动中，一个雇员的工作应以管理者实施的已有标准为基础，这种标准可以是明示的，也可以是隐性的。维护指的是通过培训和纪律维护这些标准，而改进指的是完善这些标准。日本对于管理的认识可以浓缩为一句话：维护和改进标准。

经理的职位越高，他就越关注改进。在工作现场，一个没有技能的工人在机器前工作时可能把所有的时间用于遵守指示。然而，当他对工作越来越熟练时，他就开始思考改进的问题。他开始用自己完成工作的方法为改进献言献策，既可以以个人的名义建议，也可以通过集体的方式提出改进的建议。

去问问任何一名来自成功的日本公司中的经理人：高管最迫切的渴望是什么？他们的答案都将会是"改善"。

改进标准意味着建立更高的标准。一旦完成，这项工作就会成为管理者的维护工作，接下来就是看看这些新的标准是否得以遵守。持续的改进只有在人们为达到更高标准而努力时才会实现。因此，对于大部分日本经理人来说，维护与改进密不可分。

改进是什么？改进可以从改善与创新之间拆分出来。改善是基于现状之上源于不断努力的微小改进；创新是对于现状的激烈改进，是投入新技术、新设备的结果。图 1-3 表示日本管理者对于维护、改进、创新之间拆分关系的认识。

图 1-4 体现了大部分西方经理人对于工作职能的认识，西方管理中没有为改善这一概念留有空间。

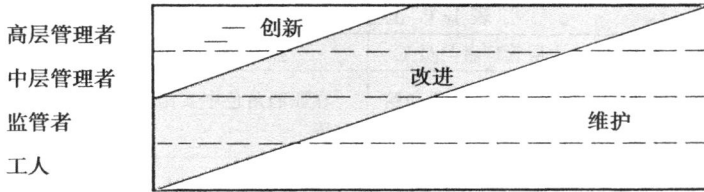

图 1-3　日本对工作职能的认知之二

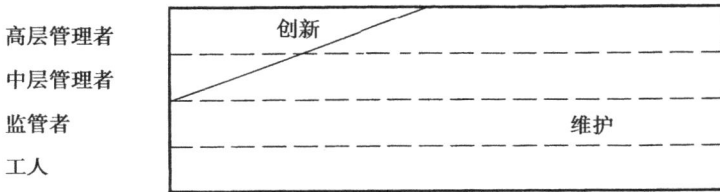

图 1-4　西方对工作职能的认知

有时，在高技术产业里还会存在另一种类型的管理（见图 1-5）。这些公司生来就会奔跑，发展迅速，不过，当它们最初的成功逐渐走向衰落或是市场起了变化之时，它们又会同样迅速地消失。

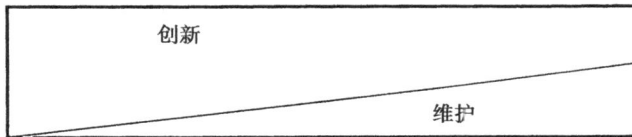

图 1-5　以创新为核心的工作职能

最差的公司是那种什么也不做，只知道维护的公司，它们缺乏内在动力去改善或创新，管理中发生的任何变化全由市场状况和竞争逼迫而成，管理层不知道公司的未来在哪里。

既然改善是一个不间断的过程，并且会涉及组织内的每一位成员，那么这就意味着管理等级阶梯上的每一层级都会参与到改善中来，如表 1-1 所示。

表 1-1　改善涉及的层级

高层管理者	中层管理者与员工	监管者	工人
意志坚决地引入改善理念，把改善当作企业策略	通过规则部署和跨职能管理，按照高层管理者指引，对改善目标进行部署和实施	在职能角色中实施改善	在建议系统和小组活动中参与改善
通过分配资源为改善提供支持和指引	在职能范围内实施改善	为改善制订计划，并为工作提供指导	在车间遵守纪律
为改善建立规则，创建跨职能的目标	建立、维护、更新标准	改善与工人的沟通，保持高昂的士气	进行持续不断的自我发展从而成为更好的问题解决者
建立有助于改善的系统、程序以及结构	通过扎实的培训项目使雇员拥有改善的意识	为小组活动（如质量小组）和个人建议系统提供支持	通过多种教育加强技术、工作业绩，提高专业技能
	帮助雇员发展解决问题的技术与工具	提供改善建议	

用于改善的质量控制

尽管管理层通常关心诸如生产效率和质量这样的问题，本书的主旨却在于考察日本工业愿景中的另一个问题：改善。

任何有关质量的讨论，都会很快陷于"如何定义质量""如何评估质量""如何将改善与利润相关联"诸如此类的问题中去。有多少人去定义，就会有多少个质量定义的版本，没有一个，或者说不应该有一个统一的说法。而生产效率亦是如此。生产效率对不同的人来说含义也不尽相同。对于生产效率的认识差距可有万里之遥，劳工双方常在此问题上意见不合。

但不管质量和生产效率的实质是什么，硬币的另一面总会是改善。于是，当我们谈起改善时，整个问题就会变得简单起来。首先，谁也不能驳斥改进的意义，它的价值不言自明，在定义之时便被归属为意义积极的词汇。不论何时何地，在商业中做出的改进，归根结底都将带来质量和效率的提高。

改进的起点是认清需求，这需要认清存在的问题。如果认识不到问题，就不可能理解改进的必要性。自负是改善的头号大敌。因此说，改善强调问题意识，为找出问题提供线索。

问题一旦确认，就应当立即解决，因此改善也是解决问题的过程。事实上，改善需要用到许多解决问题的工具。每解决一个问题，改进就会达到一个新高度。为巩固这一新阶段，必须为改进创立标准。因此，改善还对标准化提出了要求。

在讨论改善时会出现一些术语，如质量控制、统计质量控制、质量控制小组、全面质量控制（或全面质量管理）。为避免产生不必要的混淆，有必要在此澄清这些概念。

如前所述，"质量"一词有多种解释方式，质量由哪些要素构成没有一个统一的说法。广义上讲，质量指任何能够得以改进的性质。在本文中，质量不仅与产品和服务有关，还包括人们工作的方法、机器运行的方式、处理系统和程序的手段。质量囊括人类行为的方方面面，这也是为什么讨论改善要比只提质量和效率更有意义的原因。

英语中"改进"一词往往仅指设备的改进，不包括人的因素。而改善的意义则更广泛，可以应用到个人活动的所有方面。然而这里必须承认，"质量"及"质量控制"这两个概念在日本对改善理念的完善和发展中，起到了至关重要的作用。

在日本战败后的最初几年里，唐津一（后来成为松下电器的技术顾问）一直在 NTT 公司（日本电报电话公司）担任质量控制工程师。NTT 存在许多问题，"不管什么时候打电话找人，号码永远不对。"唐津一回忆道。看到 NTT 的糟糕状况，麦克阿瑟将军的部下专程从西方电气公司请来质量控制专家协助 NTT 公司。美国专家告诉 NTT 的管理层，唯一的解决办法就是实施质量控制。唐津说："我们很骄傲地告诉他们，我们以日本人的方式在 NTT 进行了质量控制。但当他们要看看我的控制图时，我们甚至连控制图是什么都还不知道呢！"

20 世纪 40 年代末，日本质量控制实践就是以这种简陋的方式起步的。其中的一个行动就是成立了日本科技联盟（JUSE）。同期，日本规格协会开始组织关于统计质量控制的研讨班。

1950 年 3 月，日本科技联盟开始发行《统计质量控制》杂志。同年 7 月，联盟邀请戴明参加为期 8 天的研讨会，讲授统计质量控制。20 世纪 50 年代，戴明多次访日，在这段时期的访问中，他提出了一个著名的预言：日本不久便会用高质量的产品占领全球市场。

戴明还向日本引入了"戴明环"这一关键的质量控制工具，用以实现持续改善。戴明环也被称为戴明转轮或 PDCA（计划—执行—检查—行动）循环。戴明强调研发、设计、生产和销售之间要不断互动，这将使公司实现更好的质量从而令顾客满意（见图 1-6）。他指出这个转轮须在"质量第一"的观念和"质量第一"的责任机制基础上运转。他指出，有了这一过程，公司才能赢得顾客的信任和认同，走向繁荣。

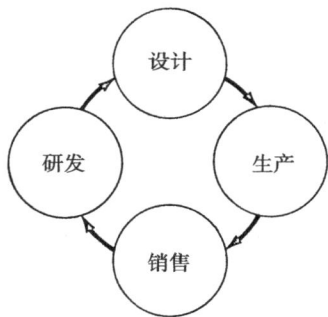

图 1-6　戴明环

1954 年 7 月，朱兰应邀来日本参加关于质量控制管理的研讨班，这也是日本第一次从管理全局的视角审视质量控制。

1956 年，日本短波广播电台在其教育节目中加入了一套质量控制课程。1960 年 11 月，日本设立了首个全国质量月。同年，日本开始实行质量认证（Q-marks）和质量标识（Q-flags）制度。1962 年 4 月，日本科技联盟发行了《工长质量控制》杂志，首个质量控制小组于同年成立。

质量控制小组的定义是，在车间内自愿执行质量控制活动的小组。作为全面质量、自我发展、互相教育、流程控制和改善的一部分，小组在车间范围内不断地进行质量控制工作。质量控制小组仅是公司范围项目中的一部分，它不会成为全面质量控制或全面质量管理的全部。

在日本，参加过质量控制小组的人们知道，他们只关注成本、安全和效率等领域，他们的活动与产品质量的改进仅存在间接的联系。很大程度上，这些活动的目标只针对车间中的工作改进。

毫无疑问，质量控制小组在帮助日本改善产品质量和生产力方面发挥了重要作用。然而，质量控制小组的功用却被海外观察员宣扬得名过其实了，他们将质量控制小组当成日本全面质量控制的支柱。事情远非如此，特别在探讨日本管理时，这种说法更是错得离谱。质量控制小组的工作仅占日本公司全面质量控制工作的 10% ~ 30% 。

此外，日本的"质量控制"或 QC 的意义也在悄然改变。和许多西方国家一样，日本的质量控制最初只应用于生产过程，特别指在生产线末端拒绝残次原料输入和残次产品输出的检测控制。但人们很快就发现，仅在检测环节实施控制根本无益于提高产品质量，产品质量应该在生产过程中实现。"向过程要质量"是日本质量控制中的一句名言。正是在这种形势下，在戴明讲座之后，日本引入了控制圈及其他质量控制统计工具。

1954 年，朱兰的讲座为质量控制打开了新的视野：质量控制的管理学方法，这是日本首次将质量控制定位成一种重要的管理工具。从那以后，质量控制在管理绩效中既指质量控制，也用作全面改进的工具。

最初，质量控制主要应用在重工业之中，如钢铁行业。由于这些行业需要仪表化控制，因此在维护质量时应用统计质量控制（SQC）工具就显得极为重要。当质量控制扩展到机器设备和汽车生产行业时（在这种行业，对过程的控制是缔造高质量的核心），对统计质量控制的需求会更加迫切。

随后，其他行业纷纷为耐用消费品和家用电器等产品引入了质量控制。在这些行业，人们关注如何在设计阶段打造质量，从而满足不断变化、越来越迫切的顾客需求。如今，管理者已经超越设计阶段，强调在研发时打造质量，这意味着从一开始便要将顾客需求和市场调研结果纳入考虑的因素之中。

这样一来，质量控制就发展成为能够用于改善的成熟管理工具，涉及公司中的每个人。这种公司范围的活动通常被称作全面质量控制或全面质量管理。不管用哪个名字，两者都指涉及所有人（既有管理者也有员工）的公司范围的改善活动。多年以来，质量控制已经提升为统计质量控制，又进一步升级为全面质量控制或全面质量管理，在各个层次改进管理绩效。于是，质量控制和全面质量控制这样的词语开始与改善同义了。这也是为什么我一直用"质量控制""全面质量控制"和"全面质量管理"来解释改善的理由。

另外，质量控制原本含义中的功能仍然有效。质量保证仍然是管理中一个重要的部分，许多公司都为此设有专门的质量保证（QA）部门。混乱的是，全面质量控制有时由质量保证部门负责，有时则由专门的全面质量控制办公室管理。因此，理解与质量控制相关的词汇有必要结合这些用语出现的语境进行分析。

改善与TQC

将TQC运动看成改善运动的一部分，使我们获得一种理解日本管理方式的清晰视角。首先，应当指出的是，日本的TQC活动并不仅仅关注质量控制。人们常常被词语"质量控制"愚弄，时常在产品质量控制的狭隘范畴内解读该词。在西方，质量控制主要与制成品检测有关。由于高层经理常认为自己与质量控制没什么关系，所以当涉及质量控制时，他们通常会立刻失去兴趣。

很遗憾，西方世界的全面质量控制主要出现在技术类刊物上，而实际上它更适合成为管理类期刊研究的焦点。在日本，改善策略已经形成了一套完备的体系，成为 TQC 运动中的管理工具。改善的思想虽已跻身 20 世纪最杰出的管理成就之列，但由于西方对质量控制的理解方式存在局限，许多学习日本质量控制活动的西方学生未能掌握其中的真正意义和挑战。与此同时，人们也在不断地研究、测试全面质量控制的新方法和新工具。

全面质量控制的改变和改进将永无止境，今天和明天永远都不会相同。比如，"七种统计工具"作为质量控制必不可少的工具，为质量控制小组、工程师和管理者广泛运用。最近，又新增了七种新工具，用来解决更复杂的问题如新产品研发、设施改良、质量改进、成本削减等。几乎每天都有新的应用被开发出来（见附录 E 中的"七种统计工具"以及"七种新工具"）。

以改进各层级上的管理绩效为核心，日本的 TQC 运动主要解决以下方面的问题：

- 质量保证
- 成本削减
- 满足生产定额
- 满足交货进度
- 安全
- 新产品研发
- 提高生产效率

● 供应商管理

当前出现的最新趋势是，TQC 开始走进市场营销、销售和服务等领域。此外，TQC 还关注关键的管理问题，如组织机构的发展、跨职能管理、政策部署以及质量部署等。换言之，管理者已经将全面质量控制当成改进整体效绩的工具。本书稍后将对此做详细的解释。

在 TQC 中，管理层的工作是直接指导有关教育、系统开发、政策部署、跨职能管理以及近来兴起的质量部署等领域的活动。

第 3 章将详细介绍改善视角下全面质量控制的深层意义。

改善与建议系统

日本管理层通过让员工建言献策使他们参与到改善中来。于是，建议系统便成为了管理系统中不可或缺的组成部分，工人提建议的数量可以作为评价监工人员业绩的标准。而监工人员可以从他的经理那里得到帮助，反过来又会帮助工人提出更多的建议。

许多积极进行改善项目的日本公司会使质量控制系统和建议系统协同起作用。将质量控制小组看成是为改善提建议的团队，会帮助我们更好地理解它的作用。

日式管理的一个突出特点是它能从工人那里得到大量建议，管理者尽力考虑这些建议，并将其整合进总体改善策略之中。在日本，公司的高层管理者用一整天的时间去听取质量控制小组的活动汇报是司空见惯的事情，而且之后还会根据相应的标准给予奖励。管理者乐于认可员工为改进付出的努力，并使这种关注尽可能明显。通常，建议的数量会分门别类展示在车间的墙上，以便鼓励工人之间、小组之间相互竞争。

建议系统另一个重要的方面是，一旦落实了某条建议，便会使标准得到相应的修正。比如，一位工人建议为机器安装一种特殊的傻瓜设备，而通常情况下，这会要求该名工人换种方式工作，还要比以前更加细心。

然而，由于新标准是按工人的意志设立的，他会以新标准为骄傲，乐于遵守新标准。相比之下，如果由管理者强加给他一项标准让他遵守，他可能就不大情愿。

因此，通过提建议，工人可以在车间中参与改善，并在提升标准的过程中发挥关键作用。在最近的访问中，丰田公司的丰田英二说："日本工人的一个特色便是他们动手的同时还善于用脑。我们的工人每年提 150 万条建议，95% 都能付诸实践。在丰田，你几乎能从空气中感受到人们对改善的关切。"

第 4 章将介绍日本公司是如何运作建议系统的。

改善与竞争

在日本经商的西方经理人一定会感叹日本公司竞争的激烈程度，这种激烈的国内竞争被看成是日本公司开拓海外市场的驱动力。通过引进更新、更具竞争力的产品，运用和改进最新的技术，日本公司在竞争中获得了更多的市场份额。

一般情况下，竞争的驱动力是价格、质量和服务。然而，在日本，说竞争的最终根源是竞争本身或许更贴切。日本公司现在甚至还会为引进更好更快的改善项目而展开竞争！

如果将利润看作企业成功最重要的准则，那就不难理解为什么一家公司会 25 年没有任何变化。但是，若公司之间激烈地竞争改善的实力，那么在这样的公司中就注定会发生持续的改进。改善保证"为改进而改进"处于永恒的进取状态。一旦开展了改善运动，就无法逆转这种趋势。

两种导向

改善催生过程导向的思维方式，因为我们要改进结果，务必先改进过程。另外，改善以人为本，看重人的努力过程。这与大部分西方经理人的结果导向的思维方式截然不同。

普利司通公司的赛事与特殊活动推广经理大坪真田美指出，日本社会看重过程而美国社会重视结果。例如，在评价员工的业绩时，日本管理层强调态度上的因素。销售经理评价销售人员的业绩时，评估中务必包括过程导向的标准，如销售人员给新顾客打电话的时间、在外面联系客户的时间与他在办公室做事务性工作时间的对比以及解答新询问的比重。通过关注这些指标，销售经理希望能鼓励销售人员，使其或早或晚最终能拿出成绩来。换言之，过程与想要实现的结果（销售）同样重要！

相扑是日本的国技。每次相扑大赛上，除竞赛冠军外，还设有 3 个奖项：杰出表现奖、技术奖以及斗志奖。斗志奖颁给在 15 日的赛程中格外奋力拼搏的选手，纵使胜败已定，他们也会给人们留下许多期待。这 3 个奖项的颁发都不以结果（选手获胜的回合数）为依据，这很好地证明了日本人过程导向型的思维方式。

然而，这并不是说在相扑比赛中获胜不重要。现实中，每位相扑摔跤手的月收入大体取决于他的比赛成绩。这里只是说取胜不是相扑的一切，也不是相扑的唯一。

日本的寺庙和神殿常常建在山上，最神圣的祭坛都在最高的圣殿内。参拜者要想在神殿中祈祷，需要穿过茂密的森林，攀登陡峭的石阶，通过无数的塔门（木制门关）方可朝圣。比如，京都附近的稻荷大社通往圣坛的走道上就有 15 000 扇塔门！当朝圣者到达圣坛后，他会沉浸在神殿的神圣氛围中，灵魂得到了净化。抵达神坛的过程几乎与祈祷本身同样重要。

在美国，一般说来，不管一个人工作多努力，没有成果会使他的个人评定很低，收入和地位也会降低。个人的贡献只以具体的成果来衡量，在结果导向的社会里，只有结果才重要。

普利司通的大坪认为过程导向的思维让日本企业在全球市场上获得竞争优势，其中改善这种观念是日本过程导向思维的典范代表。这种管理理念会影响组织机构实现改变的方式。高层如果过分看重过程，会面临风险：缺乏长远战略，错过新观念和创新，让人们不耐烦地钻营琐事，因而守住大树却失掉森林。结果导向的经理人在设定目标时更加灵活变通，能够从全局战略思考问题。然而，他们却容易在战略实施过程中忽视对资源的调动和协调。

大坪认为以结果为导向评价人们的绩效可能是"批量生产社会"的遗产，而过程导向的标准却能在后工业时代、高科技、高接触时代获得优势。

在工商管理中，过程导向和结果导向的思维方式之间的差距，可以用图 1-7 来说明。

我们来看看经理的角色构成，一方面是保障和激励型角色，用以管理改进的过程；另一方面又是控制型角色，关注成果或结果。改善理念强调管理者保障和激励的角色作用，鼓励经理关注人们为改进付出努力的过程。对于前一种角色，管理者需要发展出过程导向的衡量标准。而后一种控制型的管理者只看业绩，或者说，只考察结果导向的标准。为了简化起见，我们可以将过程导向的衡量标准称为 P 型标准，结果导向的标准称为 R 型标准。

P 型标准要求管理者具备一种长远的眼光，因为它们考察的是人们努

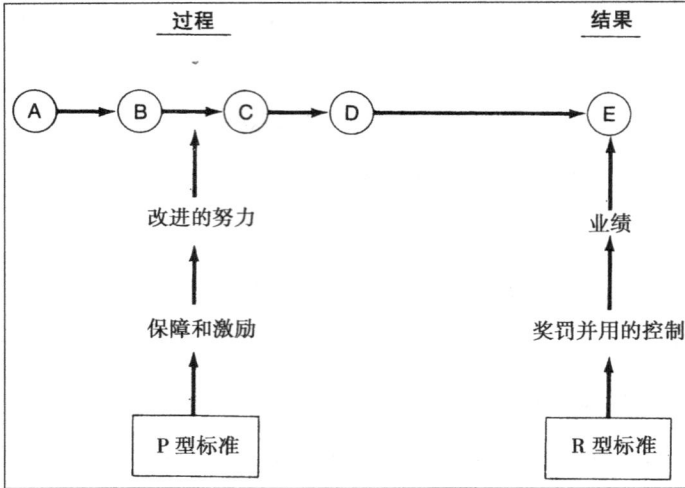

图 1-7　两种导向的对比

力的过程，时常要求人们在行为方式上做出改变。而 R 型标准则更为直观，是短期性的标准。

考察日本管理者对质量控制小组的活动的管理方法，可以更好地理解 P 型和 R 型标准的区别。

尽管质量控制小组的活动通常仅限于车间内的改善，但起支持作用的后援系统仍十分重要。据报道，西方的质量控制小组通常很短命。这大部分要归咎于缺失专门解决质量控制小组成员实际需求的系统。如果管理者只注重结果，那么他们将只以 R 型标准考察质量控制小组的活动。在这种情况下，R 型标准通常意味着把省钱当成小组活动的成果。相应地，管理层的兴趣和支持就会直接落在质量控制小组成员所实现的节约上来。

另外，如果管理者有意识地支持质量控制小组的改进，那么管理者首先要做到的就是建立 P 型标准。衡量质量控制小组成员努力程度的 P 型标准有哪些呢？

较为明显的指标有：每月举行会议的数量、参会比例、解决问题的数量（注意，这与能节省多少钱完全不同）、提交报告的数量等。质量控制小组如何选题立项呢？他们在选择主题的时候会考虑公司当前的情况吗？他们在解决问题时会考虑安全、质量、成本等因素吗？他们的努力会带来工作标准的提升吗？这些全是用来评价人们努力和投入程度的 P 型标准。

如果一般的质量控制小组平均每月开两次会，某特殊的质量控制小组每月碰面三次，这就表明该小组的成员付出了超过平均水平的努力。参与（出席）率也是一项衡量指标，用来检查质量控制小组领导或机构付出努力和投入精力的水平。

通常情况下，R 型标准容易量化。实际上，在大部分公司的管理中只有 R 型标准，因为最典型的 R 型标准与销售、成本和利润数字挂钩。但许多情况下，将 P 型标准进行量化也是可能的。例如，在质量控制小组中，日本管理者就发展出一套精细的衡量指标去量化努力的程度，与其他数字加在一起可以成为认可和奖励的基础（有关如何评价质量控制小组活动的详细介绍，参见第 4 章）。

在松下一家工厂的自助餐厅中，女服务员成立了一个质量控制小组，研究午饭时段的茶叶消费量。服务员注意到，当把大茶壶放在桌上供人们随意饮用时，各桌的茶叶消耗量有很大不同。于是，她们开始收集午饭时间员工的饮茶行为数据。她们发现人们喜欢选择相同的桌子就餐。几天下来，通过采集和分析数据，她们估算出每桌茶叶的大致消耗水平。利用这一发现，服务员开始在每桌放不等量的茶叶。结果，她们使茶叶的消费量减少了一半。以实际节省出的金钱来衡量，她们的活动有多大的价值呢？也许微不足道。但是，她们获得了当年的总裁金奖。

大多数日本公司还有一套用于汇聚创意的建议系统。一条建议带来了成本节约，管理者就会根据节省的数额给予建议者一定比例的奖励，既可以奖给提建议的个人，也可以奖给像质量控制小组这样的建议团体。

日本管理一个显著的特色就是既建立系统机制去支援和鼓励 P 型标准，同时又完全认可 R 型标准。在工人的层级上，日本管理者还为他们建立起了独立的 P 型标准奖励系统。为 R 型标准提供的奖励是直接与成本节约和利润挂钩的金钱奖励，而 P 型标准的奖励通常是对人们所付出努力的认可和荣誉授予。

在丰田公司，人们最梦寐以求的奖励是总裁奖，它不是奖金而是总裁亲自交给获奖者的一支钢笔。有人可能要求在笔上印上妻子或女儿的名字，未婚者就会要求印上女朋友的名字。当然，很多获奖者会要求在笔上刻上自己的名字。这一奖项极富威望，这是因为高级管理者实施一套经过审慎计划的项目，是为了让员工知道他们积极参与质量控制项目对公司的成功来说很重要。另外，公司高层也会列席大会，通过积极参与表达他们的支持。对人们的贡献行动进行示范性宣传要胜过金钱奖励，并将管理者和工人紧密地团结在项目之中。

过程导向的思维方式拉近了过程和结果、目的和手段、目标和措施之间的差距，有助于人们更客观地看清全局愿景。

因此，P 型标准和 R 型标准两者都能够并且已经在各个层级上建立起来：高级管理者与部门管理者之间、中层经理与监工之间、监工与工人之间均可建立 P 型和 R 型标准。

就职责而言，经理一定会关心结果。然而，当我们观察某些成功企业中成功经理人的行为方式时，会发现这样的经理人其实也看重过程。他们会问些过程导向的问题。他们同时基于 P 型和 R 型标准做决策——虽然他们可能并不清楚两种标准之间的差别。

认真思考 P 型标准的过程导向型经理，会看重以下这些方面：

● 纪律

- 时间管理

- 技能发展

- 参与

- 士气

- 沟通

简言之，这类经理注重人的价值，以人为本。此外，经理还注意开发与 P 型标准相对应的奖励系统。如果管理层积极地利用过程导向的思维方式，并用改善政策对其做进一步强化，那么他们会发现公司的总体竞争力将在长远上得到较大的改观。

本书阐述了有效地应用于改善策略的特定概念、工具和系统。读者会发现自己可以很容易地将其应用到日常的业务情景中去。这些概念和工具之所以有效不是因为它们是日本的，而是因为它们本来就是好用的管理工具。改善策略会涉及组织机构中的每个人，因此，本书中的信息也应该传递给所有人——高层管理者、中层管理者、监工以及车间里的工人。

改善： 东西方之比较

改善与创新

进步有两种截然不同的实现方式：循序渐进与跳跃式上升。日本公司一般更青睐循序渐进法，西方公司则乐于选择跳跃式手段——这种方式可从"创新"一词中得到印证。

	改善	创新
日本	强	弱
西方	弱	强

西方管理者信仰创新。创新被看成是由技术突破、应用最新的管理理念和生产工艺而引发的重大改变。创新是迅猛的、能够吸引眼球的变动。而改善通常很和缓、很微妙，其产生的结果也很少能立竿见影。改善是一个连续的过程，而创新常常是一次性的现象。

举例来说，在西方，一位经理能在计算机辅助设计（CAD）、计算机辅助制造（CAM）以及物料需求计划（MRP）等项目上得到高层管理者的支持，因为这些创新性的项目能够变革现有系统。就其本身而言，这些项目会产生诱人的 ROI（投资回报率），任何经理都难以抵挡这种诱惑。然而，当管理者希望在工人操作机器的方法上做些微小的调整时，比如，同时处理多项工作任务或调整生产流程（可能要与工会进行漫长的讨论，需要对工人进行再教育、再培训），获得管理者的支持就会很困难。

表 2-1 将改善和创新的主要特点进行了比较。改善的诱人之处在于它不要求工艺必须精巧，技术必须先进。实施改善，你只需要简单的传统技巧，如质量控制的七种工具（帕累托图、因果图、直方图、控制图、散点图、分层法、检查表）。通常情况下，只需要常识就够了，然而，创新常常需要高度精密的技术，同时也需要巨大的投资。

表 2-1 改善与创新

	改善	创新
1. 效果	长远的、持续的、平和的	短期、剧烈的
2. 步伐	小步伐	大跨步
3. 时间框架	连续的、积累的	断断续续、非累积的
4. 改变	渐变的、连贯的	突然的、不稳定的
5. 涉及人员	每个人	精挑细选的少数精英
6. 方式	集体主义、团体努力、系统方式	严格的个人主义、个人想法和努力
7. 模式	维护和改进	废弃与重建
8. 动因	传统的行业知识与技术	技术创新、新发明、新理论
9. 实际需求	投入少、维护成本高	投入多、维护成本低
10. 努力方向	人	技术
11. 评价标准	为得到更好的结果而付出努力的过程	实现利润的结果
12. 优势	对慢速增长的经济有效	更适合快速增长的经济

改善就像一片沃土，培育微小而持续的改变，而创新则像岩浆，常常突然喷发。

改善和创新之间的一个重大区别在于，改善不一定需要较大的投入用于实施，但需要付出大量持续的努力进行维护。因此，这两种相对立的理

念的区别好比台阶与斜坡的关系。创新策略"应当"以阶梯的上升方式
实现进步，如图 2-1 所示。而改善策略实现的是渐变式的进步。我在说到
创新策略时用到了"应当"二字，那是因为实际中的创新并非以图 2-1 所
示的阶梯方式引领企业实现提升。如果没有改善策略共同起作用，通常就
会呈现出图 2-2 中所示的模式。出现这种情况是因为创新系统一旦实施之
后，若不付出持续的努力去维护并改进它，就很容易走向倒退。

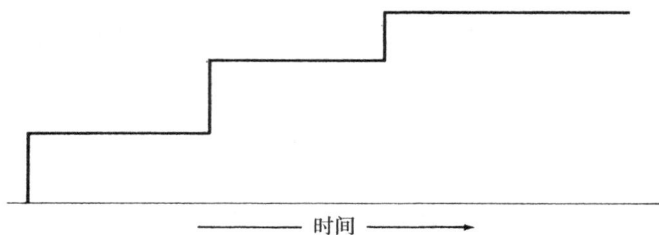

图 2-1　理想中的创新模式

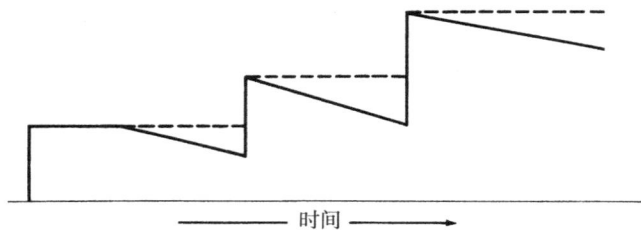

图 2-2　创新的实际发展模式

　　现实中，没有永恒静止的事物。任何系统从它建成的那刻起就将注定
走向衰退。"帕金森定律"指出，一个组织在其体系建成之后便开始衰
败。换言之，必须要不断努力改进——至少是努力维持好现状。当这种努
力缺失时，衰落就不可避免了（见图 2-3）。因此，即便一项创新能够达
到革命性的绩效标准，如果不能不断地挑战和升级这一标准，新的绩效水
平也将会下降。因此，无论何时实现创新，之后都应该用一系列改善去维
护和改进创新的成果（见图 2-4）。

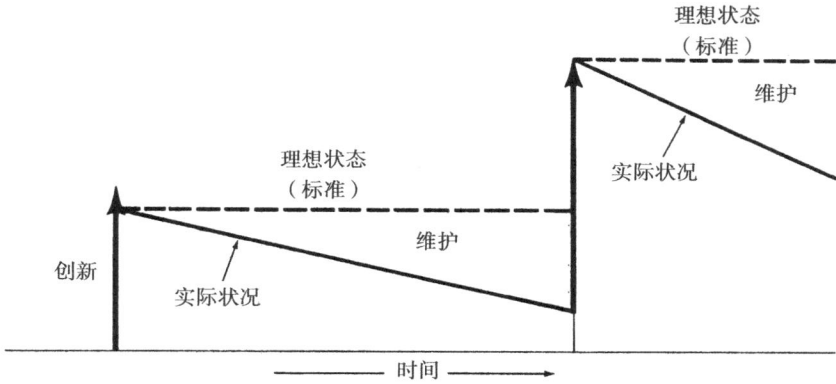

图 2-3　只创新，不改善

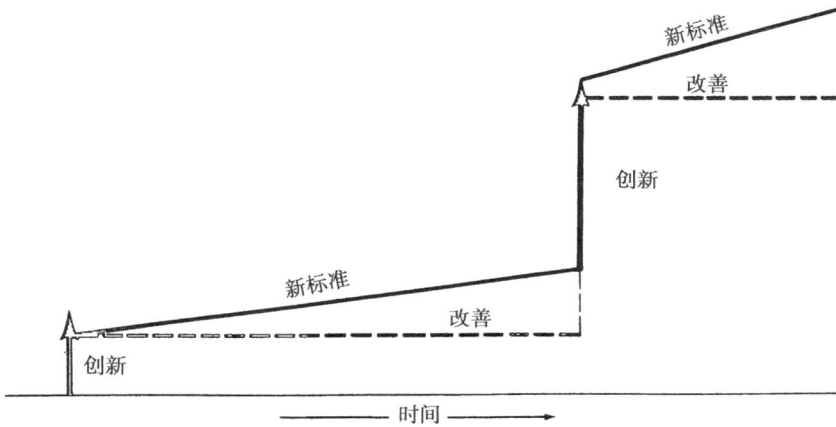

图 2-4　创新 + 改善

　　创新是一锤子买卖，激烈的竞争和不断下降的标准会逐渐冲淡创新的效果，而改善是持续的努力，随着时间的前行，它将会产生累加的效应，实现稳步的提升。如果标准存在的意义仅仅是为了维持现状，那么只要绩效的水平尚可接受，标准就不会受到挑战，而改善作为一种不断的努力，不但会维护标准，还会升级标准。改善战略家认为，从本质上说，标准是试验性的，在持续付出努力后，标准会像石阶一样一阶一阶向上升级。这解释了为什么质量控制小组在解决一个问题后会立即转向下一个问题，这也是为什么所谓的 PDCA 循环（计划—执行—检查—行动）在全面质量管理运动中会如此受重视（第 3 章会更详细地讨论维护和提升标准的技巧）。

改善的另一个特点是它需要所有人共同努力。为使改善的精神传承下去，管理层必须有意识地付出持续的努力以支持改善。这种支持完全不同于领导者对取得重大成绩和突破的人给予的吹捧式表扬。改善注重过程多于注重结果。日式管理的优势在于它能成功地开发并实施一套既认同结果又重视手段的系统。

因此，改善要求管理层付出大量时间和努力，这些是金钱无法替代的。为改善付出意味着要对"人"进行投入，简言之，改善就是以人为本，而创新则以技术和资金为主导。

最后，改善哲学适用于增长较慢的经济，而创新哲学则更适用于增长较快的经济。改善是在诸多细微努力的基础上，一小步一小步地获得提升；创新则要跳跃式前进，希望着陆到更高的平台上，哪怕会遭遇向下的地心牵引力，哪怕会花费巨大的成本。在能源和原料成本较高、生产能力过剩、市场萧条的慢速增长型经济中，相比创新，改善常能收到更好的回报。

正如一位 CEO 最近指出的那样："使销量增加 10% 极其困难，但在制造成本上削减 10% 以取得更好的收益则没那么难。"

在本章开始，我提到"改善"的概念在当今大多数的西方国家中并不存在或至少是很淡薄。然而，就在并不遥远的过去，西方管理者也曾高度重视改进观念（类似这里的改善）。老一辈的管理者可能会记得 20 世纪 50 年代末 60 年代初经济迅猛发展的时期，管理层坚持不懈地改进业务的各个方面，在工厂中更是如此。在那样的岁月里，人们看重任何小的改进，并将改进视作实现成功的有效助力。

在小型私企工作的人们可能会体会到一种怀旧的情愫：公司对改进的迫切关注弥漫到空气之中。在公司被收购或变为国有后，季度利润表上的数字突然变成最重要的考核标准，他们忙于应对盈亏结算线，而这常常会转移他们对寻求持续改善的关注。

第二次世界大战后最初的 20 年间，市场机会和创新技术大量增加，这使得许多公司认为，在新技术的基础上开发新产品要比慢慢努力耐心等待改进更有诱惑力，更"性感迷人"。为了试图赶上不断增长的市场需求，经理大胆地引进一项又一项创新，他们乐此不疲，忽视了改进能够带来的那些看似微小的收益。

许多在那个迅猛发展的黄金时代之后入行的经理人，已经对改善失去了兴趣。取而代之的是，他们摆出一副进攻的姿态，以专业技术为武器，假以"创新"之名，想要实现巨大改变，获得快速收益，在短时间内赢得认可，实现提升。还没等自己意识到，西方经理人已经丧失了改进的眼光，将所有的鸡蛋都放进了"创新"这一只篮子里。

鼓吹创新的另一个诱因是人们过分强调财务控制和审计。现在，许多成熟的公司都已经建立起完善的财务制度和汇报系统，迫使经理人为其每个行动的花费负责，并精准地计算出每项管理决策的投资回报率。这种系统本身不利于为改进创造好的环境。

改善在定义上就带有"缓慢的""渐变的""不易察觉的"意思，因此只能从长远上感受到它的效果。在我看来，当今西方管理方式最突出的不足是缺乏改善的理念。西方管理方式缺少一个内部系统去奖励为改进付出的努力；相反，西方管理者只严格依照结果来评定每个人的工作业绩。于是，就不难想象西方经理会这样训斥手下的人："我不管你做了什么，怎么做的，我要的是结果，现在就要！"这种对结果的过分强调导致创新方法在西方一统天下。这并非说日本的管理者不关心创新。日本经理人在从事创新的时候仍在热情地追逐改善，日产汽车公司就是个明显的例子。

案例 **日产汽车公司案例**

　　1973 年，日产汽车枥木工厂二号车体部引进了第一个焊接机器人。在此后的 10 年里，该部门的自动化率提高到了 98%，焊接工作的机器人作业率增长了 60%。在这段时间里，部门的标准作业时间减少了 60%，生产效率提高了 10%～20%。

　　生产效率的提高是车间加入自动化以及这段时间各种改善努力共同作用的结果。

　　据该部门前任主管、现任工厂生产控制与工程部门副总经理吉田英一介绍，这个部门已实施了多个改善运动。

　　每年都有改善运动。比如，1975 年的运动是为"七项提升项目"，在以下七个领域寻求改善：标准时间、效率、成本、建议、质量保证、安全、过程应用。1978 年的运动是"3-K，1、2、3 运动"，"3-K"代表 kangae（思考）、kodo（行动）、kaizen（改善），"1、2、3"代表思考、行动、改进的起蹲跳的三步骤。

　　管理层在决定采用诸如自动化和机器人技术时，要投入大量资金。而改善运动则要求管理层和工人一同在工作方法上做出小的、低成本的改进。

　　降低标准时间一直都是提高生产效率行之有效的方法。枥木工厂为此所做的尝试包括运用"工作因素法"将工人执行任务时的每个动作都标准化。

　　对于个人工作，改善策略中最小的时间单位是 1/100 分钟，即 0.6 秒。一项建议若能节约至少 0.6 秒（工人张开手或行走半步所用时间），管理层便会认真考虑这项建议。

除了鼓励已在工厂施行一段时间的质量控制小组活动，该部门还开始在安全、减少失误、建议数量等方面对工人的改善努力给予奖励和认可。

为此，他们还给工人准备了特殊的改善表单，不管是团队（质量控制小组）还是个人提出的建议，都会"登记"在表单上并提交给部门经理。大多数建议都在本部门内由部门经理处理。

吉田英一说，工人提出的绝大多数建议都是他们自己就能落实的改变。比如，一位工人可能会建议调整一下他的工具架，使其更好用。此类建议在部门内就可以得到满足。事实上，该部门已经购买了焊接设备专门从事这样的小型维修工作。这个部门一贯致力于改善，使生产过程实现自动化和机器人化。

据该部门的工程师小暮纪夫回忆，刚调到这里时，他的新老板对他说："如果你做一项工作连续 6 个月一模一样，那你就不会取得进步。"

车间中的标准操作规程（SOP）一直在不断变化和改进。同时，管理者也告诉工人 SOP 是一项绝对的标准，在标准改进之前他们必须严格遵守。

管理者和工人每天都在寻找改善的空间。典型的做法是，先研究工人工作的方式，看是否有可能使标准时间缩短 0.6 秒或更多。下一步，从改进生产流程入手寻找机会。有时候，在主生产线外提前完成的局部装配线工作可以集成到主生产线上，从而节约将局部装配线产品向主生产线转移所需要的时间。小暮纪夫说，制造部门工程师 90% 的工作是为改善服务。

吉田英一认为经理的工作就应该是走进车间,鼓励工人为改进工作提建议,然后认真地思考这些建议。他还认为,这些来自草根阶层的努力在促进工厂成功的贡献上,绝对不逊于 1980 年和 1981 年的机器人技术。

再论改善与创新

图 2-5 表示一件产品由科学实验室开发到进入市场的全过程。科学理论和试验应用于技术,在设计中完善,在生产中物化,最后在市场上售卖。改进的两个要素——创新与改善,可以应用在该链条上的各个环节。例如,20 世纪 50 年代,将改善用在研发活动中,将创新用于市场营销中,造就了统领美国零售业的超市和折扣店经营形式。然而,改善的作用通常对生产和市场营销明显,创新则对科学和技术的影响作用更大。表 2-2 对创新和改善进行了比较。

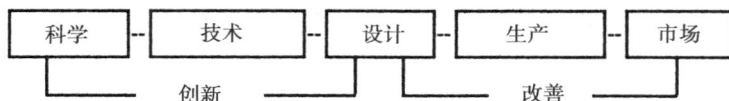

图 2-5　整体制造链

表 2-2　创新与改善的比较

创新	改善
创造性	适应性
个人主义	团队合作(系统方式)
专家主导	普通人主导
关心飞跃	关注细节
技术主导	以人为本
信息:封闭、独占	信息:开放、共享
职能(专家)导向	跨职能导向
寻求新技术	在已有技术上构建
垂直领导关系 + 员工	跨职能组织
有限的反馈	广泛的反馈

综观此表，我们发现西方长于创新而日本则强于改善。这些存在差异的侧重点同样反映在两者不同的文化传统上，比如，西方教育体系强调个人主义和创造力，而日本教育体系则重视和谐与集体主义。

我最近与一位来日本工作的欧洲外交官交流，他说西方与日本最显著的不同之处体现在西方人常常自鸣得意、过分自信，日本人则有强烈的紧迫感和缺憾感。日本人的缺憾感或许正是改善的动因。

观察改善和创新的关系，我们可以做出图 2-6 所示的比较。然而，日本企业正转向高科技领域，这将会出现图 2-7 中描述的情形。

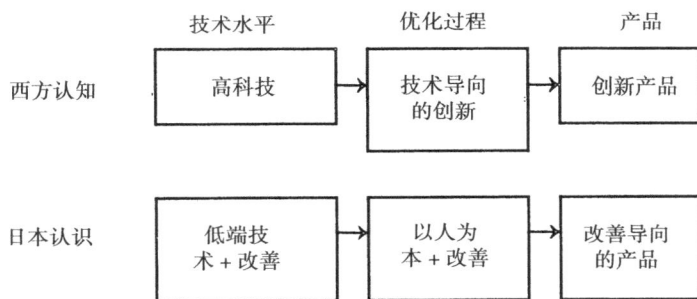

图 2-6　西方与日本对产品的认识

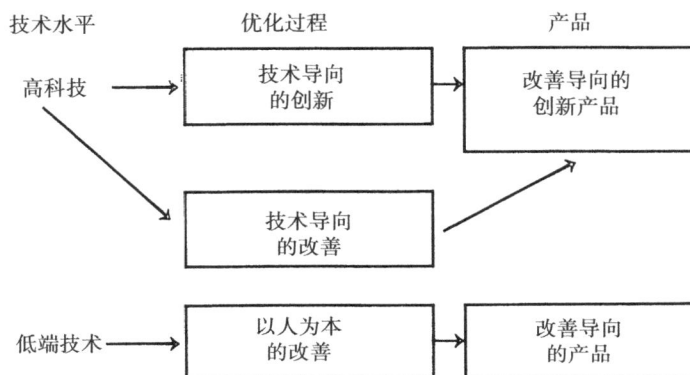

图 2-7　日本对产品的最新认识

如果用这种方式改变对新产品的认识，日本的竞争优势就会变得更加突出。这种变化正在发生。野村综合研究所高级研究员森谷正规指出，日本公司在与改善相关的研发领域（甚至是技术最先进的领域）都取得了重大的进步。

森谷正规列举了半导体激光的例子。研发半导体激光的目的是为了改进动力水平，同时减少制造成本。一旦目标实现，这项技术就可用于生产批量产品（如光盘和影碟）。

1978 年，一家大型的日本电气公司研发的用于 CD 的半导体激光器的成本为 500 000 日元，1980 年成本降至 50 000 日元，到 1981 年减至 10 000 日元。1982 年，第一部 CD 投入市场时，半导体激光器的成本只有 5000 日元，1984 年，降至 2000 ~ 3000 日元的水平。

在这段时间，半导体激光器的使用寿命从 100 个小时（某些早期型号）延长到了 50 000 多个小时（新型号）。许多这样的进步都要归功于对材料和生产工程的改进，例如制作更薄层的半导体介质（这需要小于 1 微米量级的精确控制），采用气态 MOCVD（金属有机化学气相沉积）方法。同时，光盘本身也得到了改进，减少了凹坑错误（pit error）。

经过这些努力，CD 在这段时间也得到了很大的改进，价格也下降了。1982 年，早期型号定价约为 168 000 日元，1984 年畅销型号售价 49 800 日元。同时，CD 的外形尺寸也缩小了 5/6，能耗降低了 9/10。自 20 世纪 70 年代中期半导体激光基础技术出现以来，日本基于现有技术在工程管理上不断地改进，在研发、设计、生产等方面取得了长足的发展。

超大规模集成电路内存、光纤、CCD（电荷耦合器件）都是通过运用改善手段得以成功应用的高新技术。当今技术发展的主要趋势是从运用飞跃式手段转向运用渐进式发展手段。西方的技术突破通常指拿到博士学位，但在日本最成功的创新企业——本田汽车公司中，只有 3 名工程师拥有博士学位，其中一位便是创始人本田宗一郎（荣誉博士学位），另外两位也正在逐渐淡出公司的业务。在本田，技术改进似乎并不需要获得博士学位。

对新技术的渴望是确定无疑的，但这种需求也是在新技术确实具有突破性之后才产生的。新生技术产品刚上市时价格非常高，甚至有时质量还不稳定。因此，一旦认可一项技术后，在批量生产、降低成本、改进收益、改进质量等领域都需要付出不懈的努力。

森谷正规指出，典型的西方研究人员热衷于突破有挑战性的项目，他们长于此道。但他们在遇到批量生产高科技产品的日本式挑战时，如果只强调运用飞跃式手段而忽视每天的改善，则会处于很明显的劣势地位。

日本和美国半导体工业的比较揭示出两国各自的竞争优势，也显示出了改善与创新之间的差异。一桥大学今井贤一教授（与本人没有亲属关系）和佐久间昭光副教授指出：

用最简单的话来说，几乎所有决定产品和流程的未来发展方向的重大创新都起源于美国，在那些基本轮廓已成型的创新领域中，日本使创新得以递增的能力十分强大……日本最具优势的设计能力是，将以往应用在产品中分散独立的个别创新进行有力的整合。这种优势设计能带来的经济价值在于它能向自身施加一种标准，使其创造出新产品。通过标准化，日本在生产中实现了规模经济。这就导致竞争的本质发生了转变：起初，竞争的决定因素是产品的性能特色，批量生产则带来了第二个影响竞争的因素——产品成本。

由于优势设计会整合以前的技术，因此它的出现使较大的创新不再频繁出现。从那时开始，累加性的创新便走上了中心舞台，目标是使产品更精致，生产流程更优化。日本公司心目中的创新正是这些不断累加的创新。占据美国市场巨大份额的日本 16K 内存，正是因为性能高、价位低才赢得了盛誉。

大和证券（Daiwa Securities）美国副主席、纽约大学工商管理研究生院国际商业研究教授保罗 H. 阿伦最近指出：

美国看重创新和尖端技术，许多公司抱怨，如果让工程师只从事最新技术的应用，根本留不住他们。美国工程师的梦想就是建立独立的公司，实现重大的突破。突破之后，工程师就希望他的公司被联合大企业收购，自己得到一笔丰厚的财务补偿；然后，如果他还年轻的话，就继续创建一家新的高科技公司，重复这一套路。因此，生产工程师经常没有威信，在这个领域里吸引不到"最优秀、最聪颖"的学生。

日本工程师大多希望留在大公司中。日本公司中的生产工程师享有的声望至少与研发工程师相当。

于是，就管理者对工程管理技术的应用与工程师对本职工作的认识而言，很容易解释为什么日本人偏爱改善胜过创新。

在西方，工程师以在工作中实践理论为荣。他未必会考虑他的工作是否与生产现场相契合。我最近参观了一家美国工厂，人们告诉我，这里的机器都是由那些从来没有到过工厂的总部工程师设计的，常常需要经历漫长的调试才能投入使用。

森谷正规在其《日本技术》（东京，SIMUL 出版社，1982 年）一书中指出：

生产优先

日本技术的第三大特长是能将研发、设计、生产线紧密联系起来。在日本，这是最简单的常识，但在美国和欧洲并非如此。

在日本，生产运行常常以爆发式起步，迅速达到百万或更高的生产量级。美国和欧洲公司对此惊叹不已，因为它们总是会谨慎地扩大生产，能在三四年内使产量翻一番就已经很满足了。这些公司对效仿日本的步伐持谨慎的态度。

积极为工厂和设备投资是快速扩张的一个主要动因，而研发、设计、生产的整合则使扩张在技术上具备了可行性。在家用录像机的例子中，研发和设计就充分考虑了批量生产需求。设计的主要目标是方便批量生产，这要求充分考虑部件的可用率、精确加工和配套组装等问题。

大量杰出的受过大学教育的工程师被派到了生产线上，许多人都被赋予了决定权。很多制造业的管理者都是受过训练的工程师，他们中的绝大部分都有着广泛的车间一手经验。在日本公司中，生产部门在研发和设计中拥有较大的发言权。此外，研发和设计工程师还经常走访生产线，与车间内的技师讨论问题。

在日本，研究员更多地出现在车间而非研究中心；大多数研究员都被分配到工厂和操作部门。日立大约有8000名研发人员，只有3000人在研究中心工作，其余的5000人都被分配到不同的工厂和操作部门中。

日本电气公司（NEC）有5000名技工，直接或间接地从事研发工作，他们中90%的人员在工厂中工作。这意味着研发和生产之间的理解与沟通会十分顺畅。

基层中的精英

在某些方面，法国厂商开发高端型号电视的能力使日本望尘莫及。法国先于日本引进了轻触式遥控器，尽管法国人为高端彩电的研发和生产投入巨资，但他们的实际产品的质量比日本逊色。这是因为法国设计师并没有充分了解车间里遇到的问题，不能从组装工人的角度从事设计工作。简言之，研发和生产之间存在巨大的鸿沟，这是公司等级上不同阶层间隔阂的产物……

我的职业生涯始于造船业,我最初为日立造船工程公司工作。刚从东京大学毕业,我被分配到了工厂,像其他雇员一样穿制服,与大家一起在车间工作。那时的船场工人有一套独一无二的装束:他们把毛巾绕在脖子上,塞在制服的前襟中。在造船行业的世界,我认为这是媲美围巾的时尚装扮——尽管它的实际功能是防止汗水流到背后和胸前。毫无疑问,这种沾满汗水的毛巾在外人看来并不时髦,但我已习惯地认为,围在脖子上的毛巾是我作为现场技工的骄傲标志。

改善与度量

生产效率只是评估手段而并非现实,南加州大学工业与系统工程系主席杰拉尔德·纳德勒教授如是说。但我们总是想找到生产效率的奥秘,好像答案就在定义生产力的度量之中。根据纳德勒的理论,这好比通过查看温度计寻找房间太冷的原因一样,调节温度计本身并不能解决问题。关键要付出努力去改善现状,比如,往火里多扔些木头或检查下炉子。换言之,开启 PDCA 循环。生产效率只是对当前事态和人们过往努力的一种描述。

我们不妨说质量控制也是一种度量而非现实本身。质量控制是对生产过程中产生的缺陷和故障的事后检测。当然,这不是说不管一个人多么卖力地检测产品,都未必能改进产品质量。

改进产品质量的方法之一是改进生产过程。玩弄数据无助于改进现状。这也是为什么日本的质量控制最初以检测为开端,之后转向"向生产过程要质量",最后实现"在研发阶段打造产品质量"。

如果说生产效率和质量控制不是现实而是用作评估结果的尺度,那么现实又是什么呢,要怎么去做呢?问题的答案是:现实是为改进生产效率和质量而付出的努力。关键词是"努力"和"改进"。该是时候驱散生产效率和质量控制的魔咒了，走进基层，挽起袖子，为改善而开工。如果我们把经理的职责定义为管理过程和结果，那么经理就应该既准备好标尺又要有量度。当纳德勒说生产效率只是评估手段时，他实际上是说生产力是结果导向的指标（R 型标准）。当我们处理"改进"时，我们应当遵从过程导向的标准（P 型标准）。

　　然而，许多西方公司的管理者甚至不知道有过程导向的标准存在，因为公司中没有这类指标。西方管理者常问的问题总是关于结果导向的指标，如月销售额、月支出额、产品产量，最后是利润指标。我们只要看看典型的西方公司采用的报表数据，如成本会计，就会发现这种情况有多普遍。

　　当管理者想了解一项具体的结果，如季度利润、生产效率指标或质量水平时，他唯一的标尺就是查看目标是否实现。然而，如果他用过程导向的标准去衡量为改进所付出的努力的话，他的标准便更有支持性，他可能会对结果少些苛责，因为改进的步伐微小而又缓慢。

　　为发挥保障支持的职能，管理层必须与工人达成默契。然而，西方公司的管理者常常拒绝建立这种关系。监工通常不懂如何与工人交流，他们害怕交谈，好像双方说的不是一种语言（在许多国家的确有语言不通这种情况存在，因为他们雇用"外籍工人"工作）。

　　荷士卫研究机构（Huthwaite Research Group）总裁尼尔·雷克汉姆指出，美国的经理人每次开会会 9 次提出自己的见解用以建设、改进、支持其他人的想法。不同的美国经理表达支持的行为（或言论）的数量有很大的差异，但平均值未及新加坡和日本团队的一半。西方经理人有必要发展出一套更有力的支持方式去处理经理之间、经理和工人之间的关系。

近日，卡博公司（Cabot Corporation）资深副总裁威廉·曼利开玩笑地说："我原以为日本有两大宗教——佛教和神道教，不过现在我发现这里还有第三大宗教：改善！"尽管听起来像玩笑，但人们确实应当以一种宗教式的虔诚去推行改善策略，不计较短期回报。这种行为方式上的转变要求人们怀有肩负使命般的激情，而它的价值可以从其所带来的满足感和长远影响上得到体现。改善的信念基础是人们内心对质量和价值的渴望，管理层必须相信改善能从长远上得到回报。

在改善中，"分享""关爱""承诺"的精神很重要。正如宗教需要仪式，改善也要有"仪式"，人们需要一种方式去分享他们的经验，相互支持，共同投身到事业中去。这也是为什么质量控制小组汇报如此重要的根源所在。幸运的是，人们不必等到来生才能见到改善的回报，因为改善的成效虽不是立竿见影，但在未来的四五年内还是可以感受得到的。不遵从改善的苦果就是，个人和组织机构都必须在挣扎中求得生存，无法体会进步的欢乐滋味。

改善需要一种新型的领导力，这种领导力的基础是个人经验和信念，而不看重权威、等级或年龄。任何亲身经历过磨练的人都可能成为领袖。你只要留意质量控制小组领导人（不管他们年轻还是年长）在会议上热情洋溢做报告的样子，便会了解领导人应该具备什么样的素质。这是因为改进能够带来真实的人生成就体验：找到问题，共同思考和学习，破解疑难问题，从而提升到成就的新高度。

从全面质量控制话改善

通往改善的道路有无数条，全面质量控制（TQC）就是其中的高速路。

如前所述，全面质量控制的概念在西方常被理解为部分 TQC 活动，被当成质量工程师的一项工作。"全面质量控制"这个词不能清楚地表达日本全面质量控制的范畴，考虑到它的误导作用，我引入了"全面质量管理"（CWQC）一词，用来更准确地向海外研究者解释日本的质量控制。但同时，在日本仍有许多公司用全面质量控制指代它们公司范围内的质量控制活动。

质量控制：管理人的质量

说起质量，人们可能会首先想到产品质量，这可就大错特错了。在全面质量控制中，首要的关注是人的质量，培养高质量的人才永远是全面质量控制的根本所在。一家公司能打造出高质量的人才，离生产出优质的产品就只有一步之遥了。

企业的三大基石分别是硬件、软件和人才。全面质量控制以人才的发展为起点，只有当人才的地基牢固之后，才能开始考虑企业的硬件和软件。

培养高质量的人才意味着要帮助人们具有改善意识。人们工作中既会遇到职能内的问题，也会遇到跨职能的问题，因此必须帮助人们认清这些问题，之后还要培训他们学会使用解决问题的工具，使其能够处理已经确认的问题。问题一旦解决，就要将结果标准化，以防止问题复发。经过这种永无止境的改善循环后，人们就具备了改善意识，并通过在工作中建立纪律实现改善。通过培养高质量的人才，管理者可以改变公司文化，但这需要用培训和坚定的领导力来实现。

1983年，法国人类学家克劳德·李维斯在日本举行的生产力问题国际研讨会上指出：

本次论坛应该对改进产品生产效率少些关注，而应该更多地关注如何提高系统生产效率。我们认为当前生产效率问题的症结并不在于所生产的产品数量不足，更严峻的问题在于我们依然离不开上一代人依赖的古老技术系统：在开发自然资源方面，我们仍是掠夺者。

为创建更好的系统，社会应该将注意力从生产更多的原料产品上移开，更多地去关注生产优质的人才——换句话说，掌握创建系统的能力。⊖

根据日本行业基准协会的定义，质量控制是"节约地生产满足顾客需求的产品或服务的手段系统。"该定义表述如下：

要有效实施质量控制，有必要使公司内所有人通力合作，包括高层管

⊖　资料来源：Brief Report on International Productivity Symposium, Japan Productivity Center, Tokyo, 1983. Reprinted by permission.

理者、经理、监工以及公司各领域活动中的所有人，这些领域包括市场研究与开发、产品策划、设计、生产准备、采购、供应商管理、制造、检测、销售与售后服务，还有财务管理、人事管理、培训与教育。以这种方式实行的质量控制被称为全面质量管理或全面质量控制。

我们令全面质量管理和全面质量控制两个词在本书中通用，不管用哪个名字，两者的真正内涵都超过了质量控制本身。我给质量控制下的定义是：作为一种管理工具，用于改善和解决问题的系统性的统计方法。在本章中，我们用全面质量控制指代广义的全面质量管理或全面质量控制。

1979 年，时任日本制钢所总裁的馆野万吉宣布公司将引进全面质量控制，他规划了三个目标：

- 提供满足顾客需要的产品和服务，赢得顾客的信任。
- 通过改进工作程序、减少故障、降低成本、降低债务、运用更高效的订单处理方法等措施，带领企业实现更高的盈利率。
- 帮助雇员实现潜能完成企业目标，尤其强调政策部署和自愿活动。

他同时希望通过引进全面质量控制帮助企业处理所有重大的环境改变及其他外部问题，赢得顾客信任，保证并提高盈利率。

全面质量控制已经成为一套解决问题、实施改善的完善系统。让我从改善的角度简要描述一下全面质量控制。

全面质量控制指的是用于改善和解决问题的系统统计方法。它的方法论基础是将质量控制概念应用于统计，这种方法要求尽可能量化有待研究的情况和问题。其结果是，全面质量控制实践者养成了与硬数据打交道的习惯，不依靠直觉和情感思考问题。在解决统计问题时，人们反复回到问题的源头去收集数据，这种方法培养了过程导向式思维方法。

过程导向式思维意味着人在考察问题时应该**借助**或非**听任**结果。仅通过结果评估绩效是不够的。取而代之的是，管理者应当去看看人们都遵循了哪些步骤，与人们共同为实现改进建立衡量标准。这能鼓励管理人员与工人之间进行不断的交流与反馈。在过程导向的思维方式中，过程导向的P型标准与结果导向的R型标准须区分对待。在全面质量控制中，人们不信奉"皆大欢喜，完美结局"这样的公理，全面质量控制的思维方式是："让我们改进过程吧。如果一切顺利，那么秘密一定藏在过程中，让我们找到奥秘再继续发展它！"

事实证明，共同努力对每个人来说，都是宝贵的培训经历。改进过程的方法有很多，因此有必要对解决问题的方法进行优先级排序，这都是过程导向的思维方式要思考的内容。这为管理科学引入了一种全新的概念——将经理的工作分为两个层次：一部分工作是检查工作业绩（结果），即R型标准；另一部分工作是与改善相关的管理工作——检查导致某一具体结果的过程，即经理要关注P型标准。

质量控制方法：　日本与西方的比较

很明显，在质量控制方法上，日本与西方存在一些基本的差别。

（1）西方质量控制经理的工作通常是个技术工种，很少会在与人、与组织打交道方面得到高层领导的支持。 质量控制经理罕有较高的地位，因而不能与高层管理者保持密切连贯的接触，而这却是在公司范围推行质量控制并将其作为主要企业目标所必备的条件。

（2）在西方，多源的职工种族结构和敌对的劳资关系，使管理者为了改进生产效率和实现质量控制而引入的变化难以落实。 日本人口结构单一，工人的教育背景和社会价值观较为统一，这大大简化了日本的劳资关系。

（3）西方会将专业的质量控制知识和其他工程管理技巧传授给工程师，却很少让其他员工知晓这些知识；日本则下了很大功夫将必要的知识传播给每个人，包括蓝领工人。 这样，人们就可以更好地解决自己工作中的问题。

（4）日本公司中高层管理者全力投身于全面质量控制中，使全面质量控制成为公司范围的事业，而非一位具体的质量控制经理的职责。 全面质量控制意味着质量控制要涵盖所有人、组织、硬件和软件。

（5）日本的企业界有一个共识："质量控制始于培训，终于培训。"中高层管理者、工人都会定期接受培训。

（6）在日本，由公司内的志愿者组成小组运用全面质量控制特定的统计工具从事质量控制活动。 质量小组主要开展这种形式的活动，小组的工作占质量控制领域内所有管理努力的 10% ~ 30%。 质量小组是质量控制中非常重要的一部分，但其贡献不能被夸大，因为什么也代替不了一个优秀的、完全整合的全面质量控制管理项目。

（7）日本还有若干在全国范围内积极推动全面质量控制活动的组织机构，如日本科技联盟（JUSE）、日本管理联盟、日本中部质量控制联盟、日本生产力中心，而在西方则鲜有类似的组织机构。

东京大学荣誉退休教授、武藏工业大学校长石川馨为日本发展质量控制运动和质量控制小组发挥了关键作用。他列出了日本全面质量控制运动的六大特色：

- 所有员工参与公司范围的全面质量控制

- 强调教育和培训

- 质量控制小组活动

- 应用统计方法

- 以戴明奖和总裁奖为代表的全面质量控制审计

- 在全国范围推广全面质量控制

　　了解一下在过去几年中发展出来、被广大全面质量控制实践者所津津乐道的全面质量控制关键阶段，会更好地理解全面质量控制的概念。下面就来逐一介绍。

用数据说话

　　全面质量控制重视使用数据。石川馨在他的著作《日本质量控制》（*Japanese Quality Control*）一书中写道："我们应该用事实和数据说话。"然而，他又继续说道："当你看到数据时，要质疑！看到测量设备时，要质疑！当你看到化学分析时，还是要质疑！"他进一步提醒读者，数据还包括虚假数据、错误数据以及无法测量的数据。

　　即使有了正确的数据，如果使用不当也是没有意义的。一家公司收集和使用数据的技巧可以给公司带来成功，亦可能造成失败。

　　在许多公司中，处理顾客投诉和对产品返工的工作被分配给了新来的员工，并被认为是不重要的工作。横河惠普总裁笹冈健三说："实际上应该把这样的工作交给年轻聪明的工程师，因为这个工作为获得顾客反馈、改进产品提供了宝贵机会。"

　　但问题在于，即使掌握了有价值的信息，仍然很少有人会不厌其烦地充分利用这类信息，沉迷于短期利润的管理者更愿意先把顾客的事情抛在脑后。对于这些管理者来说，顾客投诉就是噪声，于是他们便失掉了一个良机，无法收集到有价值的信息并将其反馈给能充分利用它的人。让信息在管理者间共享，与收集和处理信息同样重要。如果信息能得到妥善的收集、处理和流通并付诸实际应用，那么就总会有改进的可能性。数据收集和评估系统是全面质量控制/改善项目的关键环节。

为了开发出使顾客满意的产品，首先应当由销售和市场人员，一定程度上，应由投诉处理部门的员工来收集客户需求。然后，再将这些数据传递给设计、工程和生产部门。开发新产品要求将全面质量控制通过一种有效的交流网络延伸到不同的部门。日本已经发展出了多种系统、工具和模板为全面质量控制活动提供便利，其中包括跨职能组织、系统图以及质量部署等工具和系统。

质量第一，而非利润第一

也许这句格言能更好地揭示全面质量控制和改善的本质，因为它体现了"为质量而质量"和"为改善而改善"的信念。如前所述，全面质量控制包括质量保证、成本削减、效益、满足交货进度、安全等内容，这里的"质量"指的是上述所有领域的改进。日本公司的管理者发现"为改善而改善"是增强公司整体竞争力的最有效的途径。如果你管理好质量，利润便会不请自来。

武藏工业大学的今泉益正教授指出，一家公司要管理的基本要素有（产品、服务和工作的）质量、数量、交货（时间）、安全、成本以及雇员士气。他继续说道：

各层级管理者应该对合理管理这些要素负责。只有顾客满意于所购买的产品或服务时，公司才能繁荣。顾客满意或不满意的对象是产品或服务的质量。换言之，企业能提供给顾客的只有质量，其他指标都是企业内部的管理。这便是"质量第一"的第一层意义。

我不赞同在一开始就以低成本大量生产拥有顶级质量产品的想法。固然，这是全面质量控制的终极目标。然而，作为第一步，我倒建议先去生产具有顶级质量的产品，然后再考虑提高生产效率和降低成本。最开始，我们应该建立起能够生产出顾客满意产品的技术和系统，在这一阶段，我们应该抛开成本、数量、生产力等考虑因素。只有当技术实现之后，才应该转向下一阶段——在不牺牲质量的前提下以低成本大量生产优质产品，这是"质量第一"的第二层意义。

管理前面的环节（上游管理）

由于专注于数据和流程而非结果，全面质量控制鼓励人们回到流程的前端寻找问题的根源。改进，要求我们时刻警觉来自前端环节中的问题。在工厂中，去解决问题的人常常被问到5次"为什么"，多问几次"为什么"可以挖掘出若干个原因，其中一个原因通常就是问题的根源。

丰田公司的大野耐一曾给出下面的例子：如何找到机器停止运行的根本原因。

问题一：　机器为什么停止运行？

回答一：　保险丝超过负荷烧断了。

问题二：　保险丝为什么会超过负荷？

回答二：　因为轴承润滑不足。

问题三：　为什么轴承润滑不足？

回答三：　因为润滑泵失灵。

问题四：　润滑泵为什么会失灵？

回答四：　因为泵轴老化。

问题五：　泵轴为什么会老化？

回答五：　因为里面有污物。

问 5 次"为什么"有可能找到真正的原因，从而得到真正的解决方法：在润滑泵上安装一个防污设备。如果工人不经过反复的质问，他们也许就会只采取一个中间的措施，比如更换保险丝。

客户就在下一环节上

古时候，村里的篮子工匠认识每位买他篮子的顾客。他的顾客包括邻居家的主妇、他的朋友，还有远亲。他从来不曾想过要卖给他们一只底下有洞的篮子。在今天的批量生产时代，顾客被概念化，生产者既不知道也不关心顾客是谁，顾客也没有途径知道产品是由谁生产出来的。整个过程被去掉了人格属性。卖家不会出售底部有大洞的篮子，那如果洞很小呢？"货物出门，概不退换，买者自慎"。

如果生产者和销售者不是同一群人时，情况会更糟。当汽车工人没有完全拧紧一个螺栓时，组装好的汽车可能不会立即显现出不良的后果。这只螺栓是否拧紧又有什么关系！然而，如果下一环节的生产工人被看成是一名顾客时，这个问题就被人格化了，螺栓拧紧与否可大有不同。

要想在生产环节维护和改进质量，就务必使所有生产阶段上的所有人都能够畅通无阻地沟通。我们常发现生产工人之间具有强烈的区位主义和敌对情绪，尤其在相邻的生产环节上的工人，更是如此。因此，务必为工作中的所有环节建立起内聚力。

　　30年前，石川馨在日本制钢所作顾问时便遇到了这样的问题。有一次，石川馨去调查某些钢板表面出现划痕的原因。他建议负责这一环节的工程师让他的团队与下一环节的工程师一起去调查情况。这名工程师回答说："你的意思是要让我们和我们的敌人一起去检查问题？"石川馨这样回答他："你不该把他们当成自己的敌人。你们应该把下一环节当成是自己的顾客。你们应该每天都到你们的顾客那里走访，确保他们对你的产品满意。"然而，工程师仍坚持说："我怎么能干这种事呢？如果我出现在他们的车间里，他们该以为我在刺探他们的活动了！"

　　这件事启发了石川馨，进而使他发出了那句著名的论断："顾客就在下一环节上。"这种观念能够帮助工程师和车间员工认识到他们的顾客不仅仅是那些在市场上购买他们产品的人，还包括在下一环节接收他们工作的人们。这种认识会反过来让人们努力投身工作中，绝不把残次部件送到在下一环节上工作的人们面前。后来，这种观念被制度化，从而有了看板系统和准时制的概念。从一开始，"将下一环节的工人当成顾客"面临的挑战就是要求人们坦诚地承认自己所在车间中存在的问题，并竭力解决问题。如今，这种观念还被应用到了文职工作中。

　　例如，设计工程师的顾客是制造工人。因此，这条公理就要求工程师在设计新产品时，多多注意制造工人的需求，他要考虑现有设备的工序能力、原材料的可用性等问题。类似地，文职人员的顾客是他所处理的文件的接收者。这样，质量保证的前提理念就是：在各个阶段向每位顾客保证质量，将能保证最终产品的质量。

顾客导向，而非厂商导向的全面质量控制

　　这个概念讲的是"顺应市场"（market-in）与"盲目推出产品"

（product-out）[⊖]之间的差别。应用到生产各个阶段的全面质量控制理念，其最终受益人是购买产品的顾客，因此全面质量控制被视为顾客导向的理念。这也是为什么全面质量控制活动从最初的"在生产的各个环节维护质量"，将重点转向"在研发和设计阶段打造产品质量"的原因所在。

这条公理也许算得上是全面质量控制理念中的一个基本要素。日本进行所有与全面质量控制相关的活动时，会时刻将顾客的需求记在心上。但某些管理者总是从他们自己的需求出发去想问题。通常，他们策划一个新产品项目是因为公司具备可用的财务资源、技术和产能。新产品满足了公司增加产量的要求后，剩下的事情就是，管理者在心中祈祷顾客会喜欢上他们的产品。

如果将处在工作下一环节的人们当成顾客，顾客导向的全面质量控制就一定不会让上游的人给顾客带来不便。一件残次品或劣质服务无论何时进入下游，都会使下游的人们遭殃。制造问题的人看不到后果，但下游的人们能看到，其中就包括最终顾客。

从许多公司定义全面质量控制的方法就能看出全面质量控制顾客导向的本质。例如，小松公司将全面质量控制目标定义为："通过合理的、具有成本意识的研究、开发、销售和服务，使分布在世界各地的小松顾客满意。"

通过应用全面质量控制理念，日本公司建立了一整套以"让顾客满意"为终极目标的设计、研发、生产和产品服务系统。这已经成为日本产品被全球顾客所青睐的不二法门。然而，仍然有许多日本公司和国外的公司对满足顾客需要的理念口惠而实不至，没有用一个系统去实现。

⊖ 与"顺应市场"相反，"盲目推出产品"指的是不充分顾及顾客需求地生产产品和提供服务。

即使在今天，许多西方推销员在对待顾客需求方面上，还存在不少问题。援引一位欧洲家用电器零售商的说法："不论什么时候，日本推销员来访，他总会问各种各样的问题，为的是了解我们真正需要什么。但欧洲推销员过来的时候，他所做的就是来告诉我们，我们有多傻。如果我们抱怨，他就总是试图在争论中取胜，大过嘴瘾。"

另一个重要的问题是如何界定顾客。例如，对于生产汽车轮胎配件的公司来说，他的顾客是谁。没错，他把产品卖给轮胎厂商，所以他应该关注轮胎产商的需求。然而，从轮胎厂商那里购买轮胎的汽车公司，还有从汽车公司购买汽车的司机又算什么呢？这些人也是他的顾客吗？通常情况下，这些不同的顾客有着不同的质量需求。

这样，定义顾客便成了高层管理者需要优先考虑的事情，因为他的定义决定了未来使顾客满意的产品质量的特点。

下面的案例介绍了员工如何通过关注顾客的需求，改进接听电话的工作。

案例研究 **缩短顾客打电话的等待时间**⊖

这是有关某大银行总部实施质量控制项目的故事。该总部平均每天都会接到大约 500 个顾客电话。调查显示，如果电话响铃超过 5 次没人应答，呼入者就会变得烦躁不安，通常就不会再给公司打电话了。相反，如果响铃两次后便有迅捷的答话，会使顾客心理上得到安抚，从而使他们在打电话办业务时感到自在。

1. 选题

选择电话接待作为质量控制主题，出于下面的原因：①电话接待

⊖　资料来源：Reprinted with permission from "The Quest for Higher Quality—the Deming Prize and Quality Control," Ricoh Company, Ltd.

使顾客形成对公司的第一印象；②该主题与公司的电话接待口号相一致："不要让顾客等待，避免把顾客没完没了地从一个分机转到另一个分机"；③与当时正在公司范围推行和倡导的"向遇到的每个人表达友善"的运动相呼应。

首先，员工讨论造成顾客等待的原因。图 3-1 揭示了一个经常出现的情况，当顾客 B 打电话时，接线员正在和顾客 A 通话。让我们看看顾客为什么会等待。

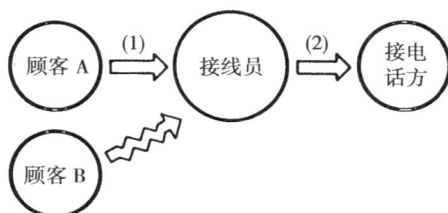

图 3-1　顾客等待的原因

在环节（1）中，接线员接到了顾客打来的电话，但是由于缺乏经验，他不知道将电话转接到哪里。在环节（2）中，接电话方不能迅速接电话，也许因为他不在并且没有人为他接起电话。结果就是接线员不得不一边将电话转到另外一个分机上，一边还得为延误向顾客道歉。

2. 因果图与形势分析

为了充分了解情况，小组成员决定对响铃超过 5 次的呼入等待进行调查。通过头脑风暴，小组讨论出几种原因，然后将其放置到因果图（见图 3-2）中。接线员在数据记录表中将 6 月 4 日~6 月 16 日 12 天内的数值结果记录并整理出来（见表 3-1）。

3. 形势分析检查表结果

检查表上的数据意外地揭示了"只有一名接线员（总部外的合作方）"以很明显的数值结果（172 次）位居电话延误时间统计榜首。这样一来，工位上的接线员在电话繁忙时就要处理大量的电话呼入。顾客就不得不等待很长时间，每天大约发生 29.2 次等待，这占到了每天接到电话总数的6%（见表3-2和图3-3）。

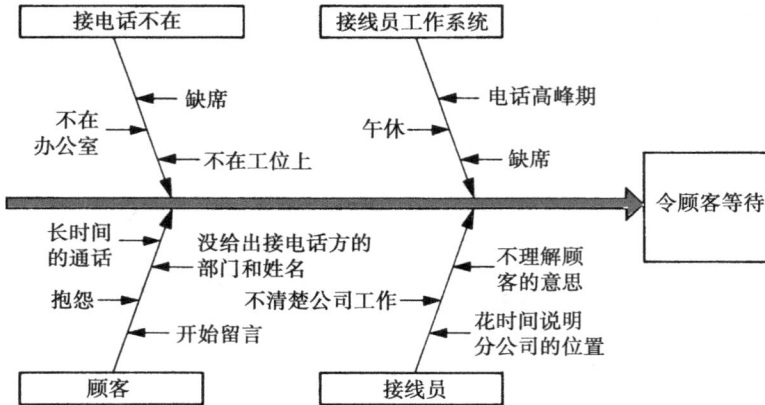

图 3-2　令顾客等待的原因

4．设定目标

在全面而又富有成果的讨论之后，接线员决定设定如下质量控制目标：将呼叫等待的数量减少为0。这就意味着，要迅速地处理所有呼入的电话，不给顾客带来任何不便之处。

5．措施与执行

（1）设立三个午休班次，保证永远至少有两位接线员同时在线。在该决议执行之前，有两个午餐班次，一名接线员工作另一名午休。因为调查显示接线员太少是顾客等待的主要原因，公司遂从文职部门调来一名助理接线员。

（2）让所有的员工在离开工位时做语音留言。这条规则的目的是，在接听方不在座位时简化接线员的工作量。上午的员工例会布置了这项新工作，并要求全公司给予支持和配合。为了落实该项工作，总部公司安排了一名信息员，负责公布新的措施。

（3）编订人员职责目录。由于接线员不可能了解每位员工的工作，

表 3-1 设计记录表找到问题

原因／日期	接电话的部门没有人	接电话的人不在	只有一名接线员（公司外的合作方）	总数
6月4日	〣	丨	正 丨	24
6月5日	正	〣	正 正 丨	32
6月6日	正丨	〢	正 正 〢	28
6月15日	正	丨	正 〣	25

表 3-2 呼入者为什么会等待

		日平均量	总数
A	只有一名接线员（公司外的合作方）	14.3	172
B	接电话方不在	6.1	73
C	接电话的部门没有人	5.1	61
D	没有提供接电话人员的部门信息和姓名	1.6	19
E	询问分公司地址	1.3	16
F	其他原因	0.8	10
	总　数	29.2	351

时间：1980 年 6 月 4 日～16 日，共 12 天

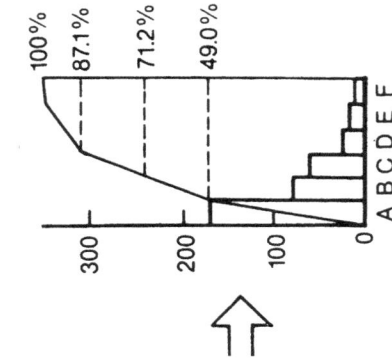

图 3-3 等待的原因（帕累托图）

表 3-3　质量控制项目效果（前后对比）

	呼入者为什么要等待	总数		日平均量	
		之前	之后	之前	日后
A	只有一名接线员（公司外的合作方）	172	15	14.5	1.2
B	接电话方不在	73	17	6.1	1.4
C	接电话的部门没有人	61	20	5.1	1.7
D	没有提供接电话人员的部门信息和姓名	19	4	1.6	0.3
E	询问分公司地址	16	3	1.3	0.2
F	其他原因	10	0	0.8	0
	总数	351	59	29.2	4.8

时间：8月17日～30日，共12天

注：根据原因对问题进行分类，按所花费的时间数量排序。问题以条形图表示出来，100%指耗费时间的电话总数。

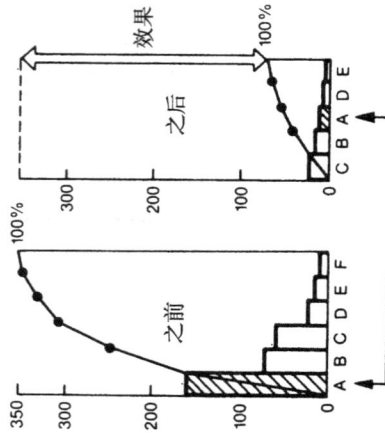

图 3-4　质量控制的效果（帕累托图）

所以可能会不知道将电话转接给谁。因此，为辅助接线员工作，特别设计了人员职责目录。

6. 确定结果

尽管通话等待的数量没能减少到 0，但表 3-3 和图 3-4 所示的各项指标都得到了明显的改进。据后续调查统计，延误的主要原因——"只有一名接线员（来自公司的合作伙伴）"，在质量控制期内从 172 次迅速下降到了 15 次。

全面质量控制：始于培训，终于培训

日本引入全面质量控制后，开始做的第一件事便是竭尽全力培训经理和工人。这是"培养高质量的人才"理念的必然选择。顶尖的日本建设企业鹿岛公司从 1978 年开始开展全面质量控制活动，它的最初目标是在 3 年内为全体 16 000 名员工提供教育项目。当时，公司发现送经理去听公开课或是邀请外部讲师授课，均不能让所有员工都学习到课程，于是，公司特别开发了全面质量控制视频课程，通过公司内 110 个视频终端授课。

这些不同的培训项目的主要目标是要在所有员工心中灌输全面质量控制的思维方式，即引发一场"意识"革命。鹿岛为不同的组织级别举办不同的课程，并在 3 年内将课程到覆盖到全体员工。在这一过程中，公司培养了 800 名质量控制管理者，并编订了能在全公司范围使用的教科书。

全面质量控制将下一环节看成顾客，本质上是使全面质量控制范围扩展到相邻的业务单位（流程），以此类推，最后抵达终端。这是为什么全面质量控制的活动范围在纵向上能从高层领导延伸到中层管理者，再扩展到监工、工人、临时工；同时，在横向上，能从起始端的供应商贯通到终端顾客整个链条。

在许多公司中，质量控制小组活动还将临时雇员包括进来，因为要解决公司的问题，需要每个人的参与。其实，临时雇员常常是质量控制小组最活跃、最有热情的成员，他们为改进提供了许多有用的建议。

改善中的跨职能管理

"管理前面的环节"这一概念意味着全面质量控制应该将经销商、供应商及分包商等包括进来，用以改进供货和原材料的质量。全面质量控制包括削减成本、质量保证、数量管理及其他领域，这就催生了跨职能管理这一概念。在这种概念下，许多部门在跨职能活动中通力合作，这便是全面质量控制在横向上的延伸。

全面质量控制涉及各层级上的管理者，并跨越不同的职能部门，人们在全面质量控制中不会相互隔离。全面质量控制寻求一种相互理解，倡导通力合作，全面质量控制是一种富有感染力量的精神。

那些决定引入全面质量控制的公司常以"打破部门间的隔阂"为口号，这种需求对于那些在内耗中煎熬，深知部门隔阂会严重影响质量、成本和进度的公司，显得尤为迫切。于是，公司便引进了跨职能管理来打破部门间的隔阂。但这并不是说每个职能部门应该变弱，相反，每个部门都应该足够强大，这样才能实现成功的跨职能管理。

全面质量控制从一个部门扩展到下一个部门，加强了不同组织层级之间横向和纵向上的相互联系，有利于公司范围的沟通和交流。全面质量控制的众多收益之一便是，改进沟通和交流，有效地处理和反馈不同组织层级间的信息。全面质量控制不但使人们紧密团结在共同的目标周围，也增强了信息的价值。

遵守 PDCA 循环 （戴明环的发展）

戴明强调公司研发、设计、生产和销售行为间应进行不间断的交流互动。为了获得更好的质量从而使顾客满意，这四个阶段应该以质量为最高准则不停地循环运转。之后，这种"不断运转戴明环来实现改进"的概念被扩展到了管理的各个阶段，转轮的四个阶段分别对应具体的管理行为（见表 3-4）。

表 3-4　戴明环与 PDCA 循环的联系

设计——计划（plan）	产品设计对应管理中的计划
生产——执行（do）	生产对应执行——按设计制造加工产品
销售——检查（check）	用销售数据来检查顾客是否满意
研发——行动（action）	如果有顾客投诉，须将该阶段整合至设计阶段，为下一轮的努力采取有效的行动。这里的"行动"指的是为了改进而实施的动作

日本的管理者改造了戴明环，并将新循环命名为 PDCA 循环，将其应用于所有的管理阶段和情境（见图 3-5）中。PDCA 循环是指围绕改进而实施的一系列活动，它的起点是分析当前形势，收集数据，为改进制订计划。计划一经确定后，便开始着手实施。此后，还要检查实施过程，看是否实现了预期改进。当试验成功后，还要进行最后一步行动，

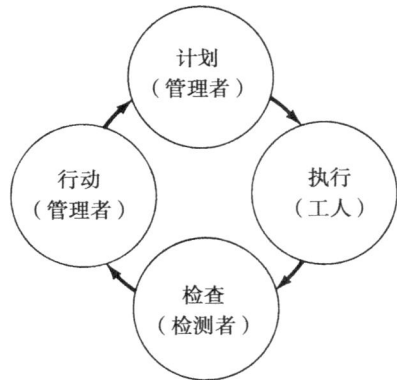

图 3-5　最初的 PDCA 循环

将方法论标准化，以确保不断地实践新引进的方法，从而带来可持续的改进。

早期，在应用这一循环时，"检查"指检测人员检查工人的工作结果，"行动"指对出现的错误或故障进行矫正。因此说，那时的 PDCA 概

念是建立在监工、检测人员和工人的工作分工基础之上的。

日本在应用此概念时，很快就
发现这种事后矫正的方法还不够。
结果，就诞生了改良版的 PDCA 循
环，如图 3-6 所示。

遗憾的是，欧美敌对的劳资关
系使这种角色分工被固化下来，从
而形成了一个 PDCF 的循环格局，
如图 3-7 所示。

在许多西方情境中，F 是执行
极端的 R 型标准：解雇工人或经
理。这成为最快捷的解决办法。

在图 3-6 所示的改良版 PDCA
循环中，"计划"指在当前的实践
中利用统计工具（如七种统计工
具——帕累托图、因果图、直方
图、控制图、散点图、分层法、检
查表，见附录 E 中对于这些工具的
解释）制订改进计划；"执行"指

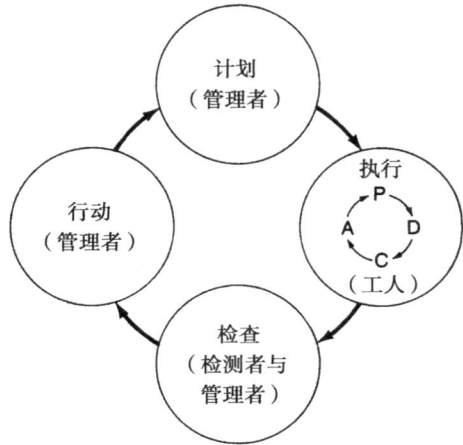

图 3-6　改良版的 PDCA 循环

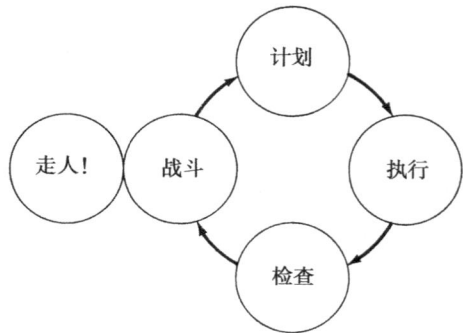

图 3-7　西方的 PDCF 循环

实施计划；"检查"指查看是否得到预期改进；"行动"则用于防止问题
反复出现，它将改进的成果制度化以便使新实践在未来继续得到改进。
PDCA 循环永无止境，改进实现后马上就变成一种标准，接受新计划的挑
战。这样，改善的收益便实现了最大化。

PDCA 是这样一个循环：树立新的标准就是为了让更新、更好的标准
去挑战、改良和替代它。大多数西方员工将标准看成是固定的目标，而日

本的 PDCA 循环实践者则将标准视作起点——下次要"做得更好"。

从第 1 章开始，我提到了日本的管理可以分为两部分：维护和改进。PDCA 循环是实现改进的重要工具，它将确保改进的收益能够持续下去。在进行 PDCA 循环之前，确定现有的标准至关重要。

确定标准的流程通常被称为 SDCA（标准化—执行—检查—行动）循环。只有 SDCA 循环正常运行，我们才能转向 PDCA 循环去升级现有的标准。管理层应该让这两个循环永远协同地运行下去。

任何流程在最开始的时候都存在偏差，因此要努力使流程实现稳定运转。比如，本该每小时生产 100 个部件的生产线，上午每小时生产 95 个，下午则每小时生产 90 个；另一天，也许还能生产出 105 个部件来。发生这种情况是由生产线上某些不稳定的因素造成的，在本阶段，将流程稳定下来使每小时的产量接近 100 非常重要。

这就是 SDCA 循环要做的工作（见图 3-8）。只有将标准确立并稳定下来之后，人们才能转向下一阶段——用 PDCA 循环提高标准。因此说，SDCA 的作用是将状态稳定和标准化，PDCA 则用于改进状态。

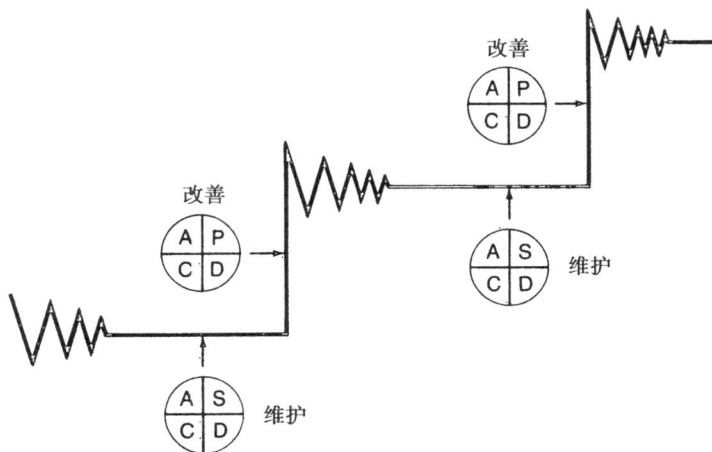

图 3-8 PDCA 循环和 SDCA 循环与改善和维护间的互动关联

近日，一队法国管理者参观了一家日本工厂，工厂中管理者和工人都在干劲十足地在全面质量控制活动中实施 PDCA 循环。来访的一位领导者听到一位日本经理说"每次执行新措施，我们都会查看措施的进展，观察结果，在我们管理方面寻找并承认错误，然后努力做得更好"，有些不解："但你是经理，用得着承认错误吗？"改善理念意味着所有人（不管他的职位和头衔如何）都务必坦诚地承认自己所犯的错误以及工作中的失误，努力在下次做得更好。没有承认错误的能力，就不可能有进步。

通过进行 PDCA 循环，管理者和工人都能不断地遇到挑战，使改善达到新高度。松下电器质量控制中心总监伊藤让，在解释质量控制小组缘何能不断地取得越来越好的成绩时这样说道：

我曾参与过一项有趣的质量控制活动，那是关于电视机厂焊接工人的故事。一般来说，我们的工人要在每个加工件上焊接 10 个点，每天焊接 400 件，这样，一天共焊接 4000 个点。如果他一个月工作 20 天，那就是每月完成 80 000 个焊点。一台电视机大约有 1000 个焊点。当然，今天的大多数焊接工作都是自动完成的，工人要维持非常低的残次率，每 500 000 ~ 1 000 000 个焊接点中发生的错误不多于 1 个。

参观我们电视机厂的人们常常十分惊讶地发现工人在做这么单调的工作时，能够不犯任何严重的错误。让我们想想人类所做的其他的枯燥的事情吧，比如说走路。我们实际上一生都在走路，一遍遍重复相同的动作。这是极端单调的动作，但有人（如奥运选手）专注于比其他人走得都快，这与我们在工厂实施质量控制具有相似之处。

有些工作可能非常单调，但如果我们能赋予工作一种使命感，朝着目标去做，就可以在一项单调的工作中保持兴趣。

用质量控制的故事阐明问题

全面质量控制通过运用统计方法收集分析得到的数据解决问题。全面质量控制实践者发现，如果他们的建议和解决方案是建立在精确的数据统计的基础之上而非依靠直觉时，通常会很有说服力。因此，也就有了本节中的"用质量控制的故事阐明问题"的提法。

在质量控制故事的开始，人们会指出工作中存在的问题的本质，解释质量控制小组为什么会选择此项改进作为主题。小组通常会在一个帕累托图中按照重要程度将导致问题的关键因素标注出来。找到这些关键的因素后，小组就能为质量控制活动确定具体的目标。

接下来，质量控制小组运用因果图分析产生问题的原因。用这种分析方式，小组可以找出解决问题的方法。在解决方案实施之后，要对结果进行检查并评估其有效性。小组中的每个人都怀有自我批判的态度，通过将结果变成标准来防止问题复发，并寻找方法继续改进已取得的改进。这就是 PDCA 循环的运行状态。

在质量、成本、效益等问题上，质量控制故事也为改善上层和下层组织层级间的沟通提供了有效的工具。横河北辰电机公司与惠普在日本创建了合资公司横河惠普公司（YHP），来自合资公司的笹冈健三曾经说过，YHP 的日本经理给惠普致信询问具体的信息或问题总是得不到回复，即使有了答复也常常是答非所问。但当 YHP 经理将他们的问题圈定到质量控制故事的语境中，他的信就更容易理解了。如今，超过 95% 的询问都得到了合理的答复。

案例　理光公司如何减少树脂产量波动

这里讲述的是理光沼津工厂内一个专注的质量控制小组的故事。这个小组由平均年龄为 28 岁的 6 名男性员工组成，他们负责生产和检测复印机墨粉的原材料。他们实行一系列的质量控制活动，目的是通过化学反应和日常控制程序使树脂质量稳定。要控制关键的化学反应必须进行精确、仔细的测试，使公差控制在 1/10 000 毫克，对于每位成员来说，掌握专业技术与理论知识至关重要。在这条原则下，小组不断地分析和测试来自车间的数据以改进树脂的质量。该质量控制小组不但研究技术问题，还讲究安全方法，注重真正地解决问题。在实施过程中，小组举行了 42 次会议，每次会议长达 90 分钟。这些质量控制活动获得了 1980 年日经指数质量控制文学奖。

1. 选题

如图 3-9 所示，经过第 2 加工阶段后，许多原料被分为两部分，分别进入第 3 和第 4 加工阶段。平均收益率为 99.8%，但如图 3-10 所示，存在很大的偏差，43% 的统计点都超过了理论值。由于产量的稳定性直接关系到树脂的质量，该小组选择"如何减少偏差"为研究主题。$^{\ominus}$

2. 了解情况

基于之前的数据画出直方图（见图 3-11）。该图显示出了两个峰值，小组成员得出结论：有两个组次出现了混乱，进一步，又认定了两个组次 $\bar{x}$ 相差 14 千克，而且，$\bar{x} - R$ 控制图显示，计算中还遗漏了产量图中批次之间的偏差（高达 48 千克）。在批次内部，还出现了最高为 60 千克的偏差。$^{\ominus}$

$\ominus$　在技术定义中，"产量"指生产的数量；"收益率"指实际产量与理论产量的比率。

$\ominus$　$\bar{x}$ 指平均值，R 代表同一组中最小值与最大值之差。

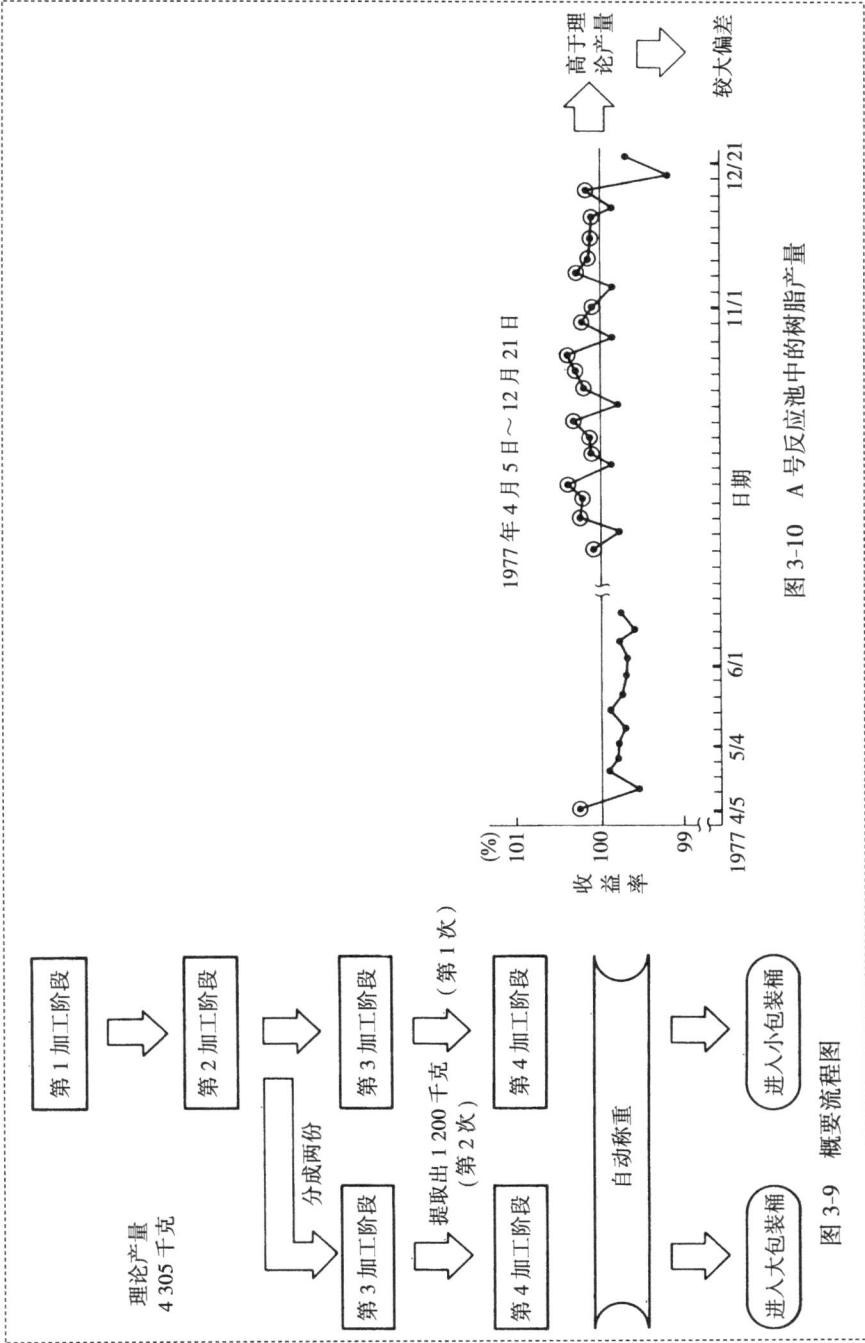

图 3-10　A 号反应池中的树脂产量

图 3-9　概要流程图

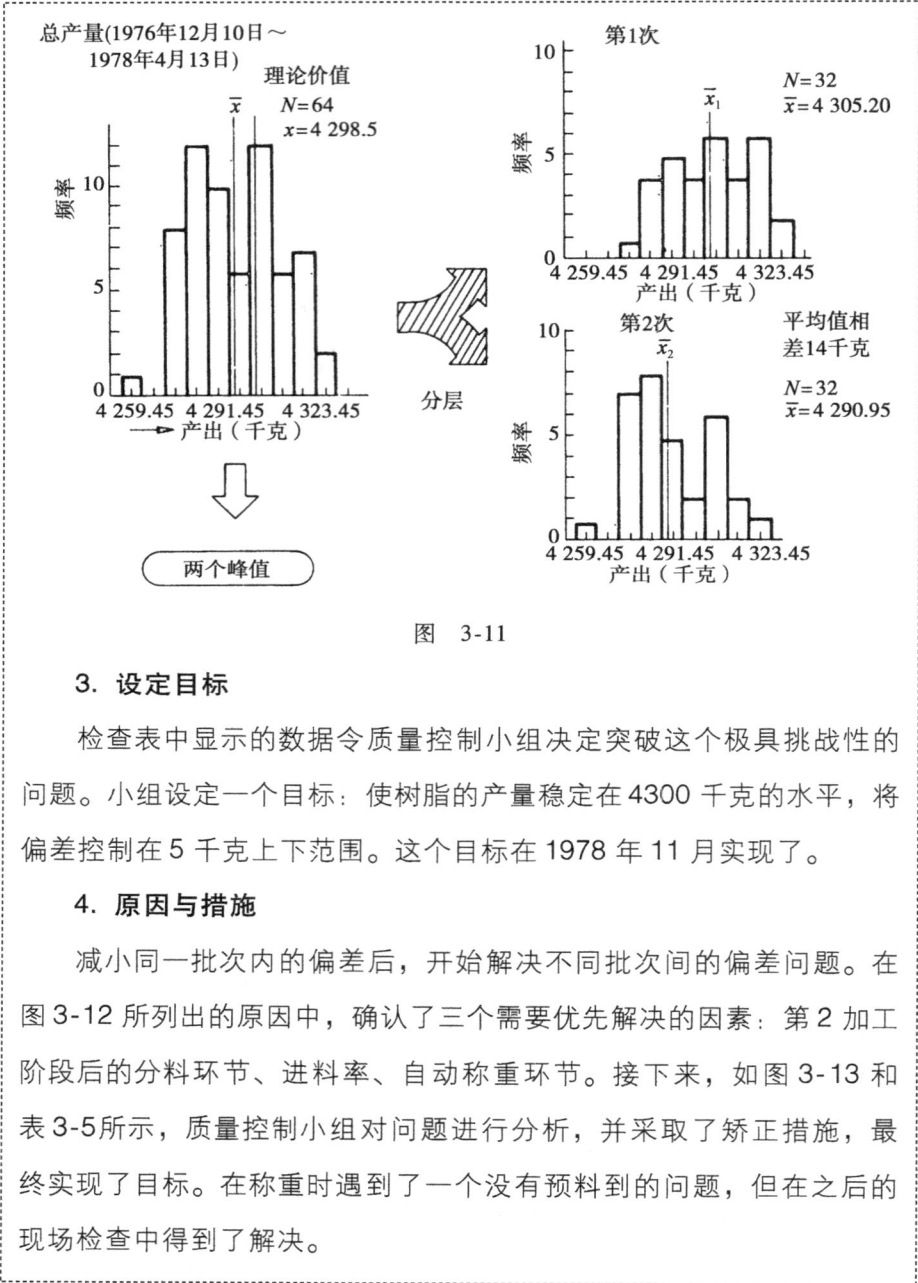

图 3-11

3. 设定目标

检查表中显示的数据令质量控制小组决定突破这个极具挑战性的问题。小组设定一个目标：使树脂的产量稳定在4300千克的水平，将偏差控制在5千克上下范围。这个目标在1978年11月实现了。

4. 原因与措施

减小同一批次内的偏差后，开始解决不同批次间的偏差问题。在图3-12所列出的原因中，确认了三个需要优先解决的因素：第2加工阶段后的分料环节、进料率、自动称重环节。接下来，如图3-13和表3-5所示，质量控制小组对问题进行分析，并采取了矫正措施，最终实现了目标。在称重时遇到了一个没有预料到的问题，但在之后的现场检查中得到了解决。

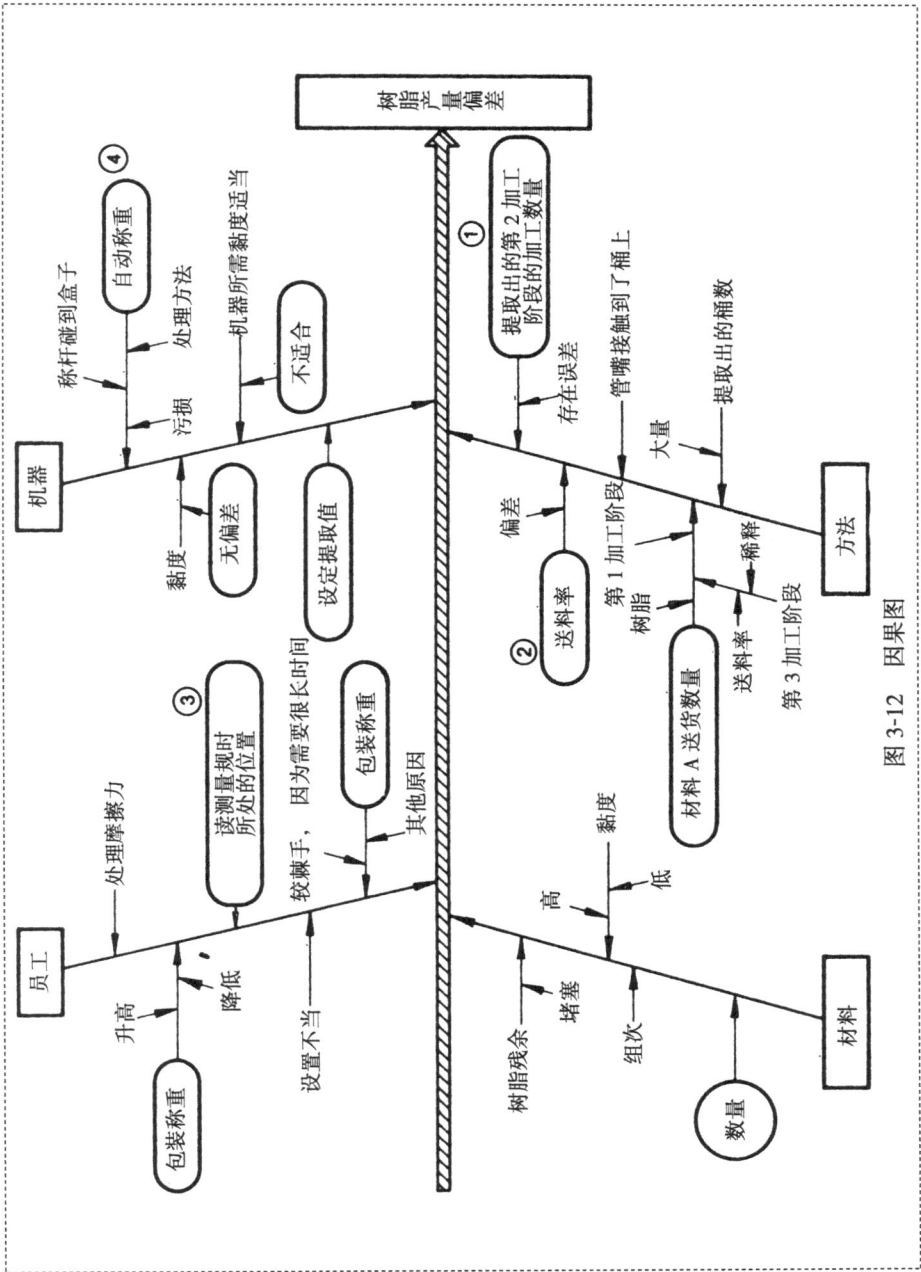

图 3-12　因果图

表 3-5　相同批次内产量波动分析与解决对策

分析程序	项目	分析	分析结果与采取的措施
（1）同一批次内减少波动对策 1	第 1 次和第 2 次产量研究	登记第 1、2 次的测试结果（千克）　　1977 年 6 月 24 日 ～ 1978 年 5 月 17 日 序号：1 2 3 4 5 6 7 … 27 28 29 30 第 1 次：4303 4291 4306 4346 4326 4332 4307 … 4319 4336 4296 4279 第 2 次：4275 4331 4092 4287 4323 4292 4307 … 4305 4280 4289 4274 标注：+ + + + + ○ … + + + $n\,n_+ = 21$　　$n\,n_- = 7$　　○○＝2	第 1 次和第 2 次产量存在 1% 的明显差值 ● 调查并研究第 1、2 次间的差值
	提取 1/2 进入第 2 加工阶段，并进行研究	第 2 加工阶段结束时的总提取量 总提取量 2 424 千克 ⇨ 每份 1 212 千克 1 200 千克 在分料工作之前，有大量原料残留在反应池中	进入第 2 加工阶段的半份原料是 1 212 千克，而不是 1 200 千克 ● 改变第 2 加工阶段提取的原料数量，并进行确认
	分每 2 加工阶段提取两份，每份各 1212 千克的原料，并进行确认	登记第 1、2 次产量测试结果，1978 年 5 月 25 日 ～ 1978 年 8 月 26 日 序号：1 2 3 4 5 6 7 8 9 10 第 1 次：4299 4275 4297 4309 4321 4337 4298 4277 4290 4295 第 2 次：4301 4280 4297 4302 4294 4307 4294 4290 4293 4275 标注：- - ○ + + + $n_+ = 5$　　$n_- = 5$　　○＝1	将原料分成两等份，每份 1 212 千克，第 1 和第 2 次间的明显差值消失了 ● 修正工作标准 ● 产量中仍有差值 ● 检查因果图
	产量与送料率研究	（千克）产量与送料率分布图 4 350 产量 4 300 4 250 1/0.95　1/1.05　1/1.15　1/1.25　1/1.35　1/1.45　1/1.55 1/1.05　1/1.15　1/1.25　1/1.35　1/1.45 送料率 $n_1 = 19$　I　　$n_4 = 10$　IV $n_2 = 10$　II　　$n_3 = 19$　III $n_+ = n_1 + n_3 = 38$ $n_- = n_2 + n_4 = 20$	产量与送料率间仍有 5% 的差值 ● 检查并研究送料率操作规程

（1）同一批次内减少波动对策1	送料率操作研究（溶剂称重）	测量并加入溶剂（通过特定的算法将数量转化成重量） 比重（specific gravity）变化与解决方案的温度相关 20℃—比重为 0.757 581 2*l*（4 400 千克） 23℃—比重为 0.754 583 6*l*（4 400 千克） （在 3℃下，长溶剂分配管差 异为 24*l*（18 千克））	• 问题：比重测量时间上有差异 • 设定特定的称重时间，研究解决方案
	送料率时间与产量研究	比率在 20 分钟后稳定	• 在溶剂加入 20 分钟后，可以测量稳定的比重 • 制作溶剂添加程序手册 • 送料率与产量间的差值消失了
对策 1 的结果	采取上面的两项措施	1978 年 5 月 2 日～9 月 29 日	• 减小收益率波动 • 减小了批次内的偏差 • 不均匀性减少了，但未完全得到控制

（续）

分析程序	项目	分析	分析结果与采取的措施
（2）在不同批次间的产量波动对策2	查看因果图	和成员一起实施模拟措施在车间内进行观察 （1）称重 （2）自动称重 磅杆和连接磅杆碰到了外盖上 矮个子的人抬头看磅秤，会使标准线数值产生误差	• 由于标准线因人而异，所以将标准线放在一个所有人都可以正确读取的位置 • 改进保护盖
	采取了上面的两项措施	收益率（%） 101 / 100 / 99 $\bar{x}$ 4 340 / 4 320 / 4 300 R 60 / 40 / 20 改进标准线和保护盖后，这种情况下，产量比标准低 措施：完成第2加工阶段后，改变提取量 措施：改变溶剂和重测量方法统一 对策1　对策2 成员B 称重灵敏度低 之前一同做的工作就是灵敏度低的原因	—
（3）紧急故障	小组紧急会议	新人下重视了观察的重要性 重新检查工作场地 输送机台下的8个三角接触点未校准	• 检查桶罐的总数。许多缸内超重 1.21～3.7千克（称重找到故障的原因的灵敏度不够） • 由于接触点没校准，灵敏度降低了 • 接触点回到原位，制定《树脂提取程序》和《磅秤校对程序》手册

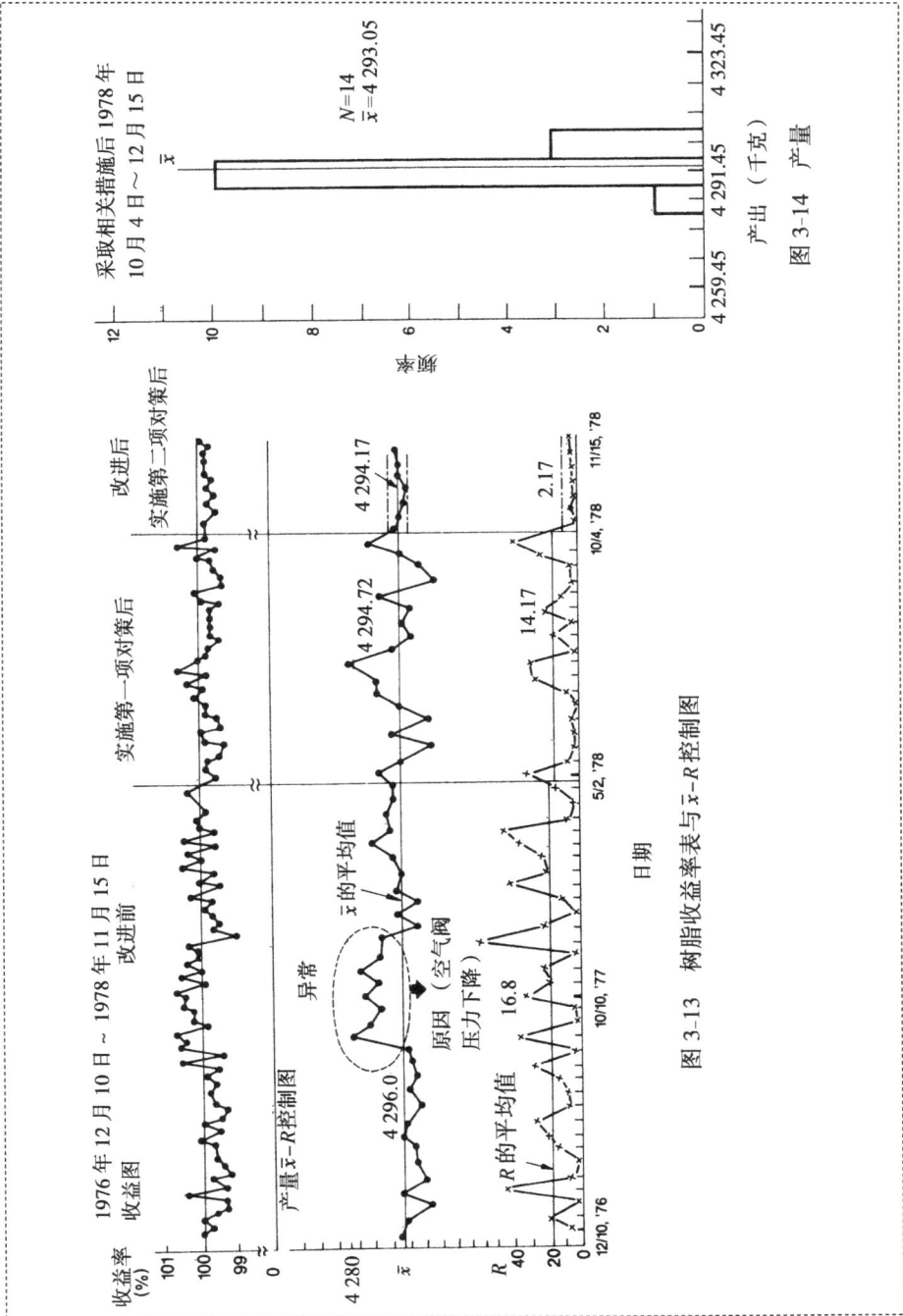

图 3-14

图 3-13 树脂收益率表与 $\bar{x}-R$ 控制图

5. 结果

（1）切实结果

如图 3-12 和图 3-13 所示，树脂产量波动持续降低。作为一项附加收益，进料率和树脂黏度波动也降低了，为稳定树脂质量做出了贡献。

（2）无形收获

- 平均值可能被过分强调了。

  在发现以往只强调平均值的错误做法后，小组对波动和处理数据的理解方式发生了变化。

- 所有的成员都意识到每日质量控制的重要性，从而提高了收益率。

- 使用 $\bar{x} - R$ 控制图建立异常情况定位程序，可以实现并改进日常质量控制。

6. 防止倒退的措施

（1）制作《树脂提取程序》手册

（2）制作《溶剂添加程序》手册

（3）修改《树脂合成》手册

（4）定期规范自动称重流程

7. 洞见与未来方向

虽然一直强调现场观察的重要性，但小组成员还是发现人们很容易忽视每天的日常工作。这个经验对每个人来说都是宝贵的。在这段时间里，由原来的每天两个班次变为三个班次，这使得小组成员很难有时间做会议规划。但是，通过夜班质量控制小组成员参与提交文件，顺利解决了这个问题。此外，小组还创造性地实施了其他措施，使质量控制会议和相关活动不会给成员个体造成不便。

资料来源：Reprinted with permission from "The Quest for Higher Quality-The Deming Prize and Quality Control," Ricoh Company, Ltd.

将结果标准化

没有标准就无改进而言。任何一项改进的起点都是了解现状，每个岗位、每部机器、每道环节都要有一套精确的规范。相似地，管理者也必须有一套精确的规范。在引入全面质量控制和改善策略之前，管理者必须努力了解公司的现状，弄清工作的标准是什么。这也是为什么说标准化是全面质量控制最重要的支柱之一的原因。

如前所述，改善策略要求为改进付出永无止境的努力。换句话说，改善策略就是要对现有的通行标准进行不断的改进。对于改善来说，标准存在的意义就是为了让更好的标准来超越自身。每个标准、每种规格、每项措施都应该得到不断地改良和升级。

如果将每个个体的工作分解为一系列 P 型标准，我们最终会得到可测量的 P 型准则或标准。例如，操作机器的工人可以将工作分成以下几个步骤：拿原料、向机器送料、启动机器、加工原料、关闭机器、将加工过的原料送至下一工序，等等。

将所有操作标准化既不可能也没必要。然而，关键的要素如周期、工作次序、机器开工前校准都应该被量化和标准化。日本工厂时常推行所谓的"一点标准化"（one-point standardization），意思是工人应该将自己众多操作当中的一项进行标准化。如果一位蓝领工人的绝大部分工作都没有标准化的必要，"一点"通常就指所有有必要标准化的工作。

车间中会将这"一点"标准公示出来，这样工人可以将标准时刻记在心中，当遵守标准成为工人的第二天性后，管理层才会去考虑增加新的标准。

标准应对所有人有约束效力，管理者的工作就是看是不是所有人都能遵照确立的标准工作。这就叫作纪律。

每条标准都有下面的特征：

- 个体的权威与责任

- 个人经验传授给新员工

- 个人经验和知识传授给组织

- 在组织内部积累经验 （特别是失败教训）

- 将一个车间内的专家知识部署到下一个车间

- 纪律性

每个车间都有针对工人、机器或流程的行为标准和标准操作规程。当车间的员工遇到问题时，要分析问题、找原因，并提出解决方案。

在 PDCA 循环中，提出的解决方法付诸实践后，下一步就是检查其是否有效。如果所提建议实现了改进，那么它就会被采纳为新的标准（见图 3-15）。通常情况是，新标准会横向部署到其他部门和工厂中去。

只有遵照新标准开展工作，我们才能说真正地（持续地）取得了改善。笹冈健三对标准化的定义是：一种在组织机构内部传播改进成果的方法。

下面的这个例子可以很好地说明这一点。经过美国公司授权后，一家日本工厂获得了生产某种高科技产品的权限。在生产开工后，日方拒绝了来自某美国供应商的原材料，原因是这些原料不符合授权方（即第一家美国公司）的规格要求。但是，此供应商已经用这种原料与该授权方合作多年。很显然，授权方已经接受了这家供应商的产品，虽然产品不太符合规

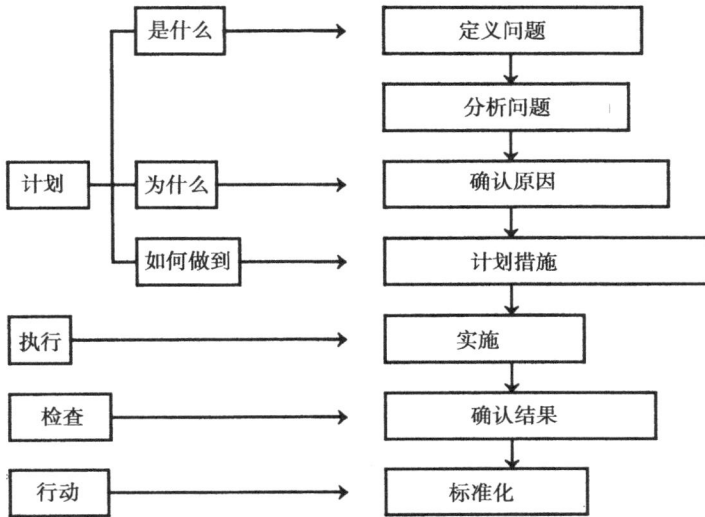

图 3-15　解决问题的过程

格，但从来没出现过严重的问题。美国授权方和供应商费很大周折去向日方解释此事，而后者就是想知道他们为什么不能遵守标准。

这种情况永远不可能发生在具备全面质量控制意识的人们身上，出于安全考虑，他们会将规格设定得高一点点，这是基本的常识。但是，如果接受了更现实的规格，那么就应该改变规格，而不是让不现实的水平成为规格。关注修正，本身就是一种改善，管理者务必对不断产生的修正需求保持敏感。一个运作良好的改善项目能保证现行的标准受到不断的挑战。

在改善策略中，管理者须审视当前的标准并努力提高标准。一旦建立了标准，管理者就必须让所有的员工严格遵守标准。这是对人的管理，如果管理者不能让人们遵守已订立的规则和标准，其他事情就失去意义了。

我经常与去过欧美工厂的工程师交流。他们发现，西方管理者对纪律这一基本的管理问题满不在乎，总是缺乏纪律观念。一位年轻的工程师最近参观了一家生产汽车塑料配件的工厂，他说："我工作的地方严格禁烟，因为我们有极易燃的化学品。这家美国公司也使用相同的化学品，但看不到有'禁止吸烟'的警示牌。就连带我到处参观的经理本人也抽着烟，甚至还把烟头随手扔在地上！"

另一位工程师告诉我，在他访问一家意大利工厂时，一位女工在机器旁一边工作一边吃苹果，当她见到他，还热情地打招呼。

相比之下，1981 年 4 月，摩纳哥莱纳王子和格蕾丝王妃到松下电视厂参观时，没有一个生产线工人张望他们。在参观前的晚宴上，松下正治告诉莱纳王子和格蕾丝王妃，即使事先告诉工人将有贵客来参观，他们也很可能太过于专注自己手头的工作而无法观看皇室圣容。第二天，当松下带着莱纳王子和格蕾丝王妃在工厂参观时，相比他的超现代化设备，也许他更为自己的工人无比专注的精神而感到骄傲。

为了避免读者认为这是日本工厂的典型状态，我要赶紧加上一句，在其他日本工厂中，如果工作不需要太多的专注性，人们通常会一边工作一边向造访者点头致意。

管理者的职责是建立标准，然后引入纪律使标准得到维护。只有这样才有资格引入改善去改进标准。

在大多数西方公司中，管理者总会坚守"神圣"的标准数年之久。即便这样，我仍然怀疑管理者是否尽全力维护纪律，哪怕仅是严格遵守住当前的标准。

开展改善项目一个重要的好处在于它可以促使经理思考当前的标准是否新近接受过挑战。利用改善的机会，经理可以检查一下纪律是否得到了加强，现行的规则和标准是否为全体员工所遵守。

草根阶层的改善

据说 95％的汽车召回都是由机械故障和疏忽造成的，倘若工程师在设计部件时能再认真些，或工人在用机器加工和组装零配件时能再专注些，这类召回都可以避免。在"消费者利益至上主义"盛行的今天，管理者可能面临越来越多的有关产品责任的投诉，因此，为使公司生存下来，让每个员工都尽职尽责维护质量变得至关重要。

制造文具的派通公司近日推出了一款新式自动铅笔。这种铅笔的一个特色是它的顶端有一个特别的笔帽，管理者认为这种铅笔可能会受喜欢将笔插在衣袋的人欢迎。把笔帽拿下来扣在铅笔另一端时，你还可以用笔帽把铅笔芯按出来。另外，派通还保证扣紧或拔下笔帽时会发出清脆的"咔"声。如果这一声没响对，派通就认为这支笔还没有做好进入市场的准备。不用说，铅笔有没有发出"咔"的一声，与它作为铅笔的性能没有任何关系。然而，从市场的角度来说，这一个声音就会带来很大的不同，因为"咔"的一声就能让消费者知道笔帽已经扣紧了。

案例　派通公司的全面质量控制口号

下面是派通公司向员工解释全面质量控制哲学时用到的宣传口号。

（1）信奉"顺应市场"，即顾客至上的理念。

在下一环节上工作的人就是你的顾客。如果你坚持"盲目推出产品"的理念，我们公司可能不久就要被电话簿除名了。

（2）时刻具备问题意识。

没有问题，就不会有进步。

（3）管理者要先做规划，还要将其与结果做对比。

让我们转动 PDCA 环，改进做事的方法。

（4）你周围全是财富。

长期问题比突发问题能教给人们更多东西。

（5）从结果出发管理过程。

返工和调试是由于管理不善造成的。处理这类问题算不上管理而只能称作控制。

（6）体察工厂，以事实为基础管理你的工作。

将结论建立在数据基础上，不要相信直觉和情感。

（7）留意偏差。

优先减少偏差而不是改进平均值。

（8）分层次思考问题。

分门别类，会使人思路清晰。

（9）从改进自身做起。

要养成将问题的责任分为"我的"和"他的"两部分的习惯，先处理好自己这方面的问题。

（10）排除根本原因，防止问题复发。

不要混淆表象与原因。

（11）在上游打造质量。

向过程要质量。测试本身不能带来质量。

（12）永远不要停止标准化。

我们需要一种机制使好的状态持续下去。

（13）时常记得在横向上部署。

个人的专业知识应该发展成为公司的专业技能。

（14）实施全面质量控制，使其覆盖所有人。

令人愉悦的工作环境要靠活跃的质量控制小组相互启发和自我发展来实现。

打造质量要求所有员工都要付出艰苦的努力，否则检测人员最后可能要丢掉所有的铅笔。对细节的专注——如笔帽这种装饰性的细节——对于企业在现今激烈的市场竞争中能否取得成功起着至关重要的作用。自动铅笔所需要的技术很容易掌握，很少有什么基础设计会影响到顾客对产品的使用，或是使产品出问题。于是，小的装饰性的细节就成了竞争的决定因素。

毫无疑问，价格、性能、服务等因素对于顾客能否接受一种新产品固然重要。然而，许多公司的经营之道却千篇一律，这使得它们的业绩平平，毫无过人之处。不得不承认，市场上的许多产品就是在竞争细节。然而，设计者、管理者和工人常常忽视这种表面工夫，认为那不重要或没有实质意义。管理者是否专注于这些"无聊"因素、工人是否关心每个细节，将决定企业能否成功地营销产品，顾客是否乐于购买产品。改善提供了一种技巧，使管理者和工人都能参与到可以由自己决定的成功之中。

改善之实战篇

我们考察了日本和西方是如何取得进步和实现改进的，还特意将日本的改善哲学与西方进步的源泉——创新进行了比较研究。依据改善的复杂程度和等级，一项计划周密的改善项目又可以进一步分为以下三部分：①管理者主导的改善；②团队主导的改善；③个人主导的改善。我们通过表 4-1 来详细分析一下三者的特点。

表 4-1　改善的三个部分

	管理者主导的改善	团队主导的改善	个人主导的改善
工具	七种统计工具（见附录 E）七种新工具专业技能	七种统计工具七种新工具	常识七种统计工具
涉及人群	经理和专家	质量控制小组（小组）成员	每个人
目标	集中在系统和程序上	在本车间内	在个人的工作范围内
循环（周期）	项目期	需要四五个月完成	随时
成就	经理决定	每年两三个	许多
支持系统	直线职能与职员项目组	小组活动质量控制活动建议系统	建议系统

（续）

	管理者主导的改善	团队主导的改善	个人主导的改善
实施成本	有时需要少量投资用以实施决策	通常花费不多	花费不多
结果	新系统，设施改进	改进工作程序修改标准	当场改进
方向	渐进的、看得到的改进显著升级现状	渐进的、看得到的改进	渐进的、看得到的改进

管理者主导的改善

改善的第一个支柱是管理者主导的改善，这是至关重要的。因为管理者主导的改善要致力于解决最重要的逻辑层和战略层上的问题，为不断进取和维护士气提供原动力。

由于改善是每个人的工作，管理者务必努力改进自己的工作。一般说来，日本管理者认为一位经理应该用一半的时间从事改善工作。管理者在研究各种类型的改善项目时，除了专业的工程管理知识，还需要具备能够顺利解决问题的娴熟的专业技能，尽管有时候七种统计工具就足够了。很明显，改善是一项管理工作，通常会涉及不同部门的人们组成一个项目组解决跨职能的问题。

最近，我走访了欧洲一家电子产品生产商，与工程师探讨车间内的改进机会。在讨论过程中，一位工程师说，只要他推荐一种不同以往的新操作方法，老板就会要求他说出能实现的经济效益。如果他不能从财务角度将改进的结果进行量化，老板就会搁置他的建议。

改善的机会无处不在。近日，一位日本工程师参观了一家美国钢厂，他非常惊愕地看到一叠钢板"像比萨斜塔一样"堆在过道处。有两个原因让他错愕不已：首先"斜塔"会对工人的安全造成威胁；其次，"堆"

在库存上的钱会威胁到公司的财务健康状况。

日本工厂在地板上以网格的方式标出参考编号，这样，物料和在制品就可以放在指定的地点上。"在我们工厂，改善工作的第一步是观察人们做事的方式。"大野耐一这样说道："因为这不需要任何成本。"因此说，改善的起点是找到工人动作中的"浪费"现象。其实这也是最难确认的问题，因为这种"浪费"的动作常是整体工作流程中的一部分。

大野耐一列举了工人在压床上安装发动机组的例子。发动机组由传送带传送过来，如果传送带上有多个发动机组，工人就得将其按住，一旦工作进度落后发动机组就会堆积。工人非常忙碌，但他们的工作并不会带来什么效果。如果管理者能够发现这种多余的动作，采取措施，比如在传送带上一次只放一个发动机组，就能使问题得到改观。

类似地，开关的位置和大小对于保证连续操作至关重要，每个开关都应该装在工人容易够到的地方，从而使工人能够根据工作流程的进度进行操作。为了便于操作，还将普通开关转成了拨杆式开关。有时候，人们还把开关安装在地板上，这样就能使忙碌的工人很容易地用脚踩动开关。

工人常常意识不到自己多余的动作。例如，一位工人负责几台机器，他从一台机器移动到另一台时常常向后看一眼。无论何时见到这种情况，大野耐一都会喊到："别像个臭鼬一样！"（臭鼬被追逐时常常停下来向后看一眼。）大野耐一说，只有找到并消除这种不必要的动作，我们才能继续对机器和系统进行下一阶段的改善。大野耐一最喜欢的一句座右铭就是"多动脑子，少花钱"。

管理者主导的改善常以小组形式开展，如改善团队、项目团队、攻关小组等。然而，这些小组与质量控制小组有很大的不同，因为它们大多由管理者及其幕僚组成，其活动被看成是管理者的例行工作。

改善设施

当我们从设施的角度看待管理者主导的改善时，会再次发现总是会有无数的改进机会。尽管质量控制主要强调在设计阶段打造质量，但在生产阶段打造质量仍是质量控制不可或缺的部分。日本管理者认为新的机械设备需要额外的改进，由于大部分机器都是定制的，所以这看起来可能没有必要。但是工厂中的人们不这样认为，他们很自然地认为即使是设计得最好的机器也需要在使用前进行改造和改进。结果，许多工厂都具备修理甚至是建造机器的看家本事。

以大发汽车公司京都工厂为例，那里用 102 个工业机器人建造客车。这些机器人当中，除两部以外，其余全部都是由工厂内部建造或者从外部厂家购买，然后由大发工程师重新改造而成的。

富士施乐工厂启动全面质量控制项目之前，一位教授对工厂生产线的评价令富士施乐总裁小林阳太郎记忆犹新（此后的 1980 年，该公司获得了戴明奖）。考察完生产线之后，该教授评价道："先生们，这不是制造工厂，而是建在仓库中的生产线。"

这种现象很典型，流程中的很多部件都在工厂中堆放，你无法从生产线的这头一眼望到另一头。实际上，仓库成了装配车间。引入"看板"和"准时制"的副效益之一就是你可以从生产线的一端一眼望去看到另一端。

要想实现更高的效益，改变工厂布局变得十分紧迫，工厂应该在缩短传送带或弃用传送带方面做足改善的文章。这解释了为什么一群日本商人在看到欧洲工厂还在使用老式传送带时会如此惊讶。

1983 年，剑桥集团在芝加哥举办了关于"看板"制度、质量控制以及质量管理的研讨会；会上，三菱汽车澳大利亚公司总监格瑞姆·斯伯灵评论道：

三菱在 1980 年接管了澳大利亚克莱斯勒公司。1977 年和 1978 年，澳大利亚克莱斯勒的亏损接近 5000 万美元。现在，众所周知的事实是，三菱汽车澳大利亚公司既盈利又高效。我们认为公司拥有澳大利亚汽车行业最高水平的生产效率，我们能生产出质量最好的产品。

同时，必须公正地说，在三菱接手之前，工厂已经开始了改善运动，当地的管理团队也取得了成绩。但我们公司能持续繁荣，很大程度上要归功于从日本公司那里学到的经验和教训。

据斯伯灵说，三菱之所以能取得成就是由于公司以最小的投入引入了一个系统改进项目，如减少库存、改变工厂布局等。例如，以往设计工厂布局时，主要考虑如何去适应整幢大楼，但三菱反其道行之，让大楼在设计时去匹配最优化的工厂布局。结果，生产线上的库存减少了80%，工人的绩效提高了30%。

过剩的库存掩盖了很多问题，三菱发现使库存水平最小化可以暴露许多隐藏的问题，使公司得以逐一处理。

斯伯灵说：

工厂的布局受货柜制约，所以我们说："如果我们需要一个仓库，那就建一个像样的仓库。如果我们需要一家工厂，那就建一家像样的工厂。"那时，我们才能明白货柜应该匹配布局。如果可以的话，最好的方式是将所有货柜都清理出去。我们取得的效果简直不可思议。通过清理货柜，我们缩短了生产线，朝库存最小化又迈进了一步。

这么做还会带来一个额外的好处，人们在腾出的空间里安放了乒乓球桌。

基于自己的经验，斯伯灵认为工厂管理者应该追求以下 5 个制造目标：

- 用最大化的效率实现最大化的质量
- 使库存保持最小化
- 消除繁重的劳动
- 使用工具和设备使质量与效益最大化，使付出最小化
- 通过团队协作，保持质疑和开放的态度从而实现不断的改进

斯伯灵又说：

我认为日本工人并不比澳大利亚工人更顺从、更敬业，但他们确实更好领导、更易于管理。日本工人经历过较好的质量管理，他们期待和尊敬这种管理方式。优秀的管理使他们受到更好的激励，获得优质的培训，而这又反过来促进实现更高的生产效率和产品质量。

12 名来自 3M 公司数据录制产品部门的经理聆听了格瑞姆·斯伯灵、大野耐一以及其他几位演讲者的发言。眼见为实，他们决定在生产磁盘产品的威德福工厂（位于俄克拉何马州）进行质量控制。威德福工厂的管理团队决定实施一项全厂范围的新政策，即永远不将有问题的工作交给下一阶段，如有必要停止生产线以维护质量。在工厂中引入的措施包括：减少不必要的步骤和设备、减少过度生产，等等，从而使在线检测获得更快捷的反馈。

但这些工作很难获得支持。我在 1983 年秋天访问威德福工厂，在讲到人们的参与和奉献是改善的关键时，工厂经理突然打断我，对我说："与你谈话实在是太贴心了，今井先生。就好像跟我妈妈谈话一样，我已

经好几个月没见到她了。"

威德福工厂努力改进和削减库存，带来了下面的改变：

- 产能规划更精细
- 改变了工厂布局
- 改变了规划理念
- 整合了流程，改进了设备
- 赋予了停止生产线作业的权力
- 改变了系统理念

这些努力的结果是，在制品库存急剧下降：总体库存量减少到 18 个月前 1/4 的水平，其中一条产品线上的库存量降到之前的 1/16。

如今，人们对存放在制品的空间进行了严格的界定，运送在制库存产品的手推车务必存放在指定的区域内。如果没有地方多放一台手推车，生产就要停止。他们没有用"看板"这个词，而是用"不相上下"（nip & tuck）来表述这种准时制生产的概念。

威德福质量改进团队的管理者被比成公司的啦啦队队长，因为她激发了人们的参与热情，使改善得以开展下去。她发现，人们一旦感受过改善的喜悦并看到结果后，这种热情就会感染给另一个人，甚至不再需要啦啦队队长。在威德福工厂，人们用"麻疹"来形容改善的感染性，因为你只有感染了麻疹后才能传染给别人。如今，威德福工厂的所有人都染上了改善的"麻疹"。

1984 年，我到威德福工厂故地重游，带我参观的人在向我介绍下个车间的向导时，把后者称为自己的"顾客"。很显然，他染上了改善的"麻疹"。1985 年，我最后一次去威德福，发现管理者配置了全新的制造系统，那里拥有美国最大的无尘室。尽管安装新系统被看成是一种创新措施，但在那里仍可以看到改善的踪影。例如，在设计地板时，使其能移走加工部件，从而适应生产需求的变化。工厂还鼓励工人提建议使车间布局最优化。工厂经理告诉我，他们在给工厂增加新生产线期间，机器的摆放几乎每个月改变一次。

此外，我还发现工厂对于质量控制的认识也发生了转变，如今的质量控制已经被看作每个人的工作，人们为改善项目提供便利，他们是宣传队，是培训师，是一群构筑信任的人。

管理者主导的改善案例：准时制生产

丰田本町工厂外面总有一长队卡车在排队等候，车上满载为生产线提供的汽车零部件。一辆卡车从工厂这头开出来，另一辆就会开进去。丰田没有仓库存放这些部件。例如，汽车上的座椅直接从卡车后面送进生产线上。

丰田生产方式引发了日本国内外的广泛关注，因为丰田是仅有的几个在石油危机中存活下来并仍然保持较高盈利率的公司。有许多证据可以证明丰田的成功，比如，丰田完全没有债务。事实上，丰田的盈利完全可与一家大型银行比肩。

丰田以其卓越的质量控制系统闻名于世，1966 年，它成为第一家获得日本质量控制奖的公司。时至今日，只有 7 家公司获得过这项殊荣，许多公司都渴望得到这一奖项。丰田的工人建议系统也很有名。丰田生产方式（有时也称为"看板"系统）被广泛赞誉为比泰勒科学管理法及福特批量生产流水线系统更为优越的系统。

大野耐一开创了独特的丰田生产方式。他指出，丰田希望为生产少量不同类型的汽车开发出一种系统，丰田生产方式正是在这种需求中应运而生的。这种方法与西方大量生产相同型号汽车的做法截然不同。同时，大野耐一还决心消除所有的浪费。为了做到这一点，他将发生在生产过程中的浪费分为下面几类：

- 过度生产
- 在机器上浪费的时间
- 运输部件产生的浪费
- 加工过程中的浪费
- 取库存时的浪费
- 动作上的浪费
- 故障部件造成浪费

大野耐一认为，过度生产是导致其他类型浪费的万恶之源。为了解决浪费问题，大野耐一发明了具有下面两个结构特点的生产方式：准时制生产、自动停止（jidohka）。

"准时制"概念指将准确数量的所需部件在合适的时机送到连续运行的生产线上。将这一概念付诸实践意味着要颠覆正常的思维过程。一般说来，部件备好后才会被运送到下一生产阶段。然而，大野耐一颠倒了这一顺序，使每个阶段返回到上一阶段去获取准确数目的所需部件。这种方法使库存水平明显降低。

尽管大野耐一在1952年就提出了"看板"概念并试验性地在机器运行和生产线工作中启动这一项目，但丰田花费了将近10年的时间才使这一概念被所有工厂采纳。这一概念在工厂成功确立后，大野耐一开始将此经验推广至丰田的分包商。早年，他曾邀请分包商参观丰田工厂，并派工程师向分包商提供咨询。将部件"准时"地送至生产线，是丰田及其分包商共同努力的结果。

看板，就是信号板或标签，是系统中的沟通工具。每箱元件在进入生产线时都会附上一个看板。由于这些元件是应需入厂，所以当元件用过后，看板还可以反复使用，既标明了完成的工作量又可以为新部件下订单。该系统的精妙之处还在于看板能够统筹流入生产线的元部件，使流程最小化。比如，一个发动机组早晨进入工厂，傍晚就能跟着成品车出厂上路了。看板系统仅是丰田生产方式的一个工具，它本身绝不是目的。

准时制概念有下面一些优点：①缩短从订货到交货的时间；②减少了非流程性工作；③降低了库存；④使不同流程间收支平衡；⑤能使问题一目了然。

丰田生产方式基本的结构特色是 jidohka（自动停止——不要与自动运行 automation 混淆）。自动停止（autonomation）是一个新造词，它表示把机器设计成在遇到问题时自动停止运行。丰田所有的机器都配备了自动关停机制。在丰田生产方式中，每当生产出一个残次品，机器就会停下来，整个系统随之关停。为了防止同样的错误重复出现，务必要进行彻底整顿，急救性的调整是远远不够的。大野耐一认为这种做法在生产概念中引发了革命性的突破。机器正常运行时，工人用不着看着机器，只有在停机的时候，工人才去检查机器。Jidohka 可使一名工人同时照看多台机器，这样就大大提高了工人的工作效率。

在这种生产方式下，由于工人要一次监管多台不同的机器，导致工人的职责和技能范围显著扩大。对工人而言，他们必须乐于发展多种技能。这种方法同时还可以为机器布局和生产流程带来更大的灵活性。此外，该概念还延伸到了手工流水线工作中，在那里，只要工人发现有什么不对劲的地方，就有权停止生产线。

现代自动化生产常犯的一个错误是无视后续流程的需求，过度生产部件。此外，由于一般的自动化机器设备缺少自我诊断的机制，一个运行故障可能导致整个批次的产品都沦为次品。丰田生产方式为每部机器都配备了自动停止设备，就是为了防止这类情况发生。

访客发现，丰田工厂天花板上到处悬挂着大型信号板。某个机器停止运行时，该机器的信号灯就会亮起来，操作者就能知道应关注哪台机器。

丰田生产方式的目标是，在一年内令不同部件的生产保持平衡，从而避免在某一特定时间出现工作量高峰，如月末。这种系统似乎能够更好地满足增长较慢但变化莫测的世界里顾客的多样化需求。

可以想象，丰田生产方式的基础是改善和全面质量控制。如果质量不能在所有生产阶段（包括分包商）达到最高水平，机器将会一直停止运行。因此，在8项日本质量控制大奖中丰田公司能够荣获5项，这绝非偶然。

丰田在改善工厂布局、批次产品与连续生产的关系，以及改善工人动作等领域取得了成绩。换种方式说，看板和准时制概念是丰田在上述领域不断改进、付出努力的结晶，这些努力在改进库存时达到了巅峰。丰田在这些关键领域所做的努力使其获得了10倍于欧美汽车生产厂商的资本营业额。

丰田公司全面质量控制推广部经理助理片山善三郎说：

丰田生产方式能够确保部件和元件按照需求数量生产出来并交付到装配线上，使最终的组装工作不会停顿。这是一个不断变化且每天都在改进的系统。

人们有时将丰田生产方式看成是一个"零存货系统"，这是不正确的。我们手中总会有一些库存的，因为我们需要用一定水平的库存量在特定时间生产出必需数量的产品。

组装线上每部汽车的车体前方都会附上一张卡片。根据卡片上的数字和编号，汽车会在组装时获得不同的零部件。你可以这样理解，每部汽车上都有自己的信息，上面写着"我要成为这样或那样的汽车"。

比如，自动挡的汽车要求方向盘位于左舱。装配线上的工人根据卡片上的说明挑选零件。有时，这被称为可视化管理。也就是说，他可以通过看卡片控制工作流程。

将工人的知识和观点整合到系统中，可实现更好的生产方式。比如，在车体卡片上用不同的颜色表示不同的信息以防止人们弄错，这个想法就是由一名工人想出来的。为使系统好用，你需要训练有素的劳动力。

这个系统的另一个特点是，如果不能使部件质量令人满意，则采纳这种系统反而会赔钱。每出现一次残次产品，系统都会停机。

在丰田，发现一个故障部件就要停止整个生产线。由于工厂整体运营是协调统一的，这就意味着一家工厂停工，就会波及之前所有的工厂，最后，生产发动机的上郡工厂也要停工。如果停工时间延长，所有的工厂都要停止运营。

工厂停工会给管理层带来致命的打击。但是我们敢于停机就是因为我们相信质量控制。一旦我们遇上了工厂停工的麻烦，我们就得保证务必找到故障的原因，采取对策使类似的问题不再出现。

例如，堤家工厂一名工人按动了停机按钮，因为他发现来自上郡工厂的发动机有故障。他并非必须停止生产线，而是他有权力在发现异常情况时按下停机按钮。

如果生产线停止运行，工程师和监工会立即查看哪里发生了状况，他们可能会发现停机的原因是因为发动机出现了故障。如果发动机真有故障，上郡工厂的工程师将会火速赶到堤家工厂了解情况。

同时，所有的工厂都停止运营，工厂不再产出汽车。无论发生了什么事，我们必须找到原因。日本质量控制的一个特色就是它能创建好的生产流程。

　　丰田生产方式的另外一个特色是它在处理和运用信息上有一套独特的方式。当计算机跟不上生产控制和进度控制时，看板及在车身上附卡片这样的方法就会派上用场。

　　在一般情况下，产品（部件）与该产品的描述信息是分开的。在丰田，每个产品（部件）上都带着自己的信息和符号。

　　我们希望工人能开动大脑读取和理解看板卡片上的信息和符号，我们希望他们能出主意改造系统，为改进系统做贡献。

　　在这一系统下，即使工人犯一个错误或错误地组装了某个部件，也仅是一次性的错误，这个错误不会带到下面的环节中去。

　　当你储存水果和鲜肉时，会把它们放在冰箱里防止腐烂。从一定意义上讲，钢铁也会腐烂。由于技术的发展，设计也会发生变化，过时的设计能使钢铁像水果一样烂掉，没有可取之处。

　　我的意思是信息也会变质。收集到的信息如果不能妥善使用，则会很快烂掉。如果管理者不将信息传达给相关方面，如果管理者不愿开发出一个使用信息的系统，他们就是在损害公司的利益、制造浪费，具体表现形式就是错失机会、浪费时间。

　　许多管理者的问题就在于他们将信息看作个人权威的源泉，试图通过独占信息达到控制下属的目的。组织机构的效率很可能会因为这种做法被牺牲掉。经理可能完全忽视了信息的价值，殊不知道，这些信息若在正确的时间里交与正确的人将会做出多大的贡献。

　　甚至当经理真心想与其他管理人员分享信息时，也常常由于地理上的阻隔而显得力不从心，这是许多跨国企业和美国公司的通病。例如，如果销售总部位于科罗拉多的丹佛，设计工程师在马萨诸塞，而制造工厂位于伊利诺伊的夏姆堡，你该如何分享新产品研发方面的信息？这不仅仅是地域距离遥远的问题，不同地区人们之间的心理距离才是最大的障碍。管理者务必果断地处理这种障碍，这要求管理人员乐于引入改善项目，从而使信息得到妥善地收集、处理并充分使用。

系统改进

管理者需要努力改进系统，这是管理者主导的改善项目中最重要的任务。系统改进侧重改进关键领域的管理，如规划与控制、决策制定过程、组织机构、信息系统等。为满足这一要求，涌现出许多新的管理理念如跨职能管理、政策部署、质量部署等。其中，全面质量控制工具中的七种新工具就是用于处理与系统改进有关项目的新生事物。

如果管理者不去建立这种系统，而将其精力随意地挥霍在零散的细节（如建议系统、质量控制小组）中时，企业的成功将如昙花一现，不会长久。这也解释了为什么在引入全面质量控制和改善时高层管理者的参与很重要。

改善涉及经营活动的方方面面，首先改进车间工人的工作方法，然后转向改进机器和设备，最后改进系统和程序。改善无处不在，这正是许多日本企业高层管理者认为"管理者 50% 的工作是改善"的原因所在。

团队主导的改善

作为一种永恒的改进手段，以质量控制小组、自我管理小组以及其他小组活动为代表的小组改善工作，会运用多种不同的统计工具解决问题。这种永恒的团队方式也要进行全周期 PDCA 循环，团队成员不仅要找到问题，还要确认并分析原因，实施、测试新对策，最后建立新的标准和程序。

在永恒的团队改进手段中，成员会经历从解决问题到做出决策的全过程，这也是为什么 PDCA 在"执行"（D）阶段内还有自己内部的小 PDCA 循环（见图 4-1）。虽然质量控制小组及其他小组的活动仅限于解决自己车间内的问题，但当所有人在改善活动中都能熟练地解决当前问题时，员工士气就会得到提高。

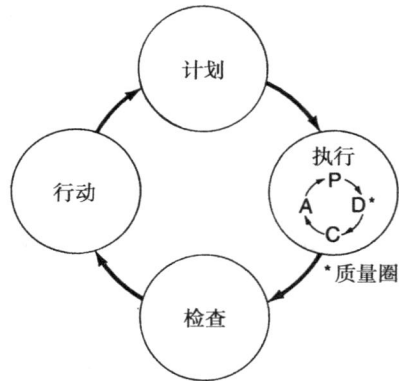

图 4-1　PDCA 内的 PDCA 循环

如果仅把团队工作当成一种临时手段，那么特定部门的员工提出的建议就仅能解决特定的任务。尽管这些特定部门的员工也会在培训中学习使用统计和分析工具，但当他们的目标达成时，团队就会解散。

在个人主导及团队主导的改善中，管理者准确地了解工人在其中的作用并抓住每个机会予以支持至关重要。在这一点上，三菱太空软件公司的山木直美指出：

今天的工人似乎不满足于只做常规的重复性工作，不管这样的工作会带来多少报酬。他们想要在自己的工作中加入创造性的东西，例如独立思考、由自己决定做事的方式。

因此，管理者对工人的工作进行再设计使工人能觉得自己的工作是有价值的，这一点至关重要。人们需要在工作的时候既动手又动脑。

这种工作设计，要求改变以往对于经理和工人职责的认识。在传统的责任划分中，经理就应该计划、管理、控制，而工人则只是简单地照做。这意味着由经理来规划做什么及怎么做，他给工人下达具体的工作指令。而工人则只需要不动脑筋地按被告知的方式照做就可以了。

　　然而，今天的工人希望手脑并用地工作，在发挥体力的同时也能开动脑力。结果是，经理与工人的职责界限发生了改变，由工人去计划、执行、控制，管理者则负责激励工人实现更高的生产效率。经理的职能变成了计划、引导和控制，负责领导和支持他的工人。

　　这种新工作设计背后的哲学思想是将计划与控制的权力尽可多地下放给工人，这能激励工人实现更高的生产效率和更高的质量。

　　典型的日本工厂都会在角落里保留一块空间，用来展示车间内的活动情况，如当前的建议水平、小组在近期取得的成就。有时候，还会公布因为建议而改进的工具，从而使其他工作区的工人能够采用新创意来改进自己的工作。

　　在三菱电机公司，这样的角落被称为"改善角"，工人可以运用那里提供的多种工具和机器实施由个人或小组发起的改进项目。

　　三菱电机的每家工厂中都有若干个"改善能手"。他们是经验丰富的蓝领，从本职岗位中暂时释放出来，在工厂各处巡视以发现改进的机会。改善能手的工作大约每 6 个月在熟练工之间轮换一次。

　　小组活动（包括质量控制小组）在日本的改善策略中起着非常重要的作用，下面的各节中将介绍小组活动及其在管理中的意义。

小组活动

　　小组活动可以这样界定：公司内部非正式的、自愿组织的小组在车间内从事特定的任务。因目标不同，这些小组活动也有多种形式：兄弟小组、姐妹小组、质量控制小组、零缺陷运动、无差错运动、提升运动、自我管理、迷你智囊团、建议小组、安全小组、车间参与运动、生产力委员会、目标管理小组、车间讨论班。这些小组最初发起时常常是为了促进成员之间的互相发展。

日本商界有两个时髦的话题：一个是全面质量控制，另一个就是小组活动。这两个主题在日本商人中如此受欢迎，以至于只要标题中包含这两个词的书都会至少卖到 5000 册。实际上，你会发现任何一家书店都会陈列有关这两个主题的新书。

在过去的 30 年里，日本企业热切地提升质量。它们运用各种手段，如统计工具、全面质量控制、质量小组去实现目标。日本人深信，公司首要的使命是生产出满足市场需求的优质产品。

1962 年，一本关于质量控制的杂志开始发行，质量控制小组就是在这个时候兴起的，这也使得工长和工人能够共同研究并学习有关质量控制的最新知识和技巧。尽管质量控制小组最初仅是学习小组，但人们很快就将重点转向在车间中运用学到的技巧解决问题。告别传统的由检测主导的质量控制，日本管理者转向在生产过程和新产品研发中进行质量控制。这一概念如今已将供应商和分包商囊括进来。尽管质量控制最初仅针对生产和工程流程，但越来越多的公司将质量控制的努力指向办公室工作、销售和服务等领域。

也许，日本管理者在过去 30 年里最伟大的发现之一便是"质量控制能收到回报"。他们发现质量控制不但能改进质量还能提高效率、降低成本。由于质量提高了，产品能实现溢价销售。简言之，通过提高产品质量使顾客满意程度最大化，会顺理成章地提高生产力，提升公司的业绩。日本管理者如此信奉全面质量控制也就不难理解了。如今，质量控制已不再只是一种工程和生产的技巧了，它作为广泛使用的管理工具已覆盖整个公司，上至高层管理者下到普通员工都在使用这种工具。

尽管公司最关注的是生产效率，劳资双方共同关心的问题却是质量。当管理者让工人提高生产效率时，工人的回答是"为什么？不就是让我们工作得更卖力些吗？我们能得到什么好处？"然而，如果管理者在要求工人合作时采用这样的提法："我们来谈谈质量问题吧。"可能没有人会反驳。毕竟，唯有质量能令公司保持竞争力，更好地服务于顾客。日本管理者发现，努力改进质量会自动提高生产力。如果没有卓越的质量控制的基础，丰田看板生产方式这样的革命性生产新观念将不可能出现。

在劳资关系中存在两个维度：①对抗与合作；②正式与非正式的组织。如图4-2所示，小组活动是解决问题和引入改进的非对抗性、非正式的方式。相比之下，西方的劳资谈判则是对抗性的、正式的组织行为。

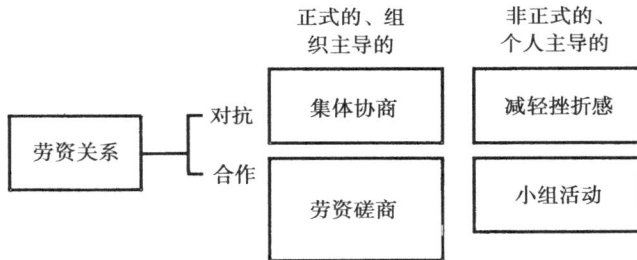

图 4-2　企业进步中的正式与非正式结构

小组活动出现之后，很快就显示出了优越性。

- 设定小组目标并为之努力，能增强团队意识
- 团队成员能够更好地分享并协调他们之间的角色
- 改善了劳资双方以及不同年龄工人间的沟通
- 士气大大提高了
- 工人能够学习新技能和新知识，态度更合作
- 团队能够自我发展、解决问题，而不是凡事都留给管理者
- 劳资关系大为改善

尽管小组活动最初是非正式的、自愿组织起来的，但这些活动如今已

赢得了管理者的尊敬，在日本公司中获得了合法地位。

小组活动之质量控制小组

1980 年 11 月，第 19 届质量控制小组管理者年会在东京举行。在为期三天的会议上，共有 124 份来自不同公司的质量控制小组活动报告。

许多报告与生产有关。例如，小林高丝公司的管理者介绍了他们的质量控制小组如何完成在唇膏表面去除凹点的任务。有的报告则讲述了办公室里的改进活动，如日本最大的银行之一——三和银行，13 000 名员工参与了 2400 个质量控制小组。这些质量控制小组从 1977 年开始，处理了大约 10 000 个主题。作为一家银行，它们所谓的"质量"指"服务质量"及"顾客满意度"。在这样的界定下，它们着力改进银行内的办公室工作。

三和银行处理的主题有：如何减少银行牌价表上的错误，如何更高效地处理邮件，如何记住顾客的姓名，如何节约能源，如何节约文具，如何减少加班时间，如何增加顾客光临的次数，如何增加新账户，如何改进员工对于银行提供的多种服务的熟悉程度。所有这些主题都由银行的一般员工如出纳和柜员来进行。

来自馆山皇家饭店（一家典型的温泉宾馆）质量控制小组的领导介绍了该酒店如何解决向 500 位客人供应热的天妇罗虾的问题。该小组获得了成功，使热天妇罗虾成为酒店的招牌菜。（因为饭店要在团体客人到来几个小时之前准备好食物，因此供应凉的天妇罗虾在大多数度假酒店是很普遍的现象。）

普利司通公司镰田幸子的报告中讲到她和另外 4 名女绘图员（最小的仅 19 岁）在工程管理部门组建了一个"蜂后圈"，改进做轮胎的模具和工具的绘图程序。通过每周举行两次会议获取和分析相关信息，她们发现在绘图工具中有很多冗余程序，这些问题可以通过应用一种特殊的复印机来解决。"新程序带来的效果是，"她说，"我们可以使绘图时间减少60%。而以前平均每天加班 2 个小时，这样一来我们就可以减少加班时间。"

在西方，诸如改进唇膏平滑度、供应热天妇罗虾、减少绘图时间等活动会被认为是管理层的任务。然而，这些报告的突出特点在于上述主题全由工人自己想出来并动手执行，管理者也希望他们能取得成功，但最终还是工人自己成功地找到了解决方法，提高了生产效率和质量控制的水平。

据日本科技联盟介绍，在日本科技联盟注册的正式质量控制小组超过了 170 000 个，此外，还有 2 倍于该数字的质量控制小组未在日本科技联盟登记。由于典型的质量控制小组有 6 ~ 10 名成员，因此在日本大约有至少 300 万工人直接参与某种形式的质量控制小组活动。

日本有 8 个地区性的质量控制小组分会，每个分会都会举行会议，小组领导会汇报和分享他们的经验。每年大约举行 100 个此类的地区会议，此外，还有 6 种不同类型的全国性会议，如质量控制小组领导年会。

这样，质量控制小组活动就在一张散布于全日本的网络中实现了互联，质量控制小组成员可以轻松地了解到其他行业中其他人正在做的事情。有超过 1000 名质量控制领导志愿者通力合作，组织地区及全国性的会议，促进成员之间的信息流通。

如今，质量控制小组运动已经扩展到了分包商的员工中。这样做是为了解决分包公司和分包工人工作中的常见问题。有许多日本主妇在家做兼职，质量控制小组常常邀请她们加入，一起解决给她们的工作造成影响的问题。在日本，大约有一半的公司引入了质量控制小组活动。

1962 年，日本科技联盟发起了质量控制小组运动，意在构建欢乐、有意义的工作环境。质量控制小组成立之初的目的并不是为了提高生产力和质量控制。相反，这些小组由雇员自愿组成，目的是要使他们的工作更有意义、更有价值。小组成立之后，他们会着手解决眼前的问题，例如，如何组织工作、保证安全，此外他们的活动渐渐地走向更有挑战性的任务。改进生产力、提高质量仅是衡量他们的努力是否成功的两个方面。

由于质量控制小组活动是自愿的，管理者不会强迫员工去做这些事情。这些小组可以在工作时间开会，也可以在工作后开会。如果他们在工作后开会，管理者可能会付也可以不付加班费。有时候，管理者会向参与者提供公司食堂的免费工作餐。

在质量控制小组活动如火如荼地展开后，管理者会以提供指引的方式支援小组成员，也会在小组活动取得成果时表达感谢。事实上，许多公司会向为公司做出贡献的质量控制小组给予表彰或其他奖励。

在日本科技联盟公布的《质量控制小组总则》中，"质量控制小组"被定义为在成员工作的车间里自愿地从事质量控制活动的小组，它们在车间内不断地履行自己的工作，使其成为全面质量、自我发展、互相发展以及流程控制和改进等项目中的一部分。通过专注于质量控制小组活动，小组成员在与同事交流、共同解决问题以及与其他公司其他小组成员分享新发现时，收获了富有价值的经验。

> **案例　小松公司的小组活动**
>
> 一位学习工商管理的美国学生给我来信，他在信中写道："美国的经理似乎不愿相信他们的员工能想出好主意。"这让我想到了经理的角色问题。在经典定义中，经理的工作就是检查指定工作是否完成。他就应该做计划、决定，告诉工人做什么，看工人做事。然而，随着商业管理变得越来越复杂，经理开始发现他们总是缺乏必要的事实和数据帮助自己从操作的层面进行计划、指导和监管。

　　实际上，因为进行日常工作操作的是工人，所以工人更接近问题，他们也因此常常能比经理更好地解决问题。由工人去想办法、解决问题的另外一个好处是可以提高士气。但是，这同时也对管理者提出了要求，他们要支持工人的解决方案。

　　想从员工那里得到有用的想法，不仅需要员工具有创造性，更重要的是领导者要起到支持的作用。如果一位经理不能让工人想出有用的主意，问题很可能出在经理身上，而不是工人。

　　日本质量控制运动一个最主要的特点是它令所有层级上的工人都参与进来。在回忆小松有限公司是如何开展质量控制活动时，该公司海外部门总经理赤津治作说："我认为小松能成功地引入质量控制运动是因为当时我们都认识到了公司正面临着危机。"小松质量控制运动始于 1961 年，时逢卡特彼勒宣布与三菱重工有限公司在日本组建合资公司。那时，小松公司的年营业额只有卡特彼勒的 1/10，每个人都意识到如果公司的产品不能在性能和价格上匹敌卡特彼勒，那么公司将不可能生存下来。为了实现保持竞争力的目标，小松公司开展了 Maru-A 运动，其中全面质量控制作为 Maru-A 的核心被引入进来。

　　首先，设法让所有员工参与质量控制实践。在小松公司，有 5 名全职质量控制导师向质量控制经理汇报。早期，小松的质量控制员工经常参加日本科技联盟主办的质量控制培训研讨班。现在，这些公司内的导师已经完全有资格为员工讲授所有的质量控制课程。小松公司的每个人都要参加质量控制课程。比如，董事会成员必须参加 16 个小时的主管课程，部门和科室必须参加 32 个小时的课程，新员工必须参加一门 8 个小时的入门课程。从每个技术和文职单位里选出的一些人要参加 10 ~20 天不等的基础课程。这些教育课程对于质量控制小组的平稳运行至关重要。

据小松公司管理层估计，质量控制小组仅仅占据全面质量控制所有努力的1/10，但质量控制小组是鼓舞所有员工提出建设性想法的有效手段。在小松公司，每个工作单位都有一位质量控制专员来协助质量控制小组的工作。这样，共有300名质量控制专员，每10名直接劳动力中就配有1名质量控制专员。他们提供咨询、建议，发放教材，倾听工人的声音。

1963年，小松首个质量控制小组成立。如今，小松共有800多个制造领域的质量控制小组，还有350个销售和服务质量控制小组。制造部门的参与率为95%，销售和服务部门的参与率为89%。每个小组平均每年提出4.2个新点子。

公司内的质量控制小组建立之后，小松开始将努力的范围在横向和纵向上延伸开来。纵向上，全面质量控制被扩展到了分公司、附属公司以及分包商中去；横向上，扩展到了远在巴西和墨西哥的经销商与跨国生产工厂网络。小松质量控制经理一半的时间用于走访海外工厂和经销商，帮助他们引入全面质量控制。小松发现，为说服海外附属公司和经销商开展质量控制，最好的方法就是告诉高层管理者质量控制在财务上会得到回报，这一点很有说服力。

小松公司的主席河合良一于1977年访华，他向中国政府的高层官员强调了全面质量控制的重要性。结果，在小松工程师的指导下，北京建立起了一家模范工厂。这一成果如此振奋人心，使得政府主管部门决定在全国范围内推广全面质量控制。据报道，大约有100 000份小松质量控制手册在中国流传。除了对中国工业有益外，这还提升了小松在中国的形象。

得益于日本人口的同源结构以及日本劳资间的密切关系，小松发现，让低层级中的工人参与质量控制小组尽管不容易也并非不可能。然而，小松在其他国家中却有着许多不同的经验。例如，在许多案例中，让中低层管理者先于工人参与质量控制工作，效果要更好一些。尽管南亚和中东地区的工人都已积极地接受了质量控制小组的概念，但让美国和其他工业化国家的经理参与进来反而更难，因为他们总是认识不到质量控制是一种全新的哲学观念，而仅是把它当成一种已知的技巧而已。相反，日本工人乐于学习，有兴趣接受新知识和新技能。其他地区的工人则更愿意见到付出的努力马上就能收获成果。在海外，需要考虑的因素还有很多，如较高的人员流动率，人们渴望在提高生产效率后得到物质上的奖励等。

同时，在一些国家，我们也看到了人们对于有机会参与并看到自己的建议付诸实践后的满足感。一些工人甚至说他们每天都渴望来工作，现在的他们比以往能够更深入地投入到自己的工作中。

所有小松董事会成员都要参加质量控制会议，在会上，小组领导会汇报工作并角逐奖项。会议也会邀请来自附属公司和分包商的小组成员来汇报他们的进展。工厂中的兼职工人（大部分是家庭主妇）也会参加质量控制小组，这些妇女也有机会在一年一度的大会上发言。

赤津说："质量控制已经变成每个工人的事业，我们在探索新的观念和更好的方式去满足市场的需求。"

在一个充满未知的时代，在我看来，任何一家公司都应该视自己站在十字路口处，很难想象会有经理能对这种全新的管理实践所带来的可能性无动于衷。

案例　**日产化工小组活动**

不用开创新业务，也不用引进新产品，你知道哪种投资机会能实现 500% 的年投资回报率吗？日产化工公司的管理者显然就发现了这种投资：小组活动。从 1978 年起，他们以小组形式实施了公司范围的建议系统，共投资 2 亿日元，节约成本 10 亿日元。

日产化工拥有雇员 2550 人，主要生产化肥、工农业医药品以及其他化学产品。这是一家典型的化工公司，在工厂和设备上投资巨大。工厂中的操作者有 3 个班次，他们已经习惯了以小组的形式工作。

1977 年，在利润下滑的困境下，公司管理层决定通过引入建议系统"激活"劳动力，提高生产效率。在头 6 个月中，该运动从工人那里得到了 3000 多条建议。然而，大多数想法都是个人猜想，缺乏事实依据。

于是，1978 年，管理者在公司范围发起"Ai"运动。Ai 的意思是"全体成员（all）的想法（ideas）"，在日语中也有"爱"的意思，读音与英语中的"eye"和"I"相近。该运动旨在激励每个人以兄弟之爱的精神献计献策，这意味着这是一项由工人发起并服务工人的运动，他们在实践这种精神时，要对任何新机会保持敏锐的触觉。

在构思这项运动时管理者决定，工人的建议应与自己的工作相关。同时，建议不能停留在想法层面，必须包括一个可实施的具体的建议书。Ai 运动的另一个主要特点是它是建立在小组活动基础之上的，同一个车间的工人组成 Ai 小组，他们向管理者提交与自己工作相关并能在车间应用的建议。

Ai 运动的中央委员会在总公司召集会议，由负责人事工作的董事经理担任会议主席。在总公司人事部设中央委员会总书记。工厂组织工厂委员会，由工厂经理担任主席，在每家工厂的人事部设委员会书记处。此外，在工厂每个部门内，部门长担任委员会主管。

中央委员会负责推动公司级的活动，发布《Ai 新闻》，进行年度表彰仪式，赞助 Ai 团队领导人参加特殊的讨论。工厂级的委员会发行自己的《工厂 Ai 新闻》，征求意见，发放奖励，进行各种各样的工厂级的研讨班，给不同的部门提供指导。部门级委员会接收并审查建议，为所有的 Ai 小组提供协助。每个车间都有一本"Ai 日记"，工人在工厂期间可以写下他们的想法和建议。

一般来说，各 Ai 小组每周开两次会。小组领导通常是资深成员。只要小组需要技术支持，工厂工程师都会提供咨询服务。

小组一般有五六名成员，他们平均每年会提出三条建议，并能在车间得到实施。在某些情况下，一个项目的实施周期长达一年。每个正式的建议必须不但包括支撑数据和统计资料，而且必须要有一个实施计划以及成本预算，估计效率能提高多少，能节约多少成本。

Ai 运动极大地提高了工人的士气。过去，工厂工人要么有对抗情绪，要么态度冷漠，他们很少能尝试改进《操作手册》。在与部门经理的常规碰头会上，他们经常抱怨，并提出许多要求让管理者做出改进，经理总是处于防守的地位。经理总是不断解释，某些事情办不到是因为受到了预算的限制。自从开展了 Ai 运动以来，通过小组形式的活动，所有成员都培养出了为同一个目标共同奋斗的专注精神。

在开展小组活动之前，工人常常利用工间休息时间交友社交。如今他们将大部分工休时间用于认真讨论如何做出改进。工程师常常不愿碰机器或做出改变，因为他们没有第一手经验。但是蓝领工人整天与机器打交道，因此常能提出真正有用的建议。Ai 运动使车间中的"消极旁观者"和"冷眼批评家"迅速减少。

人力副经理柏木四郎说："这些工人实际上将《操作手册》完全重写一遍。他们不断地提出新建议，他们的提议常常能改变操作机器的方法。当一条建议在一家工厂奏效时，其他工厂很快也会采纳。结果，在工人的帮助下，工作程序和操作手册得到经常更新。"

工程师总是不知道车间中正在发生的事情。使用中的手册常常是过时的，至少从工人的角度来看是不实际的。即使更新了手册，工人常常对照本宣科很反感。然而，工人自发修订手册后，他们就很乐于遵照操作手册。

每年，公司都会为小组领导和服务商举办几次为期三天的特训课程。所有的与会者聚在一起讨论诸如"如何定义主题""如何激励不积极的成员"等问题。一般来说，他们会分享个人经验。这样做的主要好处是他们认识到不只自己的车间中存在问题，大家是面临同样问题的同事。管理者常常参加此类课程。

日产化工深受能源和原料上涨的影响。蒸汽、电力、重油成为严重挑战成本的物资。小组活动的一项成果是，工人开始具有深刻的成本意识。"参与过多种削减成本的项目后，"柏木说，"车间中的每位工人都知道重油、电力、水的成本了。"

举一个例子，工厂中使用了几千部高压发动机，为保持绝缘电阻，即使在发动机不工作的时候也要保持低水平的电流。Ai 团队决定研究这一问题并寻找各种方法减缓快速增长的电能消耗，但在此前，没人在乎这项成本。

团队用一年的时间收集数据，将影响发动机的所有因素考虑在内，包括绝缘性、电阻，甚至还有天气情况。在对数据进行分析之后，该团队得出结论，用交流电发动机仍然可以保持必要水平的绝缘电阻。这项发现的结果是，工厂一年节约用电成本 380 万日元（15 200 美元）。尽管新系统增加了额外的工作，还要求工人频繁地检测，但他们仍很乐于做出改变，因为这是他们自己建议的结果。正如我在第 1 章提到的在午餐时间节约茶叶的故事，在质量控制活动中，管理者有机会向人们的工作态度和工作结果表达赏识。

建议会以一张表格的形式提交，包括概要、改进的预期收益、实施的大致成本。附在建议后的报告有时会长达 100 页。一些建议的内容非常深刻，以致使人误以为这些建议是由总部工程师想出来的。

依据"努力程度""原创性"以及"所需工作"几项因素，公司对建议进行评审和表彰。实施的建议可以归为以下 3 类：①节约能源和资源（占 48%）；②改进工作流程和工作效率（占 25%）；③节约维修成本和开支（占 27%）。

在开始的 3 年里（1978 ~ 1980 年），Ai 运动共催生 928 条建议，实现节约 6 亿日元（240 万美元），支持该运动所需的成本是 1.25 亿日元（50 万美元）。1981 年，987 条建议得到了落实，节约成本 6.3 亿日元（250 万美元）。同年，该运动的成本是 1.6 亿日元（64 万美元），其中包括根据建议所做的改进所需成本。1982 年，管理层的目标是通过在 Ai 运动中投资 2 亿日元（80 万美元），节约成本 10 亿日元（400 万美元）。

案例　**小组活动：日立公司的小组项目运动**

日立电子作为日立集团的领军公司，主要生产视频产品、电视摄像机、广播系统以及信号传送和转接设备。该公司有雇员 1580 人，从 1979 年开始，该公司便拥有一项独特的公司范围的运动——"挑战顶峰"，这是公司激活组织、改进生产力的手段。

挑战顶峰运动有 3 项支柱内容：小组活动、建议系统、内部运动。公司内部组建了 100 多个小组积极从事质量控制和人力资源部署，1980 年，每位员工在公司的建议系统中提出约 22 条建议。

进行内部运动是为了抓住员工的"情绪"，实现更好的交流，提高士气。管理者感觉这样的运动应该持续开展下去用以保持住员工的士气和兴趣。运动的总书记安本重次每月都要与来自各主要部门的小组管理者开会，讨论活动中的问题。

这些项目属于以下 4 个广义的范畴：

- **建设愉快的车间**
- **增进健康**
- **节约并削减成本**
- **在现有问题中找到突破**

小组活动只在个别团队中进行，而挑战顶峰运动则对所有希望参与的员工开放。改善运动的书记一旦确定了主题，就会在每周一次的大会上向全公司宣布。此外，有关活动的公告会张贴在墙上，也会在门口向人们分发。有时，运动的负责人还会亲自在大门口，站在发宣传页的工会积极分子旁边向进门的员工发传单。

在 1979 年首次开展运动以来，公司共组织了 50 多项运动，涵盖多个领域的问题，每月通常组织两项以上的运动。下面是一些典型的活动总结：

1. 工厂中有 2000 多盏荧光灯。墙壁上一个开关能开启几盏灯，但实际上常常只需要一两盏灯。于是工厂便开展了一项为每盏灯安装拉线开关的运动，用以减少用电浪费。安装拉线开关之后，活动成员还在午饭时间组织了 2 人巡逻队。员工既惊讶又觉得滑稽，他们看到，戴着袖箍的巡逻小队会拎着标语让人们关闭不需要的灯。在反复巡检并在不关灯的地方张贴提示语后，员工通常会变得更加节约。这项运动的成果是，某些车间能够将用电量减少 30% 以上。

2. 还有一项运动，其目的是要提高员工书写汉字的技能（在日语中，既有汉字也有音标）。公司会把关于汉字的测试题张贴在"留言墙"上，答案写在一张纸上贴在高处。这种测试是员工最喜欢的工间消遣活动。

   后来，许多员工都开始喜欢上汉字挑战比赛。测试活动要求参赛者在 45 分钟内用汉字回答 250 个问题，有兴趣的员工都可以参加。比赛之后，还会将有趣的错误回答公布在"留言墙"上。例如，日本成语中"小得像猫的额头（hitai）"，被一位员工写成"小得像猫的尸体（shitai）"。

   在这项运动的最后，书记为有兴趣的员工组织了购买打折字典的活动，最后共收到 648 份订单（一家工厂有 1580 名雇员）。

3. 管理者决定通过削减新文具采购数量来压缩预算，于是就发起了一项将未用过的文具收集起来让有需要的人再利用的活动。活动中共收集到了 3000 多个文具，包括铅笔、带抬头的信纸、信封、文件夹、橡皮，共价值 10 万日元。一些管理者对这个结果很满意，而另一些人看到工厂里原来有这么多能用的文具，则很气愤。不过，每个人都很高兴地看到这项运动使许多人清理了自己的桌子。

4. 公司发起一项让员工参与 43 公里步行马拉松的运动。这项运动取得了成功，活动书记又在周五月圆之夜组织了一次"月光徒步"活动。20 多名员工在附近的山上走了一晚上。徒步活动在增强集体团结、帮助成员共同努力进步方面，收到了显著的效果。

5. 另一项成功的运动是在每年夏季举办的旧货市场活动。在夏季盆舞节期间，公司鼓励员工将不用的东西放在工厂门口售卖，并对当地社区开放，所得收入捐献给当地的福利组织。这些活动收到的感谢信和其他嘉奖都张贴在公司的墙上。

6. 运动中两个最有效率的交流媒介就是告示和墙报，上面会及时公布人们关心的话题，如最新的民意调查、政府统计信息、用通俗语言介绍的最新技术等。一些主题还会以系列方式开展，如汉字测验活动。此外，还会用到卡通、漫画以及其他表现形式将墙报办得更富有趣味性。

7. 某项运动要求人们在写文件时简明扼要，用一张纸把问题说清楚，这既可以节约作者和读者的时间，也能够节约纸张和存储空间。该项运动的领导者制作了一份手册帮助员工改进他们的写作技能。这项运动的成果是，将只写"一页备忘录"的意识灌输进了每位员工的头脑中。

运动领袖安本重次说，一项成功的运动必须具备以下特点：

● 必须通过会议、留言板、宣传页和公告等形式定期提供信息。有关运动的新闻必须定期在公司公告中公布。 活动的领导还需要在单页的报纸上公布自己的活动。

- 调查或其他运动结果必须立即汇报，为使人感兴趣，要大量使用照片。
- 运动必须举办得令人感到愉悦和有趣，尽可能多地使用卡通、漫画以及其他表现形式。
- 必须包括当前流行的话题。 这意味着运动经理必须追踪大众媒体中最热门的新闻故事、广告和社论。

个人主导的改善

如表4-1所示，第三层次的改善是个人主导的改善，表现方式是提建议。建议系统为实现个人主导的改善，实现更智慧（若非更努力）的工作方式，提供了工具系统。

个人主导的改进几乎拥有无限的机会。例如，办公室里使用分机电话，某位工人可能会建议让号码相同的电话颜色相同以方便使用。在佳能，工人原来用一种昂贵的清洁布擦拭镜头，后来他们发现超市中的棉签既便宜又好用。许多机器上的傻瓜设备都是在工人的建议下安装的。在日立栃木工厂，在傻瓜机器上附有一个金属片，上面写有提建议的工人的名字以及建议日期，以此表彰这名工人为后来者所做的贡献。

对于工人来说，改善的起点是以一种积极的态度改进自己工作的方式。从前，工人大都会坐在机器旁工作，如果他改变了行为方式，选择站在机器旁工作，这就是一种进步，因为这样可以增加灵活性从而能够处理多部机器。

发明"看板"和准时制生产方式的大野耐一在担当丰田自动织机厂（汽车面料生产商）顾问时，他发现女工都是坐在织机旁工作。于是他立即发起了一场改善运动：为每台织布机设计新功能，使织机在操作完成时自动停止。

这样，每位工人都被分配一个工作周期，她可以在一个循环内处理若干台织布机。这意味着工人要改变行为方式，由坐姿变为站姿，随工作流程从一台机器走到另一台机器处。如今，一名工人管理许多织布机，她们身着慢跑运动服，从一台机器走到另一台机器。在丰田公司，一名工人在一个循环中可以处理 80 台不同的机器。这种多任务工作之所以可行，是因为管理者成功地改变了工人的行为方式。

个人主导的改善常常被当成士气助推器，管理者不会总是要求每条建议都立即产生经济回报。要让工人变成有思想的员工去探寻更优的工作方式，管理者的关注和回应是最重要的。

建议系统

建议系统是个人主导的改善的有机组成部分。高层管理者必须实施一项设计周密的计划，以保证建议系统有活力。

众所周知，是戴明和朱兰两位先驱最早在第二次世界大战后将统计质量控制理念及其在管理中的意义引入到了日本，但还有一个事实鲜为人知：建议系统是通过"督导人员培训"（TWI）[⊖]和美国空军引入日本的。第二次世界大战后访问美国的日本企业管理者了解了建议系统，并将其在自己的公司中加以实施。

美国的建议系统很快被日本式系统取代。美国系统强调建议的经济收益，并在财务上给予激励，而日本式建议系统则更注意员工的积极参与，

⊖　TWI（training within industry），指督导人员培训或一线主管技能培训，起源于第二次世界大战后，美国生产局重建日本经济，发现日本技术劳动力潜力极为雄厚，但缺乏有效的督导人员，故引进 TWI 训练，培训了大量的督导人员。日本政府认识到此项培训的重要性，组织企业成立日本产业训练协会，并由日本劳动省（2001 年与厚生省合并，合称厚生劳动省）大力推广。TWI 对战后日本经济迅速发展起到了极大的促进作用，现已是各个国家训练企业督导人员的必备教材。——译者注

从而鼓舞了士气。多年以来，日本系统进化成两个部分：个人建议与团队建议，包括质量控制小组、JK（自主管理或叫自愿管理）小组、ZD（零缺陷）小组以及其他团队活动。

目前，建议系统多用于大型制造企业以及半数的中小企业中。根据日本人际关系协会（Japan Human Relations Association）的研究，日本公司的建议系统主要涵盖以下几个方面的建议主题：

- 改进自己的工作
- 节约能源、 材料及其他资源
- 改进工作环境
- 改进机器和流程
- 改进办公室工作
- 改进模具和工具
- 改进产品质量
- 构思新产品
- 顾客服务与顾客关系
- 其他

1985 年，在所有日本公司中，松下以 600 多万条的建议总数位居榜首。某家日本公司一个人最多提出 16 821 条建议。

在 1985 年被松下摘冠前，日立公司连续 5 年位居建议数量排行榜第一名。他们并不气馁，日立说这是因为他们将重点从建议的数量转向了建议的质量。

日本人际关系协会董事经理山田健次郎说，建议系统应当经历三个阶段。第一阶段，管理者应竭尽全力帮助员工为改进车间工作提建议，而不必在意他们的建议是否很初级。第二阶段，管理者应重视员工建议，这样员工可以提出更好的建议。为使工人提出更好的建议，应训练工人学会分析问题和环境。这需要教育。只有在第三阶段，在工人既有兴趣又有能力参与时，管理者才能去关注建议带来的经济效益。

这意味着，管理者必须以 5～10 年的长远眼光思考建议系统。山田指出大多数西方公司遇到的困难源于这样一个事实：他们总是跨越第一、二阶段，直接进入第三阶段。

根据山田的研究，20 世纪 50 年代中期，每个员工平均每年提出 5 条建议。从那时起，建议的数量也在逐渐增加。如今，私营机构中每个雇员每年所提建议增加到了 19 条。建议数量的增长是两件事情发展的结果：第一，建议活动与小组活动结合在了一起；第二，一线上的监工被授权审查和落实工人的建议。

今天，大多数能产生经济效益的建议是由团队提出的，而个人建议主要用以提振士气，给工人提供一种教育经验。

山田认为，建议多的地方常常是《操作指南》僵化固定、员工不能充分施展才能的地方。换言之，建议的作用是填补员工能力与工作之间的差距。因此，建议传递了这样一种信号：工人的能力已经高过了工作要求的标准。

除让员工具有改善意识外，建议系统使员工有机会与监工及其他人探讨问题，同时，也使管理者有机会帮助员工处理问题。这样，建议便成为车间内双向沟通以及员工自我发展的宝贵契机。

一般说来，日本的管理者在落实员工建议方面比西方管理者更灵活，他们乐于改变，只要这种改变能够促成下面任何一项目标：

- 使工作更轻松
- 减少工作中的苦差
- 减少工作中令人讨厌的事务
- 使工作更安全

- 使工作更富有成效

- 改进产品质量

- 节约时间和成本

这与西方管理者无一例外地只关心实施变化的成本和经济回报形成了鲜明的反差。

案例　爱信华纳案例

爱信华纳的董事经理杉原春树说："积极参与提建议活动，使每位员工具有问题意识，从而帮助他们更好地工作。"杉原认为，管理者应该通过让员工自由地提出各种各样不会耗费过多实施成本的建议，去鼓舞员工参与建议系统。由于多数员工不习惯写下自己的想法，因此需要鼓励和培训员工在一张纸（建议表）上写下自己的想法，直至他们养成习惯。在爱信华纳（生产自动变速器、转矩变换器、越控系统的厂商），1982 年平均每位员工提出 127 条建议。在公司范围内，这意味着共有 223 986 条建议。其中，99% 的建议都在车间中得到了实施，高于 76% 的全国平均水平。1982 年，按类别划分，爱信华纳员工各类建议所占比重分别为：

减少工时	39.0%
质量改进	10.6%
安全	10.5%
设备改进和维护	8.4%
环保与健康	7.6%
节约物料	3.9%
改进办公室工作	1.7%
其他	18.6%

　　　如果不能落实员工的建议，管理者会立即解释原因。在建议系统的框架内，不会被考虑的"建议"主要有以下几大类：直指管理层的抱怨和要求；在工作环境内已经被解决或已实施的重复主题；对于众所周知的事实、实践、公理及陈词滥调的陈述。管理者认为工长的职责是鼓励员工依据管理者设计的建议系统提建议。这一责任会向上追究到工长的监工（部门长），凡此类推。爱信华纳管理层意识到工长如果不能全力帮助和激励他所管理的员工，建议系统就不能有效地发挥作用。相应地，每位工长对他的员工提建议的数量负责。建议之间还会有竞争，工长常常为那些参与率低的员工提供指导。

　　　管理者鼓励个人和团队同时提建议，如今，爱信华纳公司半数以上的建议来自个人。员工有了建议，就将其写在一张纸上，投到一个建议箱中，没有必要亲自交给工长。

　　　许多建议经过初审和二审最后得以采纳，或者放弃。初审由车间内一群工长和工作人员进行，班组和部门团队进行二审。

　　　随着建议数量的飙升，管理者发现，审核建议、做出决定并迅速反馈给个人变得越来越困难。鉴于立即回复对于保持员工提建议的兴致至关重要，爱信华纳在手工处理建议开展两三个月的时候，开始借助计算机处理。

　　　在建议提出之后，须立即进行初审。如果建议被估值低于3000日元（大约为12美元），提交建议的人会在一周内得到奖励。如果一条建议被估值大于3000日元，将进入二审，建议采纳后一个月内即给予认可。所有的建议都通过计算机算出奖励额度。表4-2为爱信华纳公司使用的建议表。

表 4-2　爱信华纳建议表

个人姓名或质量控制小组名称	位置：蓝领、职员、工作台领班、监工、工长或以上级别	建议主题：

示意图（以前）	示意图（以后）

改进前的方法：	改进后的方法：

存在问题：	效果：

评价	微弱	一般	可观	非常	大型
A.　创意	0　1	2　4　6	8　10　12	14　16	18　20
B.　原创性	0　1	2　4　6	8　10　12	14　16	18　20
C.　适用性	0　1	2　3	4　5	6　7	8　10
D.　间接效果	0　1	2　3	4　5	6　7	8　10

经济效益计算

F.　相关职位		蓝领	职员	工作台领班	监工或更高
	大	-	0.5	0.5	0.3
	中	1.0	0.8	0.7	0.5
	小	1.0	0.9	0.9	0.7
自己的工作现场		1.1	1.0	1.0	0.9
其他工作现场					

E.　得分：

总分：(A＋B＋C＋D＋E)×F＝

审查人评论：

签名：

（续）

日期	工作现场编号	姓名和质量控制小组名称		总分	奖励	经济效益（年）
					￥	￥
类别	1. 执行 2. 未执行 （计划执行日期）		审核结果： 1. 采纳 2. 考虑 3. 弃权 4. 否决			
建议的目标	1. 减少工时 2. 节约材料和性能 3. 改进质量和性能 4. 改进办公室工作 5. 环境卫生 6. 安全 7. 设备维护和改进 8. 其他		评估： 1. 总裁奖 2. 委员会主席奖 3. 创意奖 4. A 级奖励 5. B 级奖励 6. C 级奖励			
个人自评：￥						

每条建议按照指定的信息点遵照表 4-3 的项目进行初评:

表 4-3 建议信息点的初评

评价点	评分
创造性或原创性	_____ 分（满分：20 分）
试验新方法所需努力	_____ 分（满分：20 分）
适应性（横向上部署是否有可靠性?）	_____ 分（满分：10 分）
间接效果（对于质量、安全等问题的贡献）	_____ 分（满分：10 分）
经济效益（对缩短工作流程，节约资源等有直接贡献）	_____ 分（满分：40 分）
总分	_____ 分（满分：100 分）

注意，在评估中既用到了 P 型标准也用到了 R 型标准，每一项标准都对应量化数值，用以表达某项准则在管理者眼中的重要性。

以上评价点分数还要乘以 0.3 ~ 1.1 不等的职位因数（见表 4-2），然后根据得分发奖。表 4-4 是奖励的不同等级。

表 4-4 不同等级的奖励

奖励等级名称	得分	奖金（日元）	奖金（美元）
总裁奖	56 分以上	30 000 ~ 300 000	120 ~ 1 200
委员会主席奖	36 ~ 56 分	7 000 ~ 20 000	28 ~ 80
创意奖	创新性 + 努力 = 超过 32 分	价值 5 000 日元的纪念品	价值 20 美元的纪念品
A 级奖励	19 ~ 35	1 500 ~ 5 000	6 ~ 20
B 级奖励	7 ~ 18	500 ~ 1 000	2 ~ 4
C 级奖励	1 ~ 6	200 ~ 300	0.80 ~ 1.20

假设蓝领工人提出一条建议，总分为 40 分，并且该条建议与他自己的工作环境有中等关联，则将得分 40 乘以 1.0。如果相同的建议是由领班提出的，则将得分乘以 0.7。

在爱信华纳，建议系统也将员工的家属包括进来。改进运动常常会收到家属有关改进家庭生活的建议，这些都是让家庭生活更有乐趣的快乐点子。最近的一条建议就是由一名 4 岁的孩子提出来、由妈妈代写成的。管理者会为特别值得表彰的建议颁发奖章，公司会议室会将家属建议和员工建议一起展示出来，使家庭创意为人们所分享。

爱信华纳建议系统的另外一个特点是建议的结果会横向部署到其他向丰田汽车供应产品的子公司中去。爱信集团会定期发行《创意》杂志，报道集团公司中的建议，并为提升运动提供具体的改进和日程的案例。公司还会定期召开联络会讨论建议问题（意在互相启发），由集团主办的活动还包括为海报和宣传语征集创意，目的是增进员工间的团结。

案例 佳能的建议系统

如附录 G 中所示的佳能生产方式（CPS）结构图，佳能的建议系统、小组活动、"清理你的车间"活动，大会与汇报会，是实现佳能生产方式目标必不可少的工具。佳能建议系统包括除经理外的所有员工和临时工，同时鼓励联合建议与团队建议。

能够改进车间的任何建议都会受到欢迎，不管该建议是否与自己的车间直接相关。只有下面的建议类型会遭到否决：

- 新产品建议 （佳能另有一个建议项目专门处理这个问题）
- 关于人事管理和工作环境的建议
- 投诉和抱怨
- 只有监工下命令才能做完的建议
- 太模糊或不可能实现的建议
- 剽窃

1983 年，佳能员工共提交 390 000 项建议，价值 193 亿日元（8400 万美元），用于建议系统的开支是 2.5 亿日元（108 万美元），这意味着回报率高达 77 倍。1983 年，佳能生产方式预期要实现的节约是 240 亿日元（1 亿美元）。然而，应该注意，建议的效果与佳能生产方式节约存在重合部分，因为两者看待节约的角度不同。

员工在建议表上写下自己的建议（见图 4-3），表中可以写 5 项建议。1978 年开始采用这种简单的建议表，使员工写建议更容易。在表格简化以后，每位员工所提建议数量迅速增加。

工长审查表格，对于 E 级以下的建议立即采用必要的措施进行实施。通常情况是，在建议已经实施后，人们才将口头上提出的建议写下来并提交上去。因为建议与车间有关，工长可以很容易地看到建议的意义。第二天或最迟 3 天内，工长会在表格上草签，将其返回给提交建议的员工。

如果建议被列为 D 及以上级别，员工会在高级建议表格（图 4-4）中重述建议，交给部门委员会和工厂委员会审查。之后，建议会被转发给中央委员会以便做年度评议。E 级及以下级别的建议由班组（部门）委员会处理。

每个等级对应的现金奖励如下：

得分	级别	奖金（日元）	奖金（美元）
5	A	50 000	200
4	B	20 000	80
3	C	10 000	40
2	D	5 000	20
1	E	2 000	8
0.33	F	1 000	4
—	G	500	2

部门 / 班组		姓名和编号					□ 员工
编号：	主题：		日期：				□ 监工及以上级别
应给予表格	E奖 高级 (2 000 日元)	好 (1 000 日元)	一般 (500 日元)	采纳 不采纳 搁置	已实施 未实施	审查者签名：	编号：

图 4-3　佳能建议表格（简表）

佳能建议参与奖
150 日元代金券

部门书记签名

年节约工时：

改进前（E）－改进后（E）＝　　　　小时

是否动用节约劳动力预算：是　否

1. 本部分由建议系统负责人员填写

　　　　　　　　　　问题
2. 要实施的建议属于
3. 实施该条建议所需成本：Y
4. 评价：

成本计算（工程管理与财务部门）

实际性（工程管理，机器设计及其他部门）

如果你的建议被采纳，将会给予下面的奖励：

A 奖（50 000 日元）　　　D 奖（5 000 日元）
B 奖（20 000 日元）　　　E 奖（2 000 日元）
C 奖（10 000 日元）

图 4-4　佳能建议系统（高级）

班组：

主题：

建议原因（为什么需要这条建议？当前的程序是什么？）

建议的预期效果：

☐ 员工
☐ 管理者

姓名和编号

类别	改进前	改进后
A. 年工作日	天	天
B. 人工/天	人	人
C. 工时/天	小时	小时
D. 总工时 (B×C)	小时	小时
E. 年工时（A×D）	小时	小时

* 对于不能用"小时"来计算的项目，请注明"质量改进""预防事故""减少部件"等定性内容

图 4-4（续）

即使建议被驳回，员工仍可以得到价值 150 日元的代金券（最初的数额是按照一包烟的价格设定的），这样他就可以在公司的合作商户那里购买商品。有些员工甚至用每年提出的上百条建议所获奖励购买了全套的家用电器。

为了促进员工参与建议系统的积极性，佳能经理和监工须遵守以下原则：

（1）永远对为改进提出的建议显示出积极的回应。

（2）帮助员工更轻松地写出有帮助的建议。

（3）试着找到任何给员工带来不便的事物（这要求上下级间有良好的沟通）。

（4）明确目标。例如：我们这个月需要多少建议？我们现在需要在哪个领域（质量、安全等）努力？

（5）通过竞争和游戏激发兴趣，如个人成就图表展示。

（6）尽快实施可行的建议。在得到收益前给予人们奖励。

终生积分制是佳能建议系统另外一个独有的特点。每条建议都有得分，每年的总裁奖都会颁给 20 位自建议系统建立以来累计得分最高的人。每位获奖者会得到 300 000 日元（1350 美元）和一枚金质奖章。总裁奖项可能会有些重复，它会向当年得分最高的人颁发奖励，得分前 30 名的人会得到 100 000 日元（450 美元）和一块银质奖章。

佳能的每位员工都会收到一个佳能生产方式笔记本，这是一个 55 页、口袋大小的本子，上面介绍了佳能生产方式的内容以及如何设定改善目标，并对奖励系统进行说明。这些佳能生产方式笔记本还有特殊的夹页，标题是"我的自我发展目标——方法、工具与投资"，由员工自己填写。

附录 G 详细介绍佳能生产方式如何激励人们参与改善活动。

改善之管理篇

跨职能管理与政策部署是支撑全面质量控制的两个关键管理理念。如前文所述，在全面质量控制的思想中，管理工作分为两部分：①"维护性管理"，维护当前的业务成果和利润绩效；②"改善性管理"，改进过程和系统，改善性管理既指跨职能管理，也包括政策部署。

跨职能管理指为实现改善这一跨职能目标协调不同单位的活动，还包括为实施改善政策进行政策部署。

在许多公司中，管理工作主要指将高层管理政策逐步向下落实到基层组织的过程，如图 5-1 所示，管理具有维护的一面。如果组织内部在质量和成本等问题上存在冲突，通常借助内部政治即可解决。全面质量控制将QCS（质量、成本、进度）明确定义为高于设计、生产、营销等职能目标的跨职能目标。跨职能目标被定位成高层级目标，这需要采用一种新的用于决策制定的系统方法。于是，人们便发展出"跨职能管理"与"政策部署"的理念和实践来满足对新系统方法的需求。其中，"质量"关注的是创建更优异的系统，实现质量保证；"成本"关注的是建设一个系统，用以确认成本因素并削减成本；"进度"则指建设更好的系统，为交付产

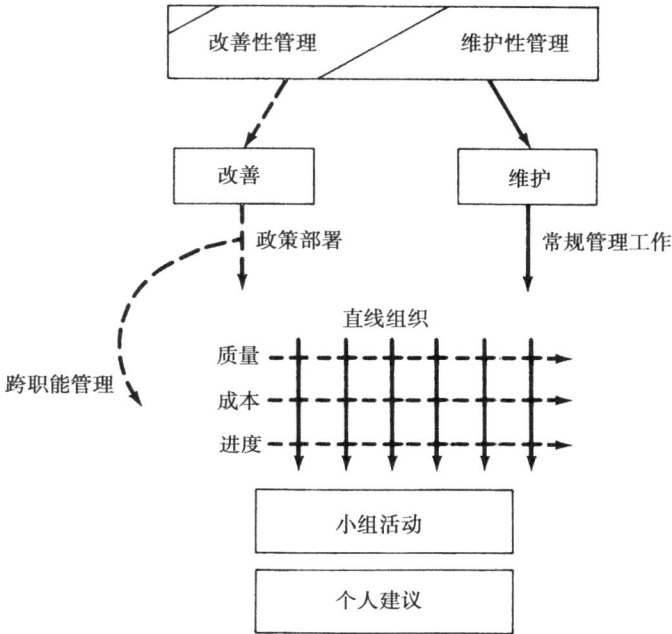

图 5-1　改善性管理与维护性管理

品和实现数量的目标服务。

如图 5-1 所示，政策部署通过两种方式将改善的目标传达给直线（职能）组织：职能经理直接传达，通过跨职能组织间接传达。

鼓励个人提建议的小组活动（如质量控制小组）和项目，是在车间层面对改善的支持，这些活动的目标就是通过政策部署来设定的。

对于跨职能管理与政策部署这两个关键的管理理念，高层管理者会在公司方针中表达他们的承诺。高层管理者通常会基于公司的长期规划和战略，在年初制定年度政策或目标。目标主要包括两大类：①与利润、市场份额、产品有关的目标；②与公司不同系统和跨职能活动整体改进相关的目标。

在日本，"政策"指中长期管理方向、年度目标及指标。因此，全面质量控制中的"政策"一词既指长期目标也指年度目标。

政策的另一层重要含义是，它由目标和措施两个部分构成，既指结果又包括手段。目标通常指由高层管理者设立的量化指标，如销售、利润、市场份额等；措施，指为达成这些目标所采取的具体行动。没有具体措施的目标仅是句空话。因此，高层管理者在确定目标与措施后，有必要在组织上下进行"部署"。

虽然做出成绩是经理的首要目标，具有优先性，但增强并改进组织和系统这样的目标也很重要。前者通常是企业对于外部需求（例如，股东为了利润向企业施加压力）的回应；后者则通常是组织机构在企业文化、企业性格、整体竞争力方面自发的改进。在全面质量控制策略中，"盈利"与改善这两大目标交织在一起，通过应用 PDCA 循环实现政策部署与跨职能管理。企业应制订（计划）、部署（执行与检查）并审计（审核改进成果）这些管理理念。

跨职能管理

企业在纵向上由许多职能构成，如研发、生产、工程、财务、销售以及行政服务等。企业通过这些职能性机构委托责任，追逐利润目标。

在全面质量控制的众多目标中，除增加利润外，还包括在员工教育、顾客满意、顾客服务、质量保证、成本控制、数量、交货控制、新产品开发等领域进行一般性改进。这些目标需要组织跨越职能的界限通力合作。今天，"单靠质量控制或质量保证部门不可能取得令人满意的质量"这样的说法早已不再新鲜。所有的职能部门都要参与进来。跨职能管理已成为实现全面质量控制改进目标的主要组织性工具。

许多高层管理者说他们公司的使命是提供优质产品，满足顾客需求。我们姑且先接受这句话的字面意义，那么，在由多个企业目标组成的等级

阶梯上，质量这一目标处在什么地位上呢？企业有许多目标要去追逐，如
使股东利益最大化，为员工提供就业，生产商品、提供服务满足顾客需
求，服务社会等。在公司内部，职能经理和员工在工程、生产、营销、行
政等部门的岗位上，承担相应的使命和责任。

在这些时常会发生冲突的内外部目标中，该将"质量"目标置于何
处呢？丰田公司的高级董事经理青木茂在阐述丰田的企业哲学时，明确说
明了不同的管理目标与跨职能目标间的等级位列：

一家公司的终极目标是盈利，这再自然不过；公司的第二高级目标应
是跨职能目标，如质量、成本、进度（数量和交货）等。实现不了这些
目标，公司将会因为质量逊于他人而被竞争抛弃，彼时将会发现他们的利
润被高昂的成本侵蚀，将不能及时
向顾客交付产品。但如果这些跨职
能目标实现了，则利润将随后
而至。

因此，我们应该认识到，所有
管理职能的存在，仅是为 QCS 这三
大目标服务。产品企划、设计、生
产、采购、营销等附属性的管理职
能，都应被视作实现 QCS 的次级
手段。

图 5-2 表示的是跨职能活动与
其他职能活动的关系。如图所示，
我们在用 PDCA 循环实现改进时，

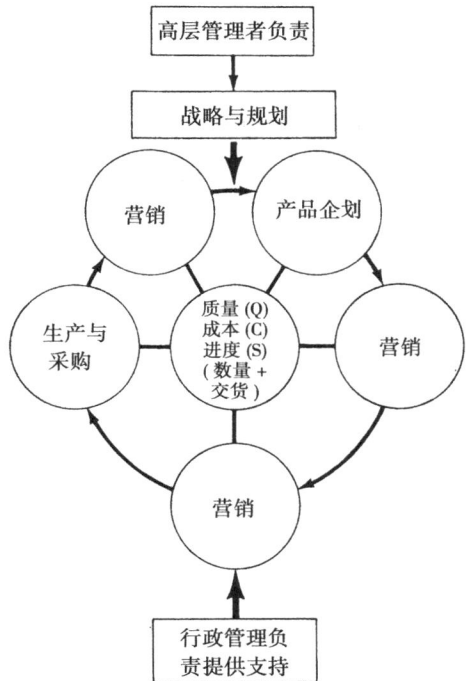

图 5-2　QCS 环

永远以 QCS [⊖] 为中心旋转转轮。要实现跨职能目标，企业战略和计划先行，其他职能活动都仅用于服务这些目标。QCS 环的另一层含义还指为解决跨职能管理问题制定标准。

丰田的片山善三郎说道：

满足数量与交货进度目标，与管理人、资本、生产设备一样，仅是管理工作的一部分。

如果顾客不能在他们需要时得到所需数量的产品，整个系统便会崩溃，这便是"进度"的全部意义，它需要付出大量跨职能的努力去满足进度目标。只有在进度问题解决之后，公司才应该去关心质量和成本等竞争因素。

正如质量必须通过产品开发、生产准备、采购、生产、营销、服务来维护一样，进度也要通过公司内的所有过程来维护。

行政工作主要监督跨职能工作和职能工作是否都能正常运行。青木指出，各职能（直线）部门应明确界定其在实现 QCS 目标过程中的角色定位。此外，每个直线部门应为实现目标定义需要进行哪些活动、应具备哪些职能。

图 5-3 可以使我们更好地理解职能与跨职能组织间的关系。纵线代表不同的职能（直线）部门，以产品企划为起点，包含产品设计、生产准备、采购、生产及销售；横线代表主要的跨职能目标，包括质量、成本和进度。跨职能活动从横向上切入直线部门，对各部门产生不同程度的影响。

⊖　在日本，常用 QCD 代替 QCS。D 代表交货（delivery），"交货"一词中还含有向顾客保证"数量"的意义，这使得两个词可以通用。尽管两个词都正确，但本书中只采用 QCS 一词，以避免误解。

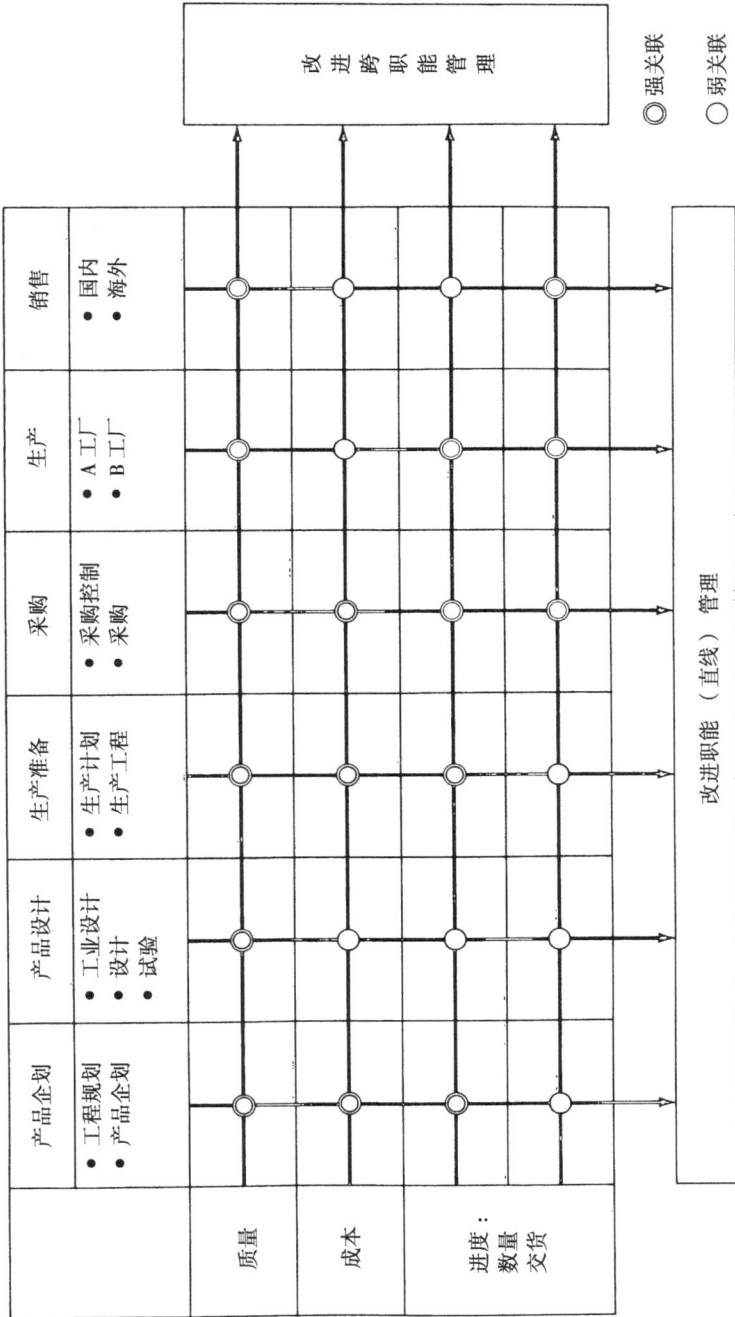

实施改善策略前的职能管理

	产品企划	产品设计	生产准备	采购	生产	销售
	• 工程规划 • 产品企划	• 工业设计 • 设计 • 试验	• 生产计划 • 生产工程	• 采购控制 • 采购	• A 工厂 • B 工厂	• 国内 • 海外
质量	◎	◎	◎	◎	○	○
成本	○	○	◎	◎	○	○
进度: 数量 交货	○	○	◎	○	◎	◎

改进跨职能管理

◎ 强关联　　○ 弱关联

改进职能（直线）管理

图 5-3　职能矩阵与跨职能矩阵

部门经理会很自然地将部门职能列为自己优先执行的工作。如果没有跨职能的目标，声音最大的部门往往在跨部门的协商中占上风，他们不会考虑对公司的总体目标会造成何种影响。在引入新产品时，举例来说，工程人员基于市场人员提供的信息（而非出于自己的想象）制作产品规格和图纸，然后将其"抛"给生产人员，而后者说他们做不了这样的产品。根据修改过的要求，在长时间的斗争和调整后，才开始生产。图 5-4 表示的就是信息在不同职能部门间运动的典型情景。

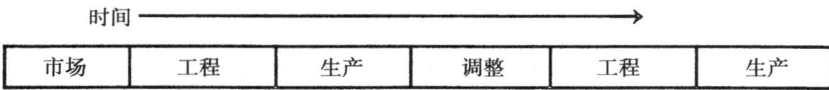

时间 ———					
市场	工程	生产	调整	工程	生产

图 5-4　典型公司中的产品开发流程

图 5-5 表示开发新产品的理想情景（由久保田有限公司岩桥敏男提供素材），其中的各个阶段都有多个职能部门参与。跨职能管理的目标是打破部门间的障碍。为了实现这一目标，必须为质量保证、规则、规章、格式和程序提供系统支持。

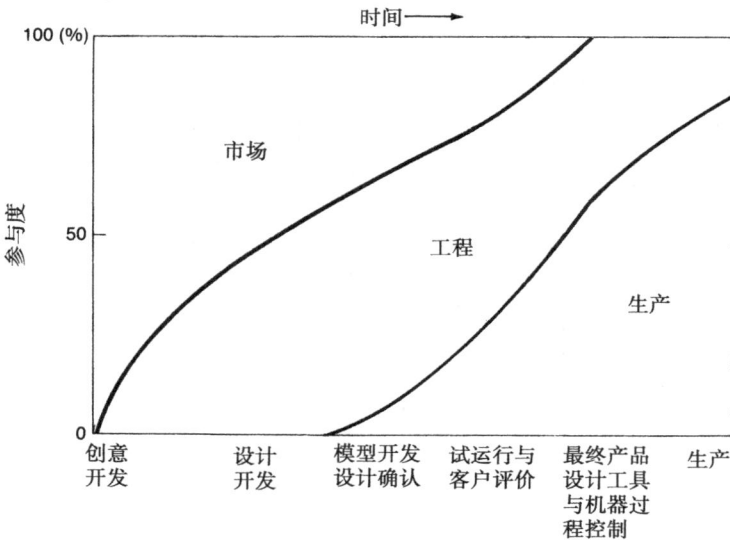

图 5-5　理想公司中的产品开发

引入跨职能目标能够帮助经理在工作中保持一种平衡，使经理谨记QCS（质量、成本、进度）这一最终目标。在跨职能目标成为公司的高级目标后，接下来应按图5-6的次序确定公司的其他目标。

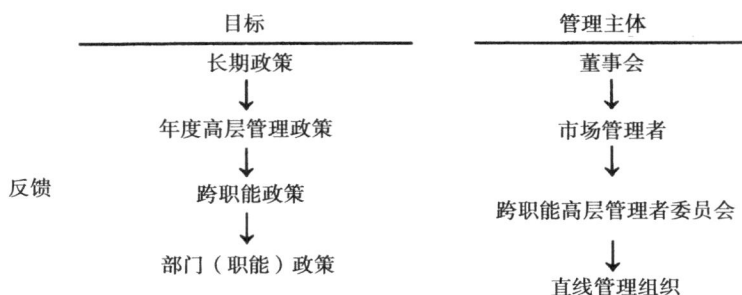

目标	管理主体
长期政策	董事会
↓	↓
年度高层管理政策	市场管理者
↓	↓
跨职能政策	跨职能高层管理者委员会
↓	↓
部门（职能）政策	直线管理组织

反馈

图 5-6　公司其他目标的确定

跨职能目标应先于部门目标确定下来，由高层管理者或跨职能委员会确立质量、成本、进度等跨职能目标。跨职能委员会由高级管理者组成，它的角色是建立跨职能目标和措施。在研究 QCS 时，也会论证新产品开发、设计、生产、销售等方面的主题。

在丰田，跨职能委员会中的所有成员都是来自部门的代表，他们参加某跨职能工作（如质量工作）。因为跨职能委员会在地位上仅次于董事会，所以由委员会制定的目标和措施在重要程度上也仅次于董事会所做的决定。每个委员会大约由 10 名成员组成，由总裁指派的高级长官领导。

在别的公司，跨职能委员会常常由总裁或他的第二、第三把手领导，每月开一次会。取决于公司规模和董事数目情况，跨职能委员会有时由董事成员和部门经理共同组成。通常情况是，全面质量控制部或质量保证部担任跨职能委员会的书记。

跨职能管理重视为 QCS 搭建更好的系统。进度指满足数量和交货目标。与跨职能委员会设立的目标保持一致是每个职能部门的工作。

由于政策由目标和措施两个部分构成，所以，QCS 的跨职能政策也需要根据目标和政策建立起来，然后再"部署"到更低的层级中去。

公司的年度业绩由会计师事务所审计，相似地，QCS进展也需要由所谓的"全面质量控制审计"来监管。全面质量控制审计在政策部署中非常重要。然而，审计财务与审计跨职能目标有一个关键的不同：财务审计由独立的第三方机构执行，跨职能审计则由直线管理组织执行。

跨职能审计的起点是高级管理者审计各个部门，此后，部门经理审计他的下属。各级组织都应开展对跨职能目标成果的审计工作。

跨职能管理已成为日本全面质量控制的有机组成部分，受到所有引进全面质量控制的日本公司的积极推广。从根本上讲，跨职能管理存在的意义就是从横纵两个方向上为改进企业活动开辟道路。

案例　丰田公司的跨职能管理

1962年，丰田成为日本最早进行跨职能管理的公司。当时的公司在以下两个方面提出需求：①要求高层管理者阐明质量目标，并在各个层次部署给所有员工；②建立系统，使不同部门密切配合。

丰田的青木茂说：

统计质量控制的理念可以独立地应用在各个部门的内部工作中，如检测部、生产部。然而，全面质量控制是一项公司范围的运动，要求公司内所有部门参与从而实现董事会的目标。比如，对于质量来说，销售部去描述能满足顾客需求的质量特征。质量部门在设计时整合这些质量特征。此后，实现质量的工作会经历生产准备、采购、制造等阶段。换言之，所有职能部门都要统筹起来，协同实现质量的跨职能目标。跨职能管理的目的是为了有效地实现这些目标。

在丰田，质量和成本被看成是管理的首要目标。丰田为质量保证和成本控制制定了完善的规则，将两者用作跨职能工作的工具。

从产品企划到销售，丰田将跨职能活动的工作流程分为以下 8 个步骤：

1. 产品企划　　　　　2. 产品设计

3. 生产准备　　　　　4. 采购

5. 生产　　　　　　　6. 检测

7. 销售与服务　　　　8. 质量审计

在这 8 个步骤中，公司会在规则中详细说明，在成本控制或是质量保证的某一具体阶段中，需要哪些部门参与，由哪些人员负责。规则中还会详细列出需要保证的科目，并为成本控制或质量保证指定具体的后续活动。

以质量保证为例，下面来解释如何使用这些规则。为使公司所有人达成共识，在规则中，质量保证被定义为"保证产品质量令顾客满意、可靠，并在经济成本上为顾客接受。"丰田开发一系列质量保证活动让每个职能部门执行（见表 5-1）。附在规则之后的表 5-2，列举了产品企划阶段质量保证活动的样例。注意，这里不但列出了各个阶段的负责人，还列出了负责的具体科目。永远不给下游"顾客"带来不便，是高于一切的目标。

表 5-1　各部门跨职能质量保证活动清单

步骤	质量控制负责人员	主要的质量控制活动	对质量的贡献
产品企划	总经理、销售部工程师、产品规划部	预测需求与市场份额 保证市场需要的质量 ● 建立并分配最优的质量与成本目标 ● 预防重大质量问题复发	* * * *

（续）

步骤	质量控制负责人员	主要的质量控制活动	对质量的贡献
产品设计	总经理、产品规划办公室 总经理、工程部 首席工程师、产品规划办公室	试设计 ● 评价质量目标的可适性 ● 测试并研究性能、功能及可靠性 ● 产品设计（为质量控制确定必要的条件）	＊＊＊ ＊＊ ＊＊
生产准备	生产工程经理 质量保证经理 检测经理（工厂） 生产部经理	制定满足设计质量的过程 准备好最优化的汽车试验 评估试验型号 研究并建议首份《常规过程控制计划》 确保工序能力	＊＊＊ ＊＊ ＊＊ ＊ ＊
采购	采购经理 质量保证经理 检测部总经理（工厂） 质量保证总经理	确认供应商满足数量和质量的能力 通过测试首批供货，检查制造质量 协助供应商加强质量保证系统	＊ ＊ ＊
生产	总经理、生产部经理、工厂总务	保持制造质量达到最优水平以满足质量标准 在最优水平下确保过程控制 保持工序能力和机器能力	＊＊ ＊＊ ＊＊
检测	质量保证总经理 工厂检测经理 质量控制总经理	通过测试首批产品检查制造质量 决定是否交付车辆	＊＊ ＊＊＊
销量与服务	总经理、销售部总经理、服务部	包装、维护、预防运输过程中的质量下降 教育和宣传如何正确使用与维护产品 测试新车 质量信息分析与反馈	＊＊ ＊ ＊ ＊＊＊

注：＊＊＊表示至关重要，不能出现下游变更。

　　＊＊表示影响重大，下游可以变更。

　　＊表示影响很小。

表 5-2　在生产阶段的质量保证			
步骤：产品企划（I）	质量保证的科目	为质量保证进行的操作	负责质量保证的人员责任
1-1　整体计划	新产品规划的整体有效性	市场需求和份额预测	总经理、销售部
		1. 竞争策略预测 2. 长远企业计划的规划与评估	总经理、总体协调办公室
1-2　新产品整体长期企划	产品线规划的整体有效性	对照新产品需求预测，研究产品线是否合理	总经理
		1. 在技术规划与研发科目间进行协调统筹 2. 研究型号变化对当前市场份额的影响作用 3. 研究新产品研发能力的整体平衡性	总经理、工程规划办公室 首席工程师、产品企划部
1-3　单个新产品企划	为适应需求波动而制定的目标的合理性	1. 确认对需求波动是否具有适应性 2. 确定价格的竞争力	总经理、销售部 总经理、工程规划办公室
		1. 技术竞争力分析 2. 确认研发结果 3. 确认新产品开发能力 4. 确认目标使用寿命的合理性 5. 建立成本目标	总经理、工程规划办公室 首席工程师、产品规划办公室
1-4　单个新产品中的基本计划	保证市场需要的质量	1. 建立最优的质量目标 2. 确认研发与生产能力 3. 规划开发进程 4. 分配目标成本 5. 预防重大质量问题复发（相同或相似的汽车产品线）	首席工程师，产品规划办公室

　　丰田有一个基本的信念，那就是管理系统的任何一个严重的缺陷都会在质量上体现出来。其他跨职能问题，如成本，可能会在浮出水面前隐藏一段时间。但是，由于管理不善而造成的质量问题，则根本掩藏不住。

根据青木所说，每个职能部门都有几个跨职能职责，每项跨职能工作也会贯穿几个部门。相似地，会有几个董事会成员参与同一个跨职能活动，一位负责某项特定跨职能工作的董事也会有多项跨职能责任。

跨职能主管委员会是丰田跨职能管理的核心组织。事实上，这只是处理跨职能管理工作的官方组织，他们只负责计划（实际的执行和实施则是各直线部门的责任）。

每个委员会有 10 名成员，由负责某特定跨职能工作的高级主管领导。例如，质量的跨职能委员会由负责质量保证的主管来领导。

典型的情况是，在企业年度目标订立后，设立跨职能目标，如汽车生产数量与利润率等。

委员会讨论的主要议题包括：

- 设定目标
- 为实现目标规划措施
- 规划新产品、 设备、 生产与销售
- 委员会关注的其他重要问题

青木指出，在积极参与跨职能主题讨论前，董事会成员须认真学习，参与会议能为他们提供绝佳的机会理解质量、成本、进度对于公司的深层意义。通常，董事会成员仅参与公司特定部门或分支部门的工作，视野会很狭窄，而讨论跨职能主题则会开阔他们的眼界。

多摩川大学工程学院的小暮雅夫说，在开展全面质量控制的公司中，如果管理层中有影响力的人物对于全面质量控制还没"开窍"，应派其去领导一个跨职能委员会。他指出，这是一个绝好的全面质量控制教育机会，当他参加了全面质量控制理念的执行行动后，他可能会成为该运动的热情支持者。

案例　小松公司的跨职能管理

在小松公司，跨职能委员会设在全面质量控制委员会之下，分为三个部分：利润（成本）管理、质量保证、数量管理。小松公司将负责质量保证的跨职能委员会的作用定义如下：

（1）从产品企划到销售与服务，该委员会意在改进质量保证系统，从而提高质量保证的水平。

（2）为了实现上述目标，跨职能委员会研究以下事项并向全面质量控制委员会汇报：

  a. 规划公司范围的质量保证

  b. 确定下面的事项：

   i. 系统改进计划

   ii. 系统改进的内容与责任部门

质量保证委员会由主抓质量控制的董事会成员领导，委员会成员由总裁任命。其他委员会的成员则由董事会中负责相应职能的董事担任。但质量委员会同时也包括一两个不直接负责质量控制的董事会成员。根据主题的性质，还会在较低的层级（如工厂）中组织工作组协助委员会。

各跨职能委员会负责改进系统，它们会找到系统中的问题，为改进提建议。例如，委员会发现系统故障是因规则不当造成的。在这种情况下，委员会会向部门提出警示，责令其审查并修改规则。

当利润管理委员会发现利润目标没有实现时，它会研究为什么最初的目标没有实现，并找到能够改进的地方。尽管实现利润目标是各职能部门的工作，但跨职能委员会通过为改进系统提供指导，使直线部门的努力取得事半功倍的效果。

近日，小松质量保证委员会进行的项目是审查当前的质量保证控制点，修改控制点列表。委员会为控制点制定了标准，从而使得：①控制点的效果可以从市场顾客满意和质量的角度得以量化；②用标准去管理各环节上的质量保证。

结果，委员会找到119个控制点。然后，以重要程度、确认问题和获取数据的难易程度为依据，将控制点压缩至41个。另外，委员会决定，所有的业务单位每半年进行一次抽查，并采取具体的预防措施。抽查的结果要汇报给委员会，抽查结果中最重要的16个事项应汇报给董事会。

这些措施的结果是，管理层可以很容易地掌握当前的问题从而采取质量保证措施。更重要的是，公司中的每个人——上至高层管理者下至一线员工在质量保证问题上达成了共识。

在小松公司，工厂规划与协调办公室负责本工厂的跨职能协调工作，该办公室的主管是工厂的二把手。向他汇报的三个人分别是负责质量控制、成本、进度的经理。

当质量控制委员会提出一项重要的质量议题后，总部的质量控制经理会将该信息传达给工厂规划与协调办公室，规划与协调经理有权通过向他汇报的质量控制经理立即做出行动。这样，工厂质量保证经理就不会在与其他经理交涉时受到职位级别瓶颈的限制。

工厂经理每个月都会就质量控制、成本、进度问题主持召开长达一天的会议。所有的管理者要出席全部的会议，回顾他们在跨职能活动中取得了哪些进展。

图5-7 表示的是公司全面质量控制活动的组织架构图。总裁担任全面质量控制委员会主席，执行董事会的其他成员自动成为委员会委员。每月举行的全面质量控制委员会例会以制度形式确立下来。全面质量控制委员会基于年度政策建立年度活动计划，检查每个部门的进展水平，制定审计进度表。委员会之间还会互相监督。

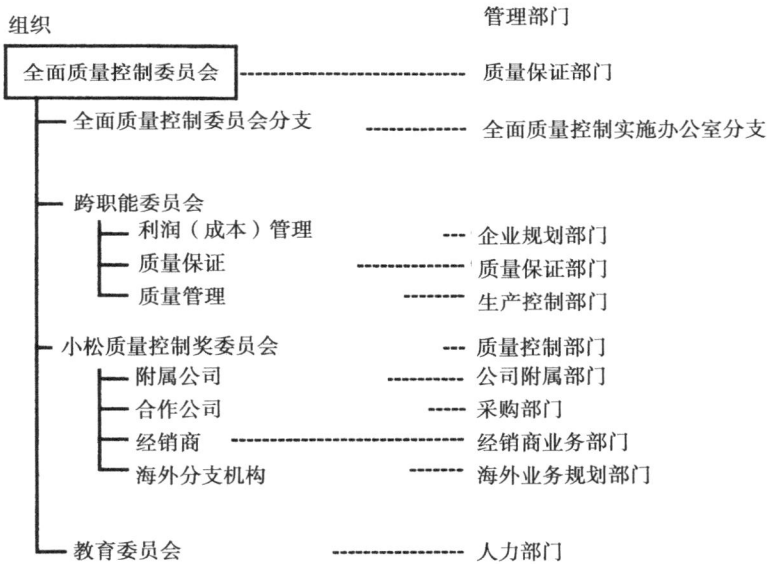

组织　　　　　　　　　　　　　　　　管理部门

全面质量控制委员会 ------------------------ 质量保证部门
　├ 全面质量控制委员会分支　　------------ 全面质量控制实施办公室分支
　│
　├ 跨职能委员会
　│　├ 利润（成本）管理　　--- 企业规划部门
　│　├ 质量保证　　------------ 质量保证部门
　│　└ 质量管理　　------------ 生产控制部门
　├ 小松质量控制奖委员会　　--- 质量控制部门
　│　├ 附属公司　　---------- 公司附属部门
　│　├ 合作公司　　----- 采购部门
　│　├ 经销商 ------------------- 经销商业务部门
　│　└ 海外分支机构　　------ 海外业务规划部门
　│
　└ 教育委员会　　------------ 人力部门

图5-7　小松公司全面质量控制活动的组织架构

政策部署

政策部署是指在公司上下将改善政策内化的过程。如前所述，在日本"政策"一词既指年度也指中长期目标和方向。

企业的中长期目标是年度盈利目标和改善的基础。在高层管理者开会制定年度目标之前几个月，高层管理者与企业部门管理者、部门与分支部门经理间已进行了初步的纵向咨询和协调。信息在多方人员间来回涌动，直至将细节敲定。不用说，在制定新目标时，上一年业绩与测量指标自然也会被考虑在内，这两者也是评估改进的指标。

订立每一年的新目标和措施以前，还需要考虑每个业务单位当前存在的问题。在新目标诞生前，依据当前存在的问题，对完成前一年目标的圆满程度进行评估。

高层管理者确定年度目标后，需要将这些目标在下面的层级中"部署"。高层管理者陈述的概要目标，会在向下部署的过程中变得越来越具体。如果高层管理政策（目标）不能由低层级经理付诸实践，那么这些目标将毫无用处。高层管理者巧妙制定的政策再漂亮，也不过是一座空中楼阁。

政策部署的一个重要方面是设定优先级。优先级是帕累托图（这是质量控制小组常用的工具）的一部分，这一概念还会应用到目标部署中去。

由于可以动员的资源有限，因此设立优先级极为必要。一旦目标设定完成，就会有越来越具体、越来越清晰的措施和行动计划部署到低层级管理中去。

典型的政策陈述，在不同的管理层级中也不尽相同（见表5-3）。

表5-3　不同管理层级的政策陈述

管理层级	政策陈述
高层管理者	为改变提供通用的指导（定性）
部门管理者	办公室高层管理者的陈述（定量）
中层管理者	具体的目标（定性）
监工	具体的行动（定量）

随着目标向下部署，高层管理者的通用性陈述会在部署的过程中变得越来越具体，成为行动化的目标，最终会变成精准的量化价值。于是，高层管理者的支持在下面的等级中实现了内化。

政策部署需要下面几个前提：

（1）在实现预定目标、改进过程（改善）的工作中，应明确把握每位管理者的角色。

（2）不同层级上的管理者应明确把握实现目标所需要的控制点和检查点。

（3）在公司建立起完备的常规管理（维护）系统。

多数日本企业的管理政策分为改善（跨职能）政策与部门（职能）政策两类，但日本制钢所的管理政策分为以下三类：

- 产品政策：目标是对产品实施策略性部署，适用于改善大宗产品的质量、成本和交货以及新产品的开发。
- 改善（跨职能）政策：目标是改善企业文化，适用于质量保证、成本削减、满足供货目标、商家管理等跨职能任务。
- 职能（部门）政策：基于产品政策和改善政策，规定每个部门应该做什么、实现什么，职能政策与财务目标紧密挂钩。

为了说明政策部署的必要性，让我们来看下面的案例：某航空公司总裁声明，他信仰安全，他的企业目标是在公司范围确保安全。这一声明会在公司季度报告和广告宣传中鲜明地反映出来。我们进一步假设部门经理也坚定地信仰安全，餐饮经理说他信仰安全，飞行员也说他信仰安全。公司中的每个人都能在行动中践行安全理念，果真如此吗？还是仅仅是所有人都在用嘴巴来落实安全理念？

换种方式，如果总裁声明安全是公司的政策，并与他的部门经理共同制订安全计划，明确每个人的责任，那么所有人就会有一个明确的主题去讨论。这样的安全才能变成人们真正关注的理念。对于负责餐饮工作的经理来说，安全意味着保证食物质量，避免顾客不满意或生病。那么，他如何保证食物质量最好呢？他如何保证空中的食品质量不发生变质？飞机在空中飞行时，谁来检查冰箱温度，谁来检查烤箱情况？

只有当质量政策被转化成具体的行动，为每个员工的工作设定具体的控制点和检查点后，才能说质量政策真正实现了部署。政策部署需要每个人将政策落实到自己的责任中，需要每个人制定标准，用标准检验落实政策的成效。

这一点可以用目的/手段图（见图 5-8）来解释。对于市场管理者来说，政策是目的。同时，目的需要具体的手段去实现。这里的手段对于下一层级的经理来说，会变成目的，他还会反过来为实现目的开发手段。对于每个管理层级来说，目的和手段都不相同，对于一个人来说的手段到了

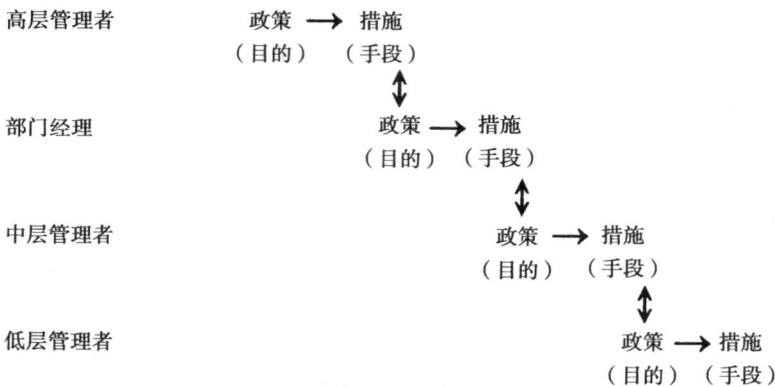

图 5-8　政策部署的目的/手段图

另一个人那里会变成目的。

控制点与检查点

政策部署的理念在统计质量控制中也有对应的部分。由于统计质量控制活动的核心是运用控制图，因此在此不妨试着借助控制图定义管理者的角色。

第一个理念是可管控的边限。石川馨在《质量控制导论》一书中指出：

绘制控制图的目的是基于统计点的运动状态确定生产过程中发生了哪些变化。因此，为了有效使用控制图，我们须明确"异常"的标准是什么。在控制生产过程时，这意味着：

（1）所有的点都在管控边限范围内。

（2）成组出现的点不会形成某种特定的样式。

因此，如果某一个或某一些点超过管控边限，或者即使统计点仍在管控边限内，但出现了某种特定样式，我们便能判断出现了异常情况。

当统计点超出某一特定边界时，我们必须找到造成异常的因素并予以改正，从而使相同的问题不再重现（见图5-9）。换言之，控制图的作用是检查结果，找到导致异常的原因，想出办法消除这些原因。在统计质量控制中，我们通过使用控制图从结果出发回到问题的源头，纠正或根除造成问题的因素。

推而广之，控制点和检查点也可用在管理中。多摩川大学工程系四时赤尾教授用下面的例子解释了如何将控制点与检查点应用在管理中。在对石油进行热处理时，维持指定温度对保持金属在后续处理中的性质至关重

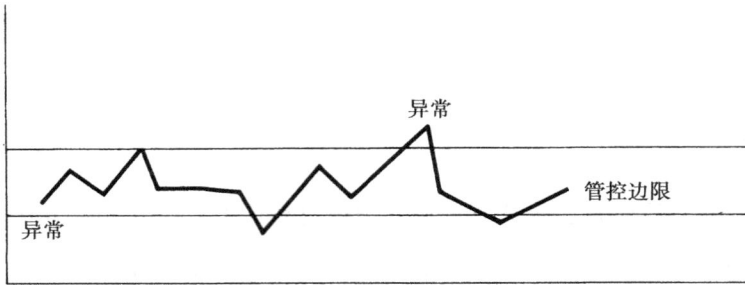

图 5-9　使用控制图检测异常

要。这意味着必须检查油温，看其是否在规定的范围内。有几个因素会影响到油温，包括油量、从燃烧喷嘴出来的气流。如果我们假定热处理车间工长的工作是控制油的温度水平，油量和气流是影响气温的两个主要因素，且后两种工作由其他工人负责，则工长只需要检查油量和气流，就能知道工作是否正确完成。

　　从工长的角度看，温度水平就是他的控制点。控制点是他借以检查结果的依据。他查看控制图，上面会显示温度水平的波动。他检查结果，看生产过程所需要环境是否得到保证。为了实现这一点，他必须管理他下属的活动。油量与气温是工长的检查点，他利用这些因素检查最后的效果。换言之，他用数据管理控制点，由下属控制检查点。例如，他可以从控制图中看到温度水平。当发现异常时，他可以调整检查点，如让下属拧紧燃烧喷嘴，做出纠正性动作。工长务必时常查看检查点，以便维持控制点。

　　说到这里，读者可能会发现，控制点其实是 R 型标准，而检查点则代表着一种 P 型标准（见图 5-10）。

　　同样的理念也可以扩展到管理者的角色中。每个管理者在工作中都有自己的控制点（R 型标准）和检查点（P 型标准）。在更高级的管理层面上，控制点是政策目标，检查点则代表政策措施。当这些具体的控制点和

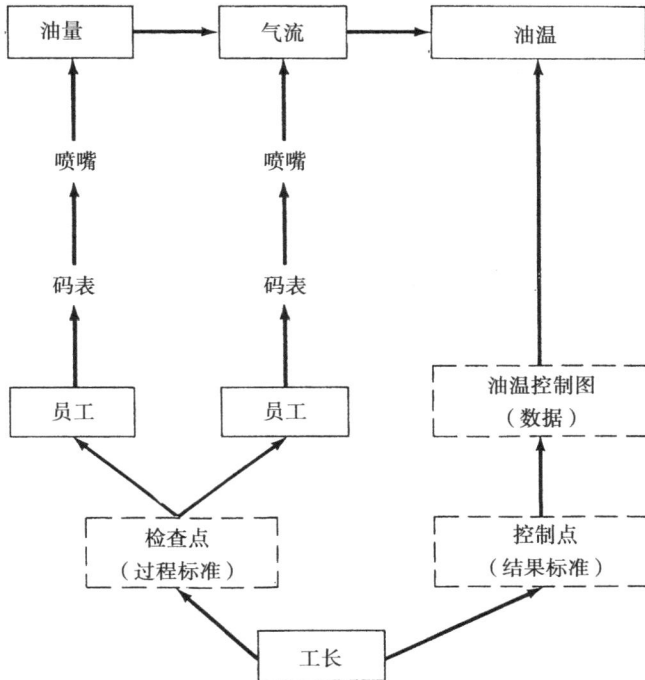

图 5-10　控制点与检查点

检查点在上司和下属之间建立起来时，也就建立起了一系列目标和措施，从而将各个层级的管理者关联起来。

全面质量控制将控制点和检查点精确地应用到了政策部署中。在一个高效运行的系统中，每位管理者准确把握 R 型标准（控制点）和 P 型标准（检查点）是什么，准确理解自己的检查点以及下属的控制点，这至关重要。

每个目标都要通过措施来实现。没有这些措施，管理者便只能对下属说"我相信你能做到最好！"或"干得再努力些！"当管理者和下属为了实现目标制定出具体的措施后，管理者的领导方向会变得更加明确，而非大而化之地只说些"尽全力""再努力"之类的套话。

在这里，"目标"指控制点，"措施"指检查点。目标是结果导向的，措施则是过程导向的。在政策部署的过程中，每位管理者都会填写政策部署表格，详细写出目标和措施。他会与上司和下属共同讨论此表。典型的政策部署表格包括以下信息点：

高层管理的长远政策和策略

高层管理的年度政策

上年度的部门政策

上年度政策部署的成功程度

本年度的政策（目标）

本年度的措施

主要活动

以数字表述的主要控制点与检查点

进度安排

在西方，做计划常被看成管理者工作职责不可或缺的一部分。如果管理者不善计划，他就做不对自己的工作。同时，如果下属参加计划阶段，他可能会被看成是侵犯上级的地盘。

总部管理者常常会保存所有经理提交的政策部署表格。部门经理常常在桌上放上一张矩阵表，上面标明下属应执行的各项活动，这些活动在政策部署过程中已得到了人们的认可。有时候，主要的高层管理者可能会将他们正在做的事情与高层管理政策用同一序列号关联起来。

由于高层管理政策直接影响每位经理应做之事，因此，高层管理者要最大限度地将信息传达给所有的经理，这需要通过政策部署到达下一层级。

政策审计

我们已经了解到，政策部署是在目标（控制点或 R 型标准）、措施（检查点）之间的部署，从高层管理者出发，向下延伸到车间中的监工和工人。当部署的网络将结果导向及过程导向的管理全部覆盖时，政策部署为不同层级上的经理提供了有意义的讨论机会，使每位经理都能清楚地把握需要达成的目标，并为其负起责任。不论什么时候发生异常情况（偏移预定目标），原因会在政策审计中找到，并采取矫正性措施。

由于"审计"含有"监视"的意味，一些人更愿意使用"政策诊断"一词。最出名的全面质量控制审计要数戴明奖了。除此之外，日本各个管理层级都有全面质量控制审计，上自高层管理者审计，下至部门经理审计，审计无处不在。这些审计的目的是检查部署在不同管理层级上的政策（或目标）是否得到了妥善执行。

施行审计或诊断不是为了批判结果，而是要指出导致某结果的过程，继而帮助人们认识到工作中的不足。换言之，审计的目的是找到"什么不对"，而不是"谁不对"。

每年，公司总裁会对所有大的部门进行一次或二次审计。走访工厂时，总裁一般会在上午与工厂经理一起检阅实施跨职能政策所取得的进展。下午，他会走访车间，好像很随意地与工长、监工、工人交谈，以此检查他们是否真正理解与自己工作有关的全面质量控制。通常情况是，他会要求查看与全面质量控制有关的核心报告和图表。

无论好坏，所有的偏移都会得到人们同样热情的追逐，并通过审计过程研究出原因。如果是不利的偏移，例如未达到生产标准、故障部件比预期多，管理者会想尽办法找到根源，这好理解。然而，如果生产超过目标或销售数字远远好于预期，管理者也要努力找到这类惊喜的原因，因为在全面质量控制的思维方式里，惊喜也是一种偏移。在这种情况下，为偏移找原因的目的不是为了采取矫正性措施，而是要了解好的偏移的原因，将其应用在今后的操作中。

案例　小松公司的政策部署与审计

在小松公司（工业机车和施工机器生产商），每个人都会在年初收到一个口袋大小的笔记本。这个笔记的首页写有当年的总裁政策。其中，1983 年的总裁政策是：小松公司应发展整体实力，运用最新的生产技术和行业知识生产出具有成本竞争力、功能独特的产品。

该政策接下来强调，如果小松规划、发展新产品的整体实力增强了，还必须通过销售部门确认顾客需求，通过研发努力将新创意孵化并发展出来。销售、研发、设计、生产部门务必提高专业技能，使制造施工机器的工艺提升到一个新水平，为新产品进入市场做准备，发展合格人力资源，从而为新产品的发展支撑起一个强有力的体系。

笔记本的第二页留给部门经理添加政策。在工厂里，举例来说，工厂经理会向员工分发背面是不干胶的活页，员工可以将其贴到第二页的空白处。在政策中，工厂经理会将总裁政策拆分成十几个具体的目标留给员工去完成。总裁政策中指出的建设新产品开发系统的要求，会被"翻译"成具体的子目标，如在开发新产品时将成本项目精确细分，为绘图和设计引进新的生产技术，在开发新产品时更多地留意顾客需求等。

笔记本的第三页仍然是空白页，只在页眉上写有"分支部门经理政策"。这里，分支部门经理的政策会进一步部署到每个分支部门层次中，阐述得更加具体。每个分支部门都会设立具体的任务，与工厂经理要实现的"更加细化的新产品成本分类"相呼应。

例如，在采购部，要实现工厂经理的政策，即为新产品开发精确细分成本，需要采取的措施包括：①建立 VT（价值目标），用于设想和设计新产品，并向分包公司展示该价值目标；②确认并使用分包商开发出的技术；③与分包商一起研究，分析 VT 和生产力。每个分支部门发明自己的具体措施，实现工厂经理政策中陈述的目标。

笔记本的第四页留给员工，用来记录监工的政策。这类政策是在员工与监工的单独咨询过程中产生的。

这样，高层管理者首先将政策传给部门经理，然后传给中下层经理。沿着这条路线，政策会变成非常具体的措施。措施通过组织内的等级阶梯得到系统的阐述。系统能使各层级经理快速确定为完成目标需要做哪些事情，与他订立的政策相呼应。

案例　小林高丝公司的政策部署与审计

在小林高丝公司（化妆品制造商），工厂经理的政策分为以下四类：

- 质量保证
- 数量与交货
- 成本削减
- 培训与教育

　　每个项目进一步拆分为具体的事项，以质量保证为例：①改进生产过程；②改进供货质量；③提高可靠性；④为质量保证改进检测程序。

　　9 月，每个分支部门都会制订下一年的基本计划。在 11 月之前，工厂经理统筹部门的计划，制定工厂总体政策，提交给高层管理者。已经制定出来的高层管理者的政策，会与工厂管理政策相协调，从而形成最终的政策。各部门的具体措施为部门工作提供指导方针。

　　为审计小林高丝的政策部署与实施情况，各层级的政策还会被放到矩阵的纵轴上。矩阵的横轴上会列出措施标准，如顾客投诉数量、供货短缺以及人均生产力。

　　小林高丝的每个经理或监工的口袋里都有一个记录表，题为"我的标准索引"。例如，一位女监工有十几位生产线员工向她汇报，她的记录表上包括的标准有：残次部件产出率、缺勤率、生产线生产指标、员工的建议数量等。

　　尽管不如戴明奖审计知名，严格开展全面质量控制的日本公司已将政策部署与内部审计视作全面质量控制活动密不可分的一部分。

　　一般来说，审计的起点是高级管理者审计。总裁或其他总监走访各个部门，用一整天的时间会见工厂管理者，讨论工厂层级上的政策取得哪些进展。顶尖大学的专家也会应邀参加审计。总裁还会用部分时间听取某一工厂各项改善活动的报告。工厂经理审计在两年一次的总裁审计之后进行。各组织层级会反复审计，评估有关政策、措施、控制点的业绩。

　　一位工厂经理告诉我："审计会议非常犀利，许多经理都不喜欢参加，但最后，我们发现这些会议非常有成效。"审计会议上的经历，会被经理在制订下年度计划时考虑进去。随着他逐渐习惯进行政策部署和审计，他的计划质量也得到了提高；也就是说，他的规划一年比一年贴近现实。正因如此，政策部署与审计被认为是培训人们规划和管理技能的绝好机会。

质量部署

如今，管理者面临这样一个问题：员工对低于标准的产品不以为意。之所以产生这种情况是因为工人生产的部件和元件离成品和顾客很远。松下美国 Quasar 工厂工人马克·巴思曾提出的获奖口号"在购买你自己生产的产品时，你会感到无比自豪吗？"指的就是这种趋势。

有些人经常滥用"计划报废"（planned obsolescence）这一概念，打着AQL（尚可接受的质量水平）的旗号，容忍低劣的质量。更糟糕的是，某些公司的销售人员甚至自贬身价地销售他们自己都知道有缺陷的产品，当产品未销售出去时，他们还会因为"工作不够努力"而受到批评。

最近，我拜访了一位在欧洲某电信设备制造厂工作的质量保证经理，他说他面临的不是 80 年代的问题，而是 70 年代的问题。当问他什么是 70 年代的问题时，他说他的员工花大量时间处理顾客投诉，在生产阶段找寻到问题的原因。由于公司设备的使用年限设计得很长，大多数投诉问题追溯起来都是 70 年代遇到的生产问题。

例如，最常见的问题是规格不符，质量保证人员要找到不符合规格的原因。他们发现车间常随成本变换材料，或随意变更设计规格。更糟的是，设备生产标准和规格说明书还常常丢失。公司里没人知道当前的时代是何形势。费尽心思拼凑出的解决办法往往像迷宫一样费解。

这与许多日本公司的做法形成鲜明的反差。如今，全面质量控制强调的重点是，开发新产品时，在设计和生产阶段打造质量。首先要获得市场信息，确认顾客需求，并将这些调查结果部署到工程设计需求、生产准备、采购等工作中。开发新产品需要许多年时间，可以肯定地说，许多日本公司现在正在解决的不是 70 年代的问题，而是 80 年代后期还有 90 年代的问题。⊖

根据多摩川大学小暮雅夫和赤尾四时的研究，在质量控制中满足顾客需求，有两种实现手段：

传统的方法是找到问题的原因，然后防止问题再次出现……

这种方法叫作分析手段。这种方法在全面质量控制中已根深蒂固，在广泛应用的帕累托图和因果图等工具中体现得很明显。

然而，这些工具在开发新产品时可能不太有效，开发新产品的过程需要其他方法。对于新产品开发来说，需要用一种设计手段找到能够实现特定产品目标的方式。

这种设计手段要求公司从目标开始着手，直到找到实现这些目标的方式。

在开发新产品的过程中出现这样一个问题：设计工程师不理解市场需求，因为工程师和顾客所用的表达语言不同。例如，一位主妇说："我想要一种在炎热的夏季外出时不会融化的面霜。"她用自己的语言表达了她的需求。然而，对于开发一种新产品来说，仅有顾客语言本身并不够，因为必须将其转化成工程师能够理解的技术语言。例如，"一种在日本的夏季不会融化的面霜"在技术领域指的是"面霜特定的熔点"，这可能需要

⊖　本书成书于 20 世纪 80 年代。——译者注

盛装面霜的黏土材料具有某种特定的属性。

　　在文章中，雅夫和四时教授引用了顶力公司对日本国家铁路的"新干线"高速火车车厢连接材料进行质量部署的例子。客户的需求之一就是保护乘客的安全。这会进一步部署到第二级需求如不漏，在隧道处的气压环境下不发生变形，在压力下不会撕裂等。如有必要，二级需求还要进一步部署到第三次需求中。这些需求然后再部署成工程师能够理解的相应特征，如抗张强度、抗撕强度、伸长比、抗皱强度等（见图5-11）。顾客需要的质量特点在矩阵表中部署成对应的技术特征。然后，相应的特征会进一步部署到工程和生产需求中。

　　通过这一过程可以找到各种存在于新产品研发过程中的工程瓶颈。处理这些瓶颈称为"瓶颈工程"（bottleneck engineering）。如果在新产品研发时找到瓶颈，且处理这些瓶颈需要高水平的企业策略，那么管理者会决定是否要为解决这些问题投资，抑或是采取其他变通手段（如放弃产品质量）。

　　质量部署的另一个收益在于它可以改善销售市场人员和设计生产人员的交流。一般来说，尽管销售和市场人员掌握第一手的顾客需求知识，但他们不了解技术语言。工程师关心的是复杂的工程应用，却不理解顾客的需求。于是，产品生产出来后，顾客抱怨大量涌来之时，设计工程师会说："我从来没想过有人会那样使用产品。"

　　如前所述，还有一种情况，即设计工程师根本不在乎公司能否生产出他设计的产品。工程师投入多年时间开发出一种新产品后，到头来却被告知他的新产品生产人员生产不出来。然而，通过使用质量部署表格，工程师可以与销售、市场以及生产人员更好地沟通。设计工程师甚至可以拜访顾客与他们讨论需求问题。同样，采购人员可以与商家实现更好的沟通。如今，日本公司正努力将成本因素、元件因素（component factor）对应的

阶段	编号	首要	编号	二级	编号	三级	重要性	厚度	重量	抗张强度	抗撕强度	伸长比	抗皱强度	防水性
缝合	1	便于缝合	11	易缝易切	111	轻	C		O					
					112	不黏	B							
			12		121	便于使用缝纫机	B							
					122		B							
			13	可以用胶	131	能抵挡有机溶剂	C							
使用	2	保护乘客	21	不渗雨水	211	没洞，没孔	A							O
			22	在隧道气压下不变形	221	密封（无针孔）	A							
			23	在压力下不会被撕破	231	压力下不会撕破	A			O	O		O	
					232	在内部不会捅破	A			O	O	O		
					233	开车或停车震荡时不撕裂	A			O	O	O		

质量要求　　　　对应特征

图 5-11　日本国家铁路质量需求部署图

资料来源：Copyright American Society for Quality Control,Inc.,*Quality Progress Magazine*,October 1983.Reprinted by permission of publisher.

特征部署到质量部署表格中去。有了这些最新的新产品开发工具，日本公司能够比竞争对手用更短的生产周期开发出具有竞争力的产品。

雅夫和四时认为，只有将质量部署工作系统看成是全面质量控制的一部分，它才会发挥效力，质量部署已经成为过去 30 年里全面质量控制最重大的发展成就。据小林高丝公司的全面质量控制规划与协调部门的高洲久志所说，质量部署会产生以下效益：

- 有利于找到顾客投诉的原因，易于迅速采取弥补行动
- 是改进产品质量的有用工具
- 是对产品质量进行竞争性分析的有用工具
- 使质量保持稳定
- 在生产现场减少被拒产品和返工
- 大量减少索赔

质量部署的另一个好处是它能减少开发新产品的时间，有时会节省 1/3 ~ 1/2 的时间。

全面生产维护

尽管全面生产维护（TPM）在日本以外不如全面质量控制出名，但相当多的日本制造公司都在实行全面生产维护，并得到日本设备维护协会（Japan Institute of Plant Maintenance）的大力推广。全面质量控制的主要推力是改进整体质量，全面生产维护针对的则是设备改进。全面生产维护侧重硬件，全面质量控制更倾向软件。对此，日本设备维护协会这样定义："全面生产维护的目标是用一整套预防性维护覆盖设备的全生命周期，将设备有效性最大化。涉及所有部门、所有层次的人员，鼓励人们通过小组

活动和自发活动对工厂进行维护。"

与全面质量控制一样，培训对全面生产维护也很重要，全面生产维护的培训基础内容是机器如何运行、如何在车间内维护机器。

全面质量控制领域有戴明奖和日本质量控制奖，它们专门颁给那些成功引入全面质量控制的公司；同样地，日本设备协会向成功引入全面生产维护的企业颁发 PM（工厂维护）企业工厂奖及其他奖项。

目前，引入全面生产维护的大多数公司是汽车厂商或汽车部件生产商。由于全面质量控制和全面生产维护在整体改进中有着不同的诉求，许多公司会在不同的时间点引进全面质量控制和全面生产维护改进企业业绩。

拥有 660 名员工、800 台机器的托皮工业绫濑工厂是一家生产汽车轮胎的中型工厂，该厂于 1980 年引入全面生产维护。在那之前，管理者努力的方向是改进员工绩效和效益，更合理地分配资源，进行系统改进。然而，管理者意识到如果不解决设备生产效率的问题，将很难进行下一步改进。在经济发展较慢的时代，更好地使用设备和人力与改进系统一样重要。

托皮高层管理者宣布绫濑工厂要在其产能发挥不到 80% 的情况，依然保持了盈利。全面生产维护就是用来实现这一目标的手段。

该工厂中的全面生产维护包括三大部分：①建立系统，使每个人都能亲身参与到自愿组织的工厂维护活动中来，努力消除造成效率低下的四个主要原因（设备失灵、模型故障、工具安装时间、残次品）；②提高维修工人解决问题的技能，进行"零故障"改善活动；③改进如工具、模具、工具安装时间、工具设计、残次品及维修等领域的生产与工程能力。

日本设备维护协会帮绫濑工厂引进了全面生产维护，向 70 名工长和其他领工提供基本的维护技术指南。这些课程包括润滑、如何拧紧螺帽和

螺栓、基本电学知识、水力学知识、气体力学、驱动原理等。每个课程 4
个小时，确保这些人拥有一个坚实的关于维护知识的基础。例如，他们明
白了为什么用过多的油会造成机器过热。这些工长和车间领工回到车间继
续培训工人。

凌濑工厂全面生产维护流程包括 7 个阶段，工人自愿结成小组参加各
个阶段的活动。

步骤 1：内务整理 （每个人都参加 "让工厂洁净" 活动）

步骤 2： 找到问题的原因， 找到难以清洁的地方， 采取必要的应对
措施

步骤 3： 为清洁和上油制定标准

步骤 4： 检查整个系统

步骤 5： 为自发的检查程序设立标准

步骤 6： 使所有物品都摆放有序

步骤 7： 政策部署

绫濑工厂的经理菊池认为清扫、清洁以及其他内务应是所有改进活动
的起点。尽管内务整理看似容易，但这是最大的阻碍。内务整理是消除多
余之物的一种方法，在整洁的机器上更容易发现问题点。例如，当机器表
面清洁时便很容易找到发展中的异常状况，如裂缝。事实上，内务整理被
普遍看作检查故障点的过程。

一旦工人养成了整理和清洁工位的习惯，他们就算形成了纪律。在实
施全面生产维护的最初的几个月里，工厂中的每个人包括经理和工人每两
周周五下午整理和清洁工位。那时候，工厂并没有足能运营，因此工人有
充足的时间在两周一次的周五下午进行一次内务整理。当车间变得越来越
干净、整洁、安全时，工人对自己的设备就更加爱护，他们甚至自愿在暑

假的时候过来做清洁。当工厂忙碌时，许多内务工作不得不在工作时间之后进行，管理者会为此付加班费。

第 2 步，工人在各处寻找故障点，并将其加以区别，分出哪些是自己可以解决的故障、哪些是需要专家关注的故障。以往，所有的故障点都留给维护工人去做。现在，工人接受过培训，自己能够做一些简单的维护工作。正是在这个阶段，工人找到了许多以往没有注意过的润滑点。

在厂内共检查出 240 000 个螺帽和螺栓，拧紧后在螺帽和螺栓上刷出一道白色标识线。如今，每个工人在收工前都要花几分钟时间做内务，他只需要看看白线就能知道螺帽和螺栓是否拧好（就是检查螺栓拧的位置是否恰到好处）。

在 3 年内，他们在机器上找到 9000 个故障点，为绫濑工厂添加了 130 台傻瓜设备。尽管以前也使用了限位开关，但对于限位开关的使用和安全没有一套标准。如今，工厂上下安装了 1467 个经过改进的限位开关。机器故障（指导致生产线停机达到或超过 3 分钟的任何类型的故障）的数量从全面生产维护前的每月 1000 次，减少到每月 200 次。此外，漏油量从每月 16 000 升降低到了每月 3000 升。

可不要说维修工人置身事外，他们发现自己的工作已经变成了设备诊断工作，从事更复杂的维护，还要培训机器操作工人学会做简单的维护工作。

工人为自己整洁干净的工作环境而自豪，士气更高了，他们对自己的机器有了更强烈的依恋感。全面生产维护还带来一项意外的成果，那就是公司的销售人员现在特别愿意把顾客带到工厂，把工厂参观作为一种营销手段。

全面生产维护给托皮带来的好处很明显。在 3 年后的 1983 年（即该公司被授予"生产维护杰出工厂奖"之时），它几乎在各项指标上都取得了改进：

　　劳动力生产率——提高了 32%

　　设备故障数量——下降了 81%

　　工具安装时间——下降了 50%~70%

　　设备运行率——提高了 11%

　　残次品成本——下降了 55%

　　库存周转率——提高了 50%

改善： 问题解决之道

管理中的问题

改善始于问题，更准确地说，始于对已有问题的认知。没有问题的地方就没有改进的潜力。业务中的问题是指会给处于下游的人们（工作在下个环节的人或最终顾客）造成不便的事物。

难就难在人们制造了问题，但这一问题没有直接影响到他。于是，人们总是对由他人造成的问题（或是由问题带来的不便）很敏感，但对于自己造成的问题或给别人造成的不便则不以为意。这样，人们不断地将问题推给别人，而破除这种恶性循环的最好办法是让每个人将问题就地解决，绝不遗留给下一环节。

在日常的管理情境中，人们遇到问题的第一反应是将问题掩盖或忽略掉，而不是直面问题。发生这种情况，是因为问题总归是问题，没人愿意遭指责。然而，换一种积极思维，我们可以将问题转变为一种有价值的改进机会。哪里有问题，哪里就有改进的潜力。因此，任何一项改进的起点都是发现问题。在日本全面质量控制实践者中间有一个说法：问题是开启秘密宝藏之门的钥匙。但是，又有多少人有勇气去承认自己有问题呢？

我仍能清楚地回忆起 20 多年前我的第一次销售拜访经历。在结束为期 5 年的日本生产力中心（美国）的工作后，我开始了管理咨询师的生涯，踌躇满志地拜访潜在客户。

第一个拜访对象是日本露华浓。从露华浓纽约总部的一位执行官那里我了解到东京方面需要一些帮助。于是，当时在咨询这个行当里仍是一名新手的我，鲁莽地闯入了总经理办公室，在自我介绍时，我开门见山地说"对于你们在日本存在的问题……"那位美国经理毫不客气地打断了我："我们在日本没有问题。"访问就此结束。自那以后，我开始变聪明了，再不讨论客户的"问题"，而是讨论"能带来改进的机会"。

人的本性决定他不想承认自己有问题，因为承认一个问题就意味着承认失败和弱点。通常情况下，美国经理就怕别人认为问题的部分原因出在他那里。然而，一旦他意识到他存在问题（毕竟人非圣贤），他的第一步应该是承认问题并"分享"问题。与比自己资深的人共同解决问题特别重要，因为他一个人通常没有资源独立解决问题，他需要公司的支持。

最坏的情形是忽略或掩盖问题。在工人发现机器发生故障时，如果害怕老板冲他发火，他就可能继续生产故障部件，希望没人发现。然而，如果这个工人足够勇敢，如果他的老板多些鼓励和支持，他们也许就能找到并解决问题。

日本全面质量控制活动中一个非常流行的词是"准缺陷"（warusa-kagen），指那些算不上是问题，但也不十分正确的事情；这种情况若置之不管，将发展成严重的问题，并造成巨大的损失。准缺陷是改进活动的起点。在车间中，通常是工人而不是监工最先发现缺陷。

在全面质量控制的理念中，务必要鼓励工人找到并向老板报告这类准缺陷，老板应当欢迎这类汇报。不要责怪带来坏消息的人，管理者应该为能在问题初露端倪的时候找到问题而高兴，应当接纳改进的机会。然而，现实中，许多机会都因工人或管理者都不喜欢问题而白白流失。

"准缺陷"的另一点是务必要用定量而非定性的术语去表述问题。许多人不喜欢做量化，但只有以客观数字的方式分析问题时，我们才能以某种更现实的方式解决问题。

在培训工人留意"准缺陷"后，他们会对车间内正在发生的微小异常情况变得格外关注。东海理化工厂（Tokai Rika Plant）的工人在一年内就报告了534起这类细小异常，有些异常情况如果不能引起管理者的注意，将会导致严重的后果。

这种解决问题的手段的另一层含义是，管理层中的大部分问题都发生在跨职能领域中。在同一家公司中工作多年并希望继续工作下去的优秀经理，能培养出一种对于跨职能情境的敏锐洞察力（提拔到重要管理职位的一个基础依据就是考察经理对于员工提出的跨职能需求的敏感性如何）。与其他部门进行信息反馈和协同是经理日常工作的一部分。

然而，在许多西方公司中，跨职能问题常被当成矛盾，要从解决冲突的角度而非解决问题的角度去处理。由于缺乏解决跨职能问题的预定标准，加上人们常常严密戒备捍卫自己的专业领地，使得解决跨职能问题难上加难。

改善活动与劳资关系

也许是时候讨论下在改进问题上西方工会一贯以来扮演怎样的角色了。

如果我们不怀偏见地看下工会在以保护成员权益的名义下都做了些什么，我们会发现他们顽固地反对改变，常常会"成功"地剥夺工人自我实现和自我提升的机会。

通过抵制车间内的变革，工会剥夺了工人使用更好的流程和更好的机器更好、更有效率地工作的机会。工人应该欢迎新技能和机会，因为这些经验会打开新的视野，带来新的人生挑战。然而，在经理建议进行一些改变时，如给工人指派不同的工作，工会会反对，认为这将导致剥削，会侵犯工会的权益。

固守某一特定工作的技术传统使工会会员局限在碎片性的工作中，丧失了学习和接受与自己工作有关的新技能的机会。人类理应迎接挑战，在其中得到成长。这种消极态度的根源是工会担心改进会使工会会员数量减少，或使工人就业机会减少。

1982 年 5 月，时任松下通信工业董事经理的唐津一在华盛顿发表演讲，解释全面质量控制实践缘何能在日本取得成功。演讲之后，有人向他提问：是否认为日本和美国的文化差异使全面质量控制只能在日本而不是在美国取得成功。唐津一这样回答他：

在来华盛顿前，我途经芝加哥参加消费电子展览会，会上有许多松下产品展出。装在板条箱中的产品到达后，由木匠工会的工人去掉货箱上的钉子。然而，仅仅去掉钉子不足以拆开整个木头框架，因为上面还有螺帽和螺栓。来自木匠工会的人说拆除螺帽和螺栓不是他的工作，他才不会做。最后，框子是拆除了，但剩下的工作又停顿了下来，因为需要由其他工会的工人来完成。后来，我们得知从日本订购的宣传册已经到达，我们想过去看看，但没有一个合适的工会来拆开包装。我们等了两个小时，还是没人出现。最后，运送包裹的卡车司机放弃了，拉着宣传册返回了。

看起来，似乎是一种文化特色导致他们不可能在合作中完成工作，但我从来没听说一垒手和二垒手工会会讨论击球员击中之后由谁去接球。谁行谁做，整个团体都会受益。在日本的公司，人们会像棒球队那样完成团队工作。

1965 年，日本最大的百货之一伊势丹百货（拥有 6000 名员工），开始在全体员工中实行 5 天工作制。同时，劳资双方同意休假中的一天用于休息，另一天用于自我提升。公司总裁和工会主席联合发表了伊势丹人力资源发展政策。上面写道：

伊势丹劳资双方在此宣布，在同一工作间内，我们将携手在日常生活中尽全力发展我们的自然人格和能力，创建一个有利于发展的环境。

这个联合声明的哲学根基是：①个人发展、个人在工作中发挥技能对公司和个人都有利；②人们不断地寻求自我提升，机会平等的真正意义是为成长提供机会。

"偷"别人的工作

希望改进自己工作的人们应该积极留意上游流程，因为上游提供材料或半成品；还应该对下游负责，将下游当成自己的顾客，尽一切努力将好的材料或产品传递下去。

俗语有言："一个好汉三个帮。"这句话形容个人工作与同事工作间的关系正合适：如果一位工人有志于改善自己的工作，那么他的工友也务必要参与进来。

任何涉及一名以上工人的工作注定有一块灰色区域的工作内容不属于任何个人，这种灰色区域务必要由就近的人来完成。如果工人都死守自己的工作规定，拒绝任何超出所谓"工作范围"的工作的话，则实现改善的可能性就很小了。

　　人们发现，日本工人很乐意处理这类灰色区域上的工作。由于终生雇用体制，日本的蓝领工人不会因为其他人做自己的工作而感到危机，因为那既不会影响他的收入，也不会威胁到他的岗位。出于某种原因，他还很乐意将自己从工作中学到的技术教给其他工人。一代代工人间顺畅的技术传承使日本工业技术劳动力的基础十分稳固。

　　如果工作描述和工作手册规定好了每个动作，工人从事"灰色区域"活动的灵活性就会很小。应该培训工人使其在严格遵照已有标准的同时，能够在这些灰色区域里灵活地工作。如果同一车间存在多个工会组织还会进一步降低灵活性，因为过深进入灰色区域很容易被解释为"偷了别人的工作"。但在日本，这种现象不会被理解为"偷"，而是为改善做出积极的、人性化的贡献，被看成是个人的一种优点。

　　"保住工作的唯一办法就是不要将你的技能教授给他人"，这是一种不符合人性的逻辑。我们必须创造一种环境使改善成为每个人的事情、每个人的关注点。

案例　共同的改善承诺：新联合汽车制造公司的故事

　　在工厂中从事改善活动的途径有很多。最重要也是最常见的方法是让工人改进工作方式，使生产力更高、更有效率、更安全。这常常导致工作节奏发生变化。

　　第二种方法是改进设备，比如安装傻瓜设备，改进机器摆放布局。第三种方法是对系统和流程进行改进，第四种方法则是前三者的结合。在管理者开始考虑进行创新之前，所有这些方法都应穷尽。

　　在第一阶段要做的一件事情是审查当前的工作标准，查看是否还有改进效能的空间，然后将标准升级。这是工人改善的起点。

　　然而，一般说来，西方工会对改变工人工作方法这类事情非常敏感，因为他们担心任何变化都可能导致工作难度加大和剥削。结果，西方有组织的劳工常对改进工作标准显示出巨大的不情愿。

　　丰田与通用汽车在加利福尼亚弗里蒙特工厂的合资企业 NUMMI（新联合汽车制造公司）在这方面的事迹值得借鉴。在新联合汽车制造公司工厂，UAW（联合汽车工人组织）经谈判达成协定，同意工人参加改善。（管理者和工会不但认同改善这一理念，还在合同中用日语中的原词 KAIZEN 指代"改善"，因为他们觉得"改进"不足以准确表达这个理念。）

　　工作标准化是丰田生产方式的支柱之一。丰田定义：标准化的工作是工人、机器、材料最优化的结合。标准化工作存在的意义是，它是保证质量、成本、数量的最佳方式。标准化的工作也被看成是最安全的工作方式。

　　丰田标准化工作有三大构成要素：周期、工作顺序、过程中的物件数量。如果工人不能做到标准化的工作，工长的职责就是帮他改进。一旦工人达到了工作标准，下一步工作就是改善工作标准本身。改善的挑战是永恒的。

　　在丰田，工长通过让工人参与改善实现他的上述职能。因此说，丰田的改善就是指先改进工人的绩效使其能够按标准完成工作，然后让工人参与进来，一起努力提高标准。

　　NUMMI 的故事表明工会既接受了管理层在改善中的作用，也接纳了工人参加改善，这将使工作标准得到提高。实际上，NUMMI 工厂中的每位工人都在谈论改善。为了实现改善，西方劳资双方第一次在工作间携手共同努力。还要指出的是，NUMMI 管理层向工会做出承诺，他们将尽全力保障在车间内进行的改善活动不会减少劳动力的数量。

NUMMI 工厂中的许多工人都曾受雇于通用弗里蒙特工厂，该工厂因缺乏竞争力关闭。这些工人很清楚他们必须生产出优质汽车才能保住饭碗。如果标准化的工作和改善能使工厂生产出高质量的汽车，那么他们将很乐于参加改善。

多工种任务是这家工厂的另一项发明。劳资双方同意不将工作划分太多的类别，而是建立为数不多的工种，鼓励工人从事多类型的工作。

从 NUMMI 的故事中我们可以学到一个道理：要想使改善获得成功，得到劳工组织的认可至关重要。从劳资关系的视角审视改善，将会打开新的局面。

公司中的许多活动都会陷于合作和对抗这两个极端之间——合作指一起努力将蛋糕做大，对抗指相互斗争将蛋糕瓜分。劳资双方从来就没有绝对的对抗，将劳资关系看成是一种合作/对抗的连续谱要比传统的"我们—他们"这样的对立原型更为积极、现实。

对于工人来说，公司越有竞争力越赚钱，就越符合工人的最大利益，因为这将使工人得到更高工资的机会增加，使他们的工作更安全。正是因为改善活动的目的是改进质量、成本、进度等跨职能领域，而这些领域的改进将会使蛋糕做大，所以，工人乐于推进改善就变得顺理成章了。

如果仅这样，倒也不错。但如果改善带来的改进对收入和工作安全产生的是负面影响呢，比如，使人们失去了工作？图 6-1 从收入和工作安全两方面考察改善，并将工人的反应按积极和消极两种态度在图中体现出来。

工人的反应是：	收入潜力	工作潜力	工作分配
	积极的	如果管理是灵活的，则工人的反应是积极的	如果工作是灵活的，则工人的反应是积极的
		如果管理不灵活，则工人的反应是消极的	如果工作不灵活，则工人的反应是消极的
		⬆ 需要管理层的主动性	⬆ 需要员工的主动性

图 6-1　工人对实施改善的反应

"我们想要更多"一直以来都是劳工组织的战斗口号，但重要的是劳资双方都应当认识到"更多"不单单指现有蛋糕中的较大一份，更应当指更大块蛋糕中的一大块。尽管比例变小了，但 120 的 55% 要比 100 的 60% 要多。

工资必须从工作安全的角度来衡量，工人的关注可以分为"工作潜力"与"工作分配"，其中，工作潜力会对现有工作总量产生潜在影响，而工作分配则指在工作潜力范围内对劳动力工作的实际分配。

图 6-1 表示尽管劳工组织有理由从收入潜力的视角对改善持积极态度，但如果最终的改进导致工作潜力减少，则他们将不会完全接受改善。在分配问题上，工人必须准备好接受培训，这是由改善造成的人力分配变化所导致的必然结果。

从表面上看来，大规模的创新没有那么复杂，因为创新的决策通常由管理层制定，鲜有工人参与。尽管工人参与不多，但如果一项创新给收入或工资带来负面影响，它将成为工人关注的焦点。微电子学就是一个例子，可以很容易地看到工人对这个领域很关注。

因此，在引入改善之前劳资双方共同的承诺（如 NUMMI 工厂）至关重要。管理者满足工人对于工作潜力的需求，工人接受工作分配和自律，这两方面同样重要。在一些问题上，如不同工种间的划分、各工种工人的地位等问题，劳资双方只有通过改善使合作面变宽更丰富时，才会存在所谓的工作安全。在有很多工会组织参与的地方，他们务必一起努力使所有工人得到最佳利益，而不应该仅考虑自己的会员。形成工会组织的目的是保卫工人的利益，如果以工人的利益为代价争夺势力范围，则将是莫大的讽刺。

改善活动会造成工作冗余吗？一般来说，不会的。即使产生了冗余，改善项目也会安排多余的工人参加其他工作，为工人带来学习新技能的机会。第 4 章在介绍建议系统时提到，在日本为改进提建议涉及的领域包括：个人的工作、能源和其他资源保护、工作环境、机器与过程、模具与工具、办公室工作程序、产品质量、新产品创意、顾客服务、顾客关系。在这些活动中很少会产生冗余。

管理者在生产效率提高后仍保留相同数量的工人，因为公司可能还会加大生产规模。此外，一专多能的工人越多，他们就越有可能看到改善之外的机会。

只有管理者成功地打造出拥有改善意识的劳动者时，企业才能应对准时制生产以及在同一生产线上组装不同型号产品的挑战。日本车间成功引进了改善，管理层不断地努力赢得员工支持，正如在自愿参与改善的生产力运动与小组活动中取得的成绩一样，企业获得了劳工富于建设性的积极响应。

劳资双方： 敌人还是盟友

近日，我与一位刚从欧洲回来的日本商人谈话，他在欧洲一家拥有50 名本地员工的日本分公司任董事经理。作为一名典型的日本执行官，他在员工的桌旁与他们闲聊，谈谈家人和爱好。他的办公室是"开放"

的，员工在工作期间随时都可以看到他。在商议工资时，他花时间解释大的经济环境与市场的竞争情况，帮助员工理解并接受他们新的工资水平。

而他的欧洲继任者上任后做的第一件事就是要求那些想约见他的员工通过秘书做预约。决定涨工资后，新的经理仅仅在公告板上张贴一个通知。此外，他还炒了几名多余的员工。

世界变得越来越小，越来越多来自不同国家、种族、文化背景的人们走到一起工作，人们越来越渴望"跨文化的理解和沟通"。然而，深入考察公司内部，你会发现反倒是经理阶级最需要学习这些沟通技巧。许多经理看起来并不知道如何与工人说话。语言相同也保证不了有效的沟通。事实上，经理把工人看成是来自完全不同的文化背景的人可能反倒会更好，因为毕竟工人阶层的价值观与渴望和管理层不同，我们不应被他们说同一种语言这个表象所迷惑。

西方的经理不理解或者说不想理解工人的渴望，因为劳资双方在精神和心理上存在隔阂。如果工人与管理者所说语言不同则会使问题更加恶化。在这种情形下，管理者需要发展跨文化技能，提高与同胞沟通的技能。

当一个人与不了解的国家中的人会面时，该怎么做？可行的做法是做出一些友好的手势（向对方保证自己没有敌意），多留意对方行为举止上的细节，耐心地等待，直到理解对方的动作。

然而，典型的西方管理者的行为却是每个人类学家的噩梦。他的行为与一个想要与陌生人建立友好关系的人所做的一切背道而驰。因为经理视车间为敌对的所在，他的办公室则是一个防范严密的堡垒、豪华的哨站，将自己牢牢地封闭起来，隔绝与外界的一切沟通。如果说有沟通，那最多也是单向的。经理觉得他在自己与工人之间建立起的城墙能保护自己。他常常在没有特权的工人面前炫耀自己的地位和权力。

近日，我听说欧洲的一家工厂里蓝领工人穿蓝衬衫，技术人员穿黄衬衫，白领工人和经理穿白衬衫。西方的蓝领工人与白领工人吃饭的餐厅也是分开的。有人告诉我苏联外贸部有四家不同的餐厅，为四个不同的等级官僚服务。很显然，将人分为三六九等的做法不是西方资本主义的特有现象。

从衬衫分颜色到去不同餐厅吃饭，不断地提醒工人他们是异类。但是，今天的管理者还在高谈"个人成就""工作环境质量"这样的理想！在日本，所有人穿同样的制服、所有人都在同一家餐厅里就餐很普遍。

在有些地方，监工的绩效以其对工人的惩罚数量来衡量，多多益善。这种关系，距离在不同群体之间建立跨文化的沟通和理解这样的目标差得太远了。

日本的优势之一是社会具有同源性，工人能动性高。然而，这并不意味着日本管理者就用不着去发展沟通技能。日本国家铁路就是一个例证，那里的管理者没能与工人建立起良好关系，结果是劳资双方产生很深的敌意。例如，在某些季度里缺勤率会高达 40%。在大多数日本公司中，管理者成功地担当了支持性的角色，在构建双向的沟通中发挥了积极的作用。

劳资双方都必须改变自己的行为方式才能改善劳资关系。例如，管理层应该发展出一种更为开放和支持的做事方式。尽管改变不易产生效果，但仍有可能通过引入项目使双方被迫一起工作并相互学习。

除用以鼓励工人参与的质量控制小组和其他小组活动外，日本公司还发明了许多其他不同的项目来改进与工人及其家属的沟通。下面就是一些例子：

- 带领工人家属参观工厂

- 向家庭公开公司活动

- 给工人授予公司徽章

- 对表现优异、长期服务、安全维护等进行嘉奖

- 部门竞赛

- 新员工欢迎会

- 参观公司的其他工厂

- 公司公告板与工厂报纸

- 最新新闻广播

- 在工资袋中添加总裁的留言

- 户外活动

- 厂内"吉尼斯纪录"

- 高层管理者例会

　　如果不能有意识地在各个方面付出努力去抚平公司内的差异，则各阶层间的敌意终将毒化公司的风气，终结理智的计划。经理要做的第一件事是学习与员工沟通，从而使员工和公司实现共同的目标。

小组活动：沟通劳资关系的桥梁

　　每年都有500名日本公司的"初级领袖"参加为期16天的研讨会/巡讲，"珊瑚公主号"轮船会载着他们驶往菲律宾和中国香港地区。这些听众要在白天听专家讲关于领导力发展、车间启发、自我发展以及小组活动对于生产效率改进的影响等课程。夜晚，他们进行非正式聚会，分享工作经验。从全日本选出来的这些初级领袖全都曾在小组活动中展现出非凡的领导才能。他们通常二十七八岁，并且还是工会成员。

　　从1972年开始，日本初级执行官委员会（Junior Executive Council of

Japan）定期举行"船上培训课程"，该委员会成立的目标就是发展年轻领导者——他们最终将成为日本企业管理的骨干力量。

委员会董事经理今村文雄说：

一块好的织物总是由两股线条构成——经线与纬线、横线与纵线。相似地，一个健康的组织总由正式和非正式两种线条构成。纵线就是管理等级，这是沟通的正式主线，是公司政策赖以传达的方式。非正式或横向的线条是无数自愿参与的小组活动，这些小组构成了公司整体。正是在这一层次，企业的政策得以论证和实施，这也是为什么我们需要培养初级领袖的原因，他们能够促进小组成员参与活动并努力工作。

从 20 世纪 50 年代开始，日本公司开始鼓励工人结成小组，这些小组在提高生产效率，创建更快乐、更有意义的工作环境，改善劳资关系等问题上起到了关键的作用。质量控制小组就是非正式小组现象的典型代表。在零缺陷运动、工人建议系统、安全小组、娱乐活动等领域，还有活跃着许多其他的"小组"。

据日本劳动省近日公布的一份调查显示，在雇员超过 1 000 人的公司中，有半数以上人员从事小组活动。大多数小组活动由员工倡议，并得到管理者的认可。

日本初级执行官委员会也会举办两三天的项目，每年为 10 000 名非正式领导者提供定期培训。多年来，委员会共培训了 100 000 多名这类领导人，他们成为生产车间工人小组的先锋队。为了进一步激励这些人，委员会每年向做出杰出贡献的领导人颁发年度大奖，初级领导人还可以角逐各种各样的奖杯和奖品。

小组活动还在解决冲突等方面发挥重要作用，为良好的劳资关系奠定了基础。工会领袖在与管理者对峙时常常摆出顽固的姿态，在具体要求上拒绝做出让步。然而，车间里的工人则很实际，只关注与其身份直接相关的事务，而不是与工会成员身份有关的事务。在此，横向和纵向上的线索便实现了交织。

因此，在日本创建和谐的劳资关系常取决于能否在车间里建设小型的工人核心力量，使工人能够在"忠诚的员工"和"忠诚的工会成员"的双重身份中实现角色的和解。忠诚的员工希望与管理者协手打造更优质的产品，创造更多的利润。这与管理者没有冲突。然而，忠诚的工会成员则会在分配利润问题上向管理者发起挑战，与管理者发生冲突。

管理者一旦采纳了一项新政策，就会将新政策通过管理的等级阶梯传达给车间。然而，这一过程仅涉及一半的"线条"。同时，还要让工人充分理解管理者的目标，从而使工人能够合作并投身其中。这正是由非正式领导人带领的小组存在的意义。

战后，日本公司开始让工人参加车间事务，实现了草根式的"民主化"。通过鼓励工人参与小组活动，管理者得到了工人的承诺与认同。工会领袖发现，没有这些草根活动，就会少了一条与管理者沟通的渠道。日本模式与西德模式迥然不同，后者所谓的"共同决定"常常仅在高层管理者和高层劳工之间开展，不邀请基层工人参与。日本车间内的民主正是劳资双方不断努力构建小型非正式小组活动的成果。

另一个促进工人小组形成的组织是日本生产力中心，该中心为年轻的车间领导人举办研讨会。一年举行好几次为期4天的研讨会，参会者既有管理者也有工人。

生产力研讨会是大型公司如日本制钢所年度培训项目中的一部分，一些工会还把生产力研讨会当成领导人培训项目中的一环。这些研讨会告诉工人，改进生产力的目标是为了建设更好的未来实现更多的福利。同时要让工人明白，没有什么能轻易得到，所有收获必须依靠每个人的亲自努力才能实现。劳资双方间的合作至关重要，双方务必构建起相互信任。

然而，当遇到如何划分劳动成果这类实际问题时，劳资双方又会很自然地走向了对立。在和谈中，常用的工具是讨价还价与罢工。但此前与管理者的协同合作不会被认为与工会的努力相抵触。

这些就是研讨会教给年轻领导者的哲学要义。他们也讨论如何创建更愉悦、更有成就感的工作环境，如何组织非正式小组。自从 1965 年日本生产力中心首次举办研讨会以来，有近 10 000 名领导者参加了研讨会。

日本生产力中心还为工会的领导人提供一套被称为"劳工大学"的教育项目。该项目所倡导的基本信念是，工会领袖要想以平等的地位处理好与资方的关系，就必须拥有合理的、广泛的业务管理知识，如财务分析能力及其他业务领域的能力。看不懂财务报表、不会分析公司绩效的工会领袖是不可能在"技术创新""人员调动""设备报废"等劳工相关议题中与管理者谈判的。数以千计的领袖从该所大学中"毕业"。

生产力文化

日美经济关系研究团（The Japan-United States Economic Relations Group）是由来自日本和美国的四位"智者"组成的双边研究团队。近日，该团队提交了一份报告，研究影响两国经济关系的因素，并在报告中指出如何加强这些因素。

这份报告指出，美国十分关注年生产力增长率下降的问题，该研究团队还通过一项特殊研究来说明美国生产力增长率下降如何影响美日贸易间的竞争关系。

同时，报告还指出，美国越来越希望通过引入管理项目全面提高生产力。面对这种不断增长的需求，该团队努力寻找日美间的合作领域，试图将在日本已经实现的改进引入美国。

读到这篇临时报告，我十分怀旧地回忆起自己在美国研究日本生产力的岁月，我们的使命是考察美国的劳资双方如何处理生产力问题，向他们学习，从而发现美国高生产力的秘密。我有幸与一些优秀的同仁共事，他们是 Simul 国际现任总裁村松真澄、东急国际酒店现任总裁新井、普华永道的托马斯·山川、嘉康利日本 K. K. 总裁松下正明、三菱汽车公司小阪谷昭一以及电视新闻主持人邦弘雅夫。日本方面承担该项使命的组织机构是日本生产力中心，该组织始建于 1955 年，拥有如下哲学理念：

- 我们相信改进生产力最终会增加就业机会。 暂时的冗余应尽可能地由再分配来解决，从而减少失业风险。
- 我们认为应当通过劳资双方共同磋商来研究具体的问题。
- 我们认为管理者、工人、消费者能够公平地享受到改进生产力带来的果实。

据日本工业车辆协会（Japan Industrial Vehicles Association）前任董事经理太田吉崎回忆，那时的美国和日本行业间的差距如此之大，有些人甚至认为日本再怎么努力地向美国学习都没用，因为不可能将学到的经验应用起来。1959 年，当他作为一名学习班学员首次拜访美国时，日本叉式装卸车总产量为 1600 辆，而美国则是 30 000 辆。1980 年，日本叉式装卸车产量超过美国。日本叉式装卸车产业从 1958 ~ 1980 年增长 60 倍，美国工业在这 22 年间仅增长 3 倍。1959 年，没有一家日本公司跻身世界叉车公司前五名。1980 年，前五名中的三名都是日本公司。

1980 年，日本生产力中心庆祝成立 25 周年。25 年里，日本生产力中心曾派出 1 468 项海外研究任务，共有 22 800 名执行官参与。但如今，日本生产力中心接收的海外学习项目要多过其派出的研究任务。

目前，日本生产力中心的活动涉足多个领域，如执行官发展、劳资关系、国际专家和技术交流、管理与技术咨询等。除此之外，日本生产力中心还发行与生产力主题有关的报纸、手册、图书。日本生产力中心在 20 个地区性分部拥有 600 名员工，在华盛顿、法兰克福、伦敦、巴黎、罗马等地都有海外分部。看得出来，日本生产力中心就是随着日本生产力的发展而壮大的。

1955 年，乡司浩平在组建日本生产力中心的工作中发挥了重要作用，至今，他仍是该组织的领袖。他在 1980 年指出：

25 年前，我们发起生产力运动，相信这项运动终将会改进员工的福利。不管管理层做什么，实际的生产力都不会发生变化，除非为公司工作的人们乐于工作并觉得自己做的是重要的工作。那时候，日本渴望从西方引入科学的管理方法。但我们觉得，管理者应该不但发展技术，还要深入人心。

西方提高生产力的努力主要体现在技术领域，而日本的努力则侧重提高工人在工作场所中的满意度。换句话说，仅仅操控生产力是不够的。我们必须指掌人心。因此，我相信生产力问题应该使用文化手段来解决。

正是植于这样的哲学根基，日本的生产力运动才得以繁荣，将以人为中心的管理技巧发挥到了极致，例如劳资合作、集体主义、小组活动、质量控制小组等。"生产力文化"已成为日本战后最伟大的成就，我们骄傲地将这些成就输出到外国。

就在几年前，乡司浩平被授以一等瑞宝勋章（First Class Order of the Sacred Treasure）⊖。福田赳夫、三木武夫这两位前任日本首相均出席了庆

⊖ 瑞宝章，日本明治天皇在 1888 年开始制定的勋章，分为 8 个等级（如一等瑞宝勋章），授予在公共事务中功勋卓著的人。——译者注

功宴会。福田说："我还没有得到乡司君获得的这一崇高奖项，这就意味着我在皇室宴会上的座次要排到乡司的后面。日本政府对于他在生产力改进领域所做的贡献表示感谢。很显然，他的地位要高过我。"

案例　全才工人：日本制钢所和日产汽车公司中的故事

在日本制钢所君津厂，工作在热钢带轧机再热炉岗位上的 6 名工人组成了自我管理小组，他们研究如何改进热使用效能。在研究中，他们发现问题解决的关键在于防止空气进入炉内，于是，他们想到了使用压缩空气。然而，为了在设备上做必要的改造，他们需要维护部门的工程师帮助完成电焊和管道工程。

当他们向维护部门寻求帮助时，他们被告知："既然是你们自己的工作设备出问题了，你们何不自己试试看？当然，我们乐于帮助你们学习必要的技巧。"

于是，这些炉工就利用假日和工余时间在维护部工程师的帮助下学起了焊接和管道工程。尽管这些技能与其本职工作没有直接的关系，但他们很乐意学习这些新本领。20 个小时之后，他们已经能够很熟练地修改再热炉。改造后，热效能得到提高，实现每吨节约 5 000 千卡。

如前所述，JK 就是 Jishu Kanri，可以翻译成自我管理或自愿参与。在终身雇用制度下，工人在心理上已经做好准备去处理多种不同的工作任务。当他们最初加入公司时，他们甚至不知道将被分配到什么样的工作。当他们被派到一个具体岗位时，比如车床工作，管理层要确保他们已经接受过足够的培训。当公司决定将他们调离到另一个工作岗位上时，如铣床工作，管理层要再次确保为他们提供必要的培训，且工人乐于调换岗位。对于工人而言，他们确定公司将永久雇用自己，他们乐意学习多种技能并将其作为自身不断发展的组成部分。他们将自己视为在雇用期内要发展多种非特定技术的劳动力。同时，管理者应当拥有一种包容性，使公司不断地适应科学进步和环境改变造就的新工作。

例如，这会帮助管理层将劳动力实现跨行业调动。20 世纪 60 年代，在九州煤炭关闭时，被解雇的矿工被调进了钢铁行业。同样，造船行业受大萧条打击，许多工人被转移到了同一企业集团下的汽车部门。这种灵活性和适应性以及工人主动接受各类工作任务的意愿，是日本公司的一项优势。日本工人组织企业工会而非行业工会的实践也旁证了这一点。

讽刺的是，在培养专家和专业人才时，现代科学却加深了人们头脑中的阶级意识和等级观念，而这却是现代社会避之唯恐不及的事情。那些快速增多的专家群体分秒必争地组织自己的小圈子并结成联盟。甚至，某一特定领域的专家要比所需要的工作岗位还多，但这些专家出自"专业的傲慢"拒绝更换工作。

在商界中，这种态度也很明显。矿工想继续当矿工，无视外界是否有足够的工作机会提供给他们所有的人，也无视他们的煤矿是否有足够的煤。如果一家公司中的工人开始炫耀自己令人羡慕的"专业性"并想待在固定的工种中拒绝学习新技术或从事其他工作时，管理者引入改变的任务就会变得相当繁重了。但在日本，工人乐于学习新技能、从事新工作，最近，日本管理者还在有意识地培训多技能工人。

在日产汽车公司，从事手工点焊车身的工人还接受培训，对磨损芯片进行必要的修光。在一般情况下，这种工作由来自维护部门的工程师来做。然而，日产董事经理署中嶋昭一说，由于这些工人对自己的设备最了解，所以他们乐于学习与工作有关的新技能。

将维护自己的机器当成一种挑战，工人乐于每隔一个月去一趟维护部向他们学习维护技能。对于他们来说，这是一种充实和拓展。

中嶋说，工人在批量生产中的工作通常很简单，技能单一——尤其是在流水线，这会造成痛苦的单调性。帮助工人掌握多种技术是一种将他们从枯燥的工作中解放出来的好办法。日产汽车管理层在引进自动化和机器人作业的同时也鼓励工人掌握多种技能。主体生产线工厂上的工作程序已有50%实现了自动化，这意味着在过去的10年里工人的数量变为1/2。富余出的工人没有被解雇，他们被派到了其他部门，如装配线、锻压和着色部门。

在日产公司，培训多技能工人有三条标准。第一，如果可能的话，工人应该能够在指定部门里执行各类工作。例如，在车体部，工人应该能够进行点焊、软焊等。第二，为能跟得上新设备和系统越来越复杂的需求，工人应熟悉机器加工、水力学、气体力学、电学、电子学，这样他才能在设备监测、维护、应急措施等方面运用所学知识解决问题。第三，特定部门引入自动化和节省人工的设备后，该部门的工人可能会被调到其他部门，这种情况下工人可能要从事全新的工作。因此，务必要对工人进行培训，使其掌握新领域里的技能。例如，车体部门的工人就被调到了上漆和印压操作岗位上。

日产公司通过引入自动化和工业机器人改进生产力，在这一过程中，对人事的调整不可避免。这意味着管理层必须对被调动工作的工人进行培训，使其掌握新工作技能。日产别无选择只能培训工人，使他们成为多技能工人。这种转变注定不会一帆风顺，但工人通常都会乐于学习新技能。

日产为发展多技能工人提供了多种项目。第一，新雇用的工人参加入职项目，学习机器和设备的用途。有时候，入职培训需要几周的时间。

第二，公司举办工厂级和公司级的年度技能大赛。在技能奥林匹克竞赛中，参赛选手会在假日和工余时间接受集中培训，使自己够资格代表自己的车间出战。1978 年就举办了 42 种技能大赛。

第三，日产依据公司内部的标准对技术能力水平进行评估和认证，将技能分为基本技能和应用技能，每一层级还会分为三个等级。在承担一项更为复杂的工作时，工人务必先证明自己，通过等级测试。

第四，生产工人有时候会被调到维护或检测部门待上 3 ~ 6 个月学习必要的技能。

第五，工人在部门内和部门间进行轮岗，只要有需要都会得到额外的技术培训。每位工人都有一张卡片，上面写着他的培训经历。

总之，这些项目不仅仅在技术上成功地增强了劳动力的素质，还具有灵活性，让人们在心理上对自动化更能接受。如果想从日产的成功中找到值得借鉴的经验，那就是，对于今天的管理者来说，发展多技术工人无疑是满足不断变化的未来需求的关键一步。

混乱中的生产力：硬软两方面

几年前，日本生产力中心创始人乡司浩平主席在一张寄自纽约的明信片上写道："生产力是一种理念，它意味着物质和精神的不断改进。"

这个既简单又深奥的道理揭示了生产力不可辩驳的本质，它要求精神和物质两方面共同进步。只有当工人接纳最新的工程与管理技术并能与管理者肩并肩地在车间内改进生产力的时候，才能派上用场、实现效果，这足以证明上述观点的正确性。

很明显，要做的第一件事是确保员工能够合作并投身于改进生产力的工作中。这对管理者和工人来说都是一项挑战。在全面发起生产力改进运动之前，使员工真正理解和支持"生产力改善能实现双赢"这一观念非常重要。

根据乡司的理论，在西方，劳资问题可以在契约和规定的框架内解决，而在日本这可以通过互相信任、激情和互相理解来解决。多年以来，通过劳资双方有意识的共同努力，每个人的问题只需要一次协商就能解决，从而使劳资实践得以向前发展。劳资双方通过讨论互相的问题而不是对抗来达成共识。

多年以来，我的理发师总是问我头发是否发痒。我认为他的这个问题的意思是"你有头皮屑，所以你的头皮肯定会痒"。因此，我的答案一直都十分明确，"不痒!"以此来否认自己有头皮屑。可是在几年以后，我发现原来他的意思是"如果你头皮痒，我愿意在洗头的时候为你按摩一下头皮"。当我明白这个意思后，我便放松很多，从而享受到理发师的额外优待。

我猜劳资双方可能常常会发生这样的误解。管理者向工人拿出一项提议并认为这是互惠的，但如果管理者没时间投入精力去解释提议，这些建议的信息可能就会被误读。为了在劳资之间建立更人性化的关系，双方都要努力创造良好的沟通和交流。在这一问题上，管理者要承当更多的责任。

我应当指出，虽然常说日本公司有较高的生产力，但某些公司引进的生产力运动以全盘失败而告终。比如，日本公营领域的劳工争端比比皆是。不用说，公营领域的工人不会认为他们的行动会威胁到自身组织的存亡，管理者也不认为有必要去建设有效的劳资关系。结果，双方都不去考虑生产力的问题。

1970 年，日本国家铁路（JNR）决定发起生产力运动用以解决长期的赤字问题并提振员工士气。这项运动的主要目的是提供培训项目使管理者和员工理解生产力的概念、理解"现代"劳资关系等问题，同时，还包括培训监工效率（supervisor-effectiveness）等项目。

第二年，工会发起了"抵制生产力运动"的运动，并得到大众媒体的大力支持。工人还向公营公司与国有企业劳工关系委员会提出起诉，控告生产力运动是"不公平的劳动实践。"工会说，如果管理层愿意放弃生产力运动，他们就停止诉讼。经历一系列的流血事件后，包括几位执行官自杀，管理者被迫放弃所有的生产力运动。

相比之下，私营领域生产力运动却时常能取得成功。日本国家铁路的案例有以下几条教训。第一，管理者没能下定决心坚定地支持运动。第二，引入运动操之过急。很明显，在改进生产力的充分必要性上，管理层内部还没有达成统一，鲜有人真正感到"时不我待"的急迫性。第三，管理层没有投入足够的时间和努力在运动之前向工人解释这一运动对工人有什么样的意义。于是，以失败告终的生产力运动反倒成了伤害日本国家铁路劳资关系的毒药。

在生产力运动最早取得成功的车间里，工人说他们有一个新发现：与管理层合作是有可能的。他们意识到双方拥有超越劳资界限的共同利益，与管理者合作并不一定就是背叛阶级。尽管如何划分利润这一问题始终无法解决，但工人已经达成这样的共识：有必要与资方合作从而使要划分的利润总额变大。早期运动的一项成果便是一些工人开始相信劳资双方之间有可能进行合作。

据一位深深卷入日本国家铁路生产力运动的执行官回忆，生产力运动应该首先取得工人的理解与认同。不能获得工人的支持，管理层注定无法实现预定的生产目标。

案例　**共同解决问题：萱场公司引入全面质量控制**

对于萱场公司来说，发现问题是全面质量控制的起点，萱场公司是一家生产减震器、液压设备、水上设备、特别用途设备以及飞行器设备的厂商。

据执行董事经理浅野改作说，处在石油危机中的萱场在 1976 年引入全面质量控制是由严重的外部压力促就的，其中包括越来越严格的质量需求以及激烈的价格竞争压力。

萱场在发现所有重大的质量保证问题后开始启动全面质量控制活动，这些问题既有当前存在的也有过去积存的（见图 6-2）。部门分别列出问题，并依据下面的提问对问题进行分析：

● 这些问题是因为缺少系统才出现的吗？
● 这些问题是因为培训和教育不足才出现的吗？
● 这些问题是因为没有可用的规则才出现的吗？
● 这些问题是因为没人遵守可用的规则才出现的吗？

在确认各个问题的根本原因之后，萱场对从产品企划到顾客监测的每个步骤都制订了实施计划。实施计划指明了问题，说明对策、进度、负责部门以及支持文档。

同样是在 1976 年，萱场动员全部力量推行全面质量控制理念。浅野说总裁或是二把手意志坚定地引入全面质量控制绝对至关重要。由于部门的领导与工厂经理需要全力投入，所以他们常被送到专为高层

步骤	引入全面质量管理前存在的问题	活动	进度 (1976 1977 1978 1978 1979)	职责	文档（指导方针与标准）
产品企划	1. 对市场需求的把握能力较弱	强化收集技术数据的系统，准确把握市场对质量的需求	1978	工程部	新产品开发指导方针、数据收集手册、质量表格手册、生产工程手册
	2. 质量和工程目标不妥	建立目标，预测市场需求；增强质量与工程间的关联性	1978	工程部	
	3. 质量与工程的成本关联不充分	建立成本控制系统，协调质量；量保证系统，并用其进行成本规划	1978	成本控制部	成本控制指导方针
产品设计	1. 缺乏基本工程模型	改进工程的理论分析方法；改进理论与实验工作间的关联	1978	工程部	质量表格手册、生产工程手册
	2. 质量开发与评估环节薄弱	运用质量发展技巧；改进潜在失效模式及后果分析（FMEA）与 DR；制定方法，在模拟真实使用环境下评价样品	1979	工程部	DR 实施

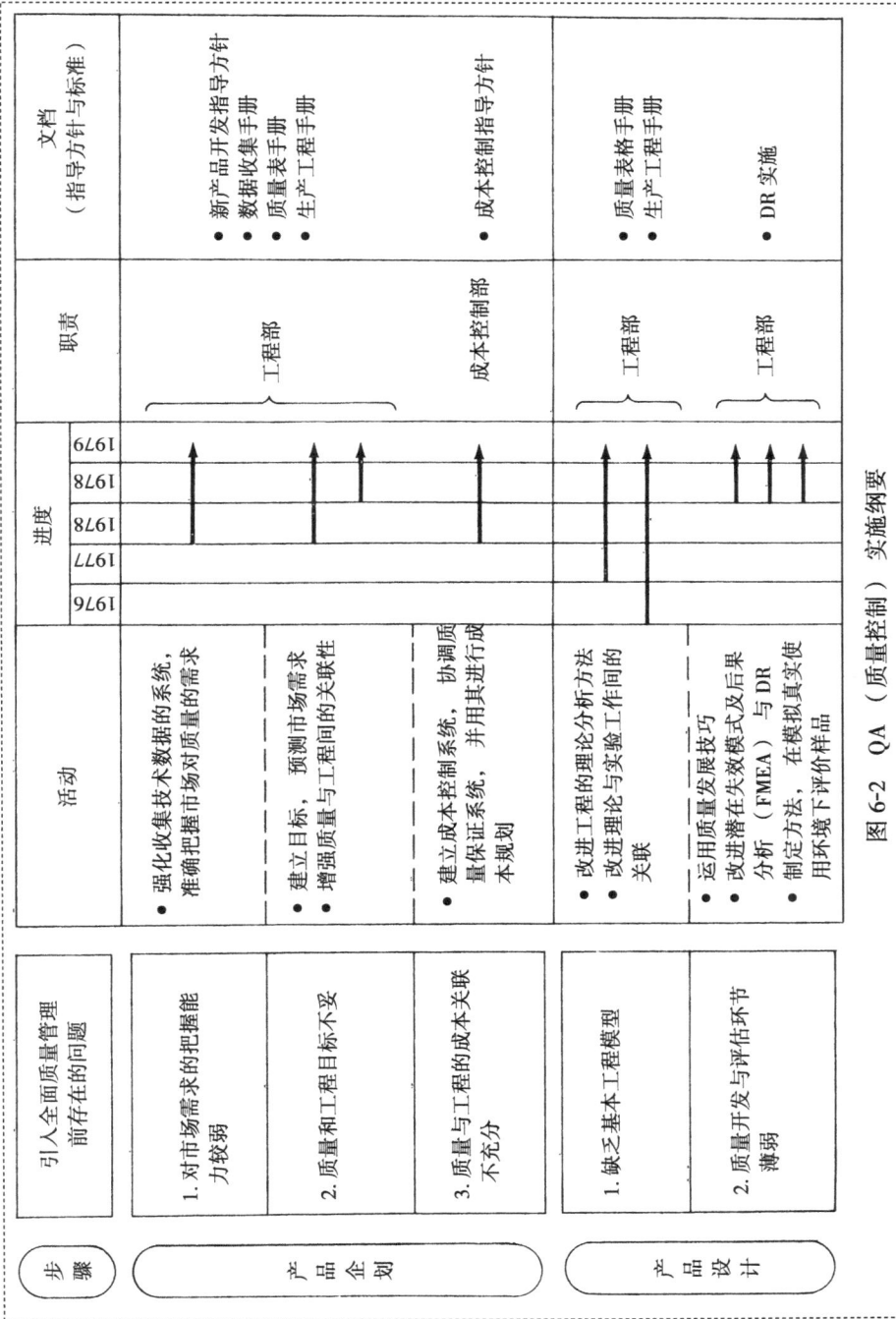

图 6-2 QA（质量控制）实施纲要

步骤	引入全面质量管理前存在的问题	活动	进度 1976	1977	1978	1979	职责	文档（指导方针与标准）
生产准备	1. 引入新产品中出现的问题	• 改进过程计划 • 为过程引入并使用潜在失效模式及后果分析（FMEA）			→	→	生产工程部	• 生产工程手册 • 过程FMEA手册 • 首批产品批次控制指导方针
	2. 首批产品批次质量评估水平不足	• 改进批次控制与首批产品批次评估			→		制造部、质量保证部	• 检测规划手册
生产	1. 缺乏系统的过程控制（为数量牺牲质量）	• 审查过程控制 • 改进关键过程控制 • 改进质量记录			→	→	制造部	• 关键流程指导方针 • 问题预防系统图
	2. 频繁反复出现的投诉（对投诉和过程缺陷反应弱）	• 为防止问题复发采取的措施 • 改进对异常情况的控制 • 为关键供应工厂提供质量控制指导		→		→	制造部、采购部	• 异常情况控制指导方针 • 顾客情况质量保证点
	3. 学习和分析的"工序能力"的方式不认真	• 加速改良设备的努力 • 研究"工序能力" • 做更多的过程分析		→		→	制造部	• 学习《工序能力手册》
	4. 检测系统薄弱（导致顾客问题）	• 明确界定暂管发货的权威 • 进行优先监测 • 改进试产生产以确定过程		→		→	质量保证部	• 货运规则 • 监测标准化要点

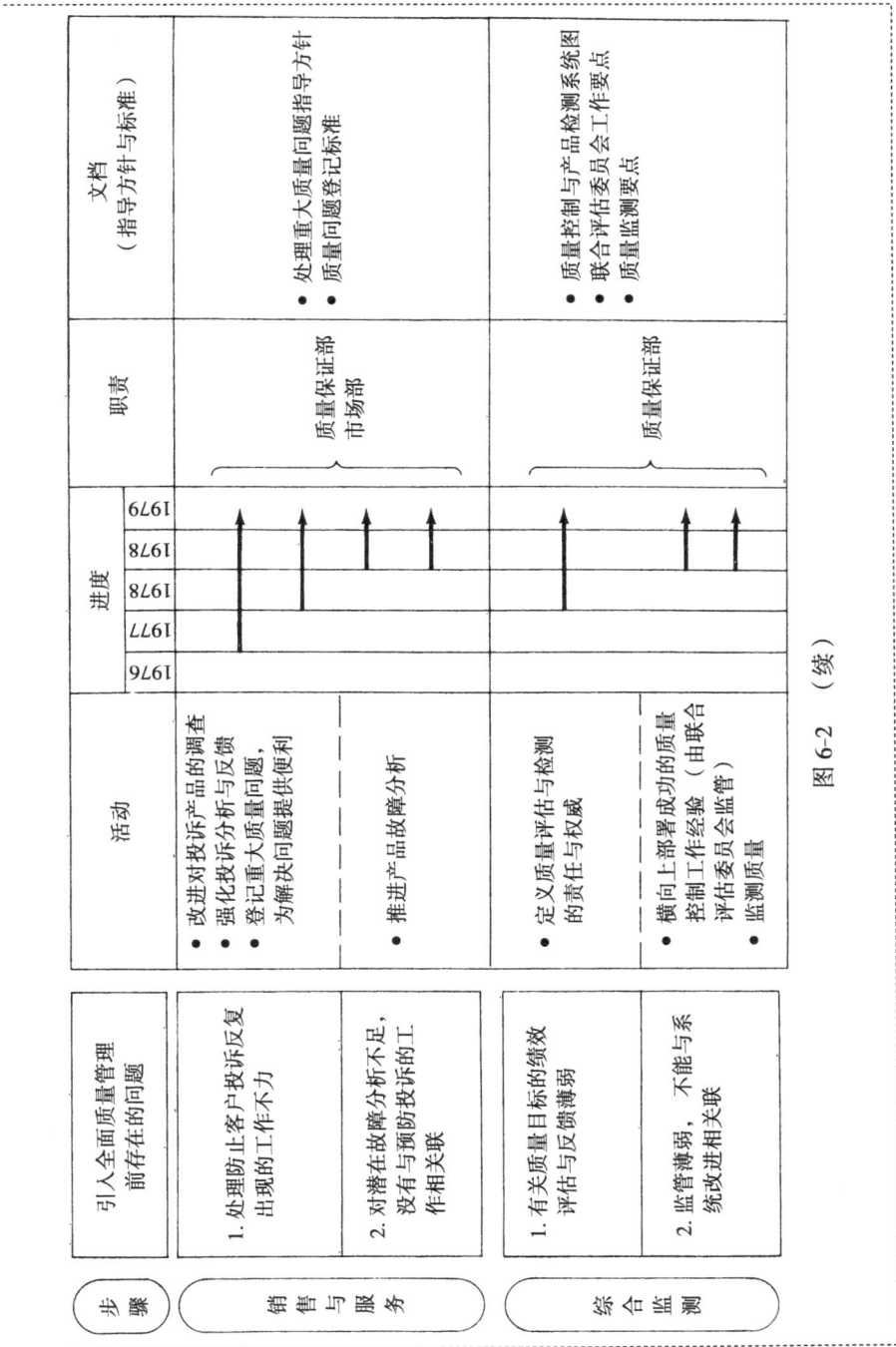

步骤	引入全面质量管理前存在的问题	活动	进度					职责	文档（指导方针与标准）
			1976	1977	1978	1978	1979		
销售与服务	1. 处理防止客户投诉反复出现的工作不力	• 改进对投诉产品的调查 • 强化投诉分析与反馈 • 登记重大质量问题，为解决问题提供便利						质量保证部 市场部	• 处理重大质量问题指导方针 • 质量问题登记标准
	2. 对潜在故障分析不足，没有与预防投诉的工作相关联	• 推进产品故障分析							
综合监测	1. 有关质量目标的绩效评估与反馈薄弱	• 定义质量评估与权威						质量保证部	• 质量控制与产品检测系统图 • 联合评估委员会工作要点 • 质量监测要点
	2. 监督薄弱，不能与系统改进相关联	• 横向上部署成功的质量控制工作经验（由联合评估委员会监管） • 监测质量							

图 6-2　（续）

管理者举办的全面质量控制研讨会上学习，同时鼓励他们走访其他已经引入全面质量控制的公司。此外，萱场公司还激励基层员工的参与，其中包括让质量控制小组提建议。图6-3是萱场公司为质量控制培训项目制定的进度表。

萱场公司的主要目标之一是创建一个质量保证系统令质量目标在各个阶段都能达成，为此，萱场开发了一系列工具保证从产品开发到生产、销售、顾客服务各个阶段的质量与技术都能实现匹配。图6-4与图6-5所示的是萱场用到的一些工具及使用方法。

图6-6为萱场质量保证系统图。在编订该图时，萱场起初试着修改其他公司的质量保证系统图使其适合自己的需要，但很快发现各公司间的业务模式和汇报程序差异很大，所以它不得不重新起草一份系统图。从产品规划到销售、服务、监测的各个阶段，该系统图对每个部门应当如何参与进行了说明。

为准确地制定出自己的系统图，萱场对当前的实践进行反省，发现不同部门间极少有统筹协调，从一个阶段转向下一个阶段时没有明确的汇报渠道，职责分配规定不清楚。完成系统图后，还需要一个质量控制活动表，如图6-7所示。这张质量控制图帮助每个员工了解为了保证质量他应当做哪些事情。同时，该表也指出需要哪些文档和报告来支持这些活动，此外，表中还列出需要遵守的规章和标准。

图6-8表示在处理重要的顾客投诉时不同部门之间的关系。一旦这些系统准备就绪，浅野说，让每个人理解遵守系统和程序的重要性将非常关键。

由于在1976年成功地引入了全面质量控制，萱场公司获得了1980年的戴明奖。

参与者级别	课程	地点	实行公司范围的质量控制之前	1976	1977	1978	1979	目标组	参与人数	参与率
高管	总监特别课程	公共课程		1	2			3	3	100
	特别管理课程	公共课程	5		8	5	5	27	23	85
	总监培训	公司内				16		18	16	89
中层管理者	部门与各区经理课程	公共课程	45	30	65	64	23	289	227	89
	经理培训	公司内	59			307		311	307	99
	质量控制基础课程	公共课程	30	10	16	9	3	128	97	76
	质量控制入门课程	公共课程	60	21	44	22	4	152	121	80
	工长课程（包括函授课）	公共课程	14	11	33	147	9	271	260	96
监督者	可靠性基础课程	公共课程	14	5	8	20	5	54	52	96
	SQC 研讨班（统计质量控制入门课程）	公司内			7	114	125	290	239	82
	SQC 研讨班（规划技巧入门课程）	公司内				(114)	80	245	194	79
	SQC 研讨班（可靠性基础课程）	公司内				(114)	102	245	216	88
质量控制小组工作人员		公共课程	11	9	7	6	1	36	34	94
		公共课程				7	5	12	12	100
合作工厂的管理层	合作工厂经理研讨班	公司内				76		76	76	100

图 6-3　质量控制培训

工具	使用
基础质量表	确认和分析每个产品组的市场质量需求、竞争产品成本、可用的技术、技术瓶颈
基础生产工程表	确认和分析现有技术、技术瓶颈、技术需要，满足基础质量表中的质量需要
单品质量表	评估质量需求、竞争产品质量、专利权，确认和分析用于实现质量目标的现有技术（为某一产品设定目标所需的所有数据）
单品生产工程表	确认和分析单品质量表中的现有制造技术、制造技术需求以及技术瓶颈
质量保证表	罗列重要的特征及部件，对工序能力、组装加工以及功能进行注释
检测计划表	依据质量保证表，对检测、测试、质量评估进行规划和实施
过程规划表	为整合质量保证表中标明的质量需求，进行总体过程设计
质量控制过程表	按质量保证需要，为每个过程确认控制特征、项目、方法
工作标准单	为整合过程中的质量，对过程因素进行标准化并创建合理的工作程序
质量调查表	依据市场数据、投诉等情况评估质量和质量保证表中的特征，将发现结果应用到未来的产品规划中去

图 6-4　工具一览表

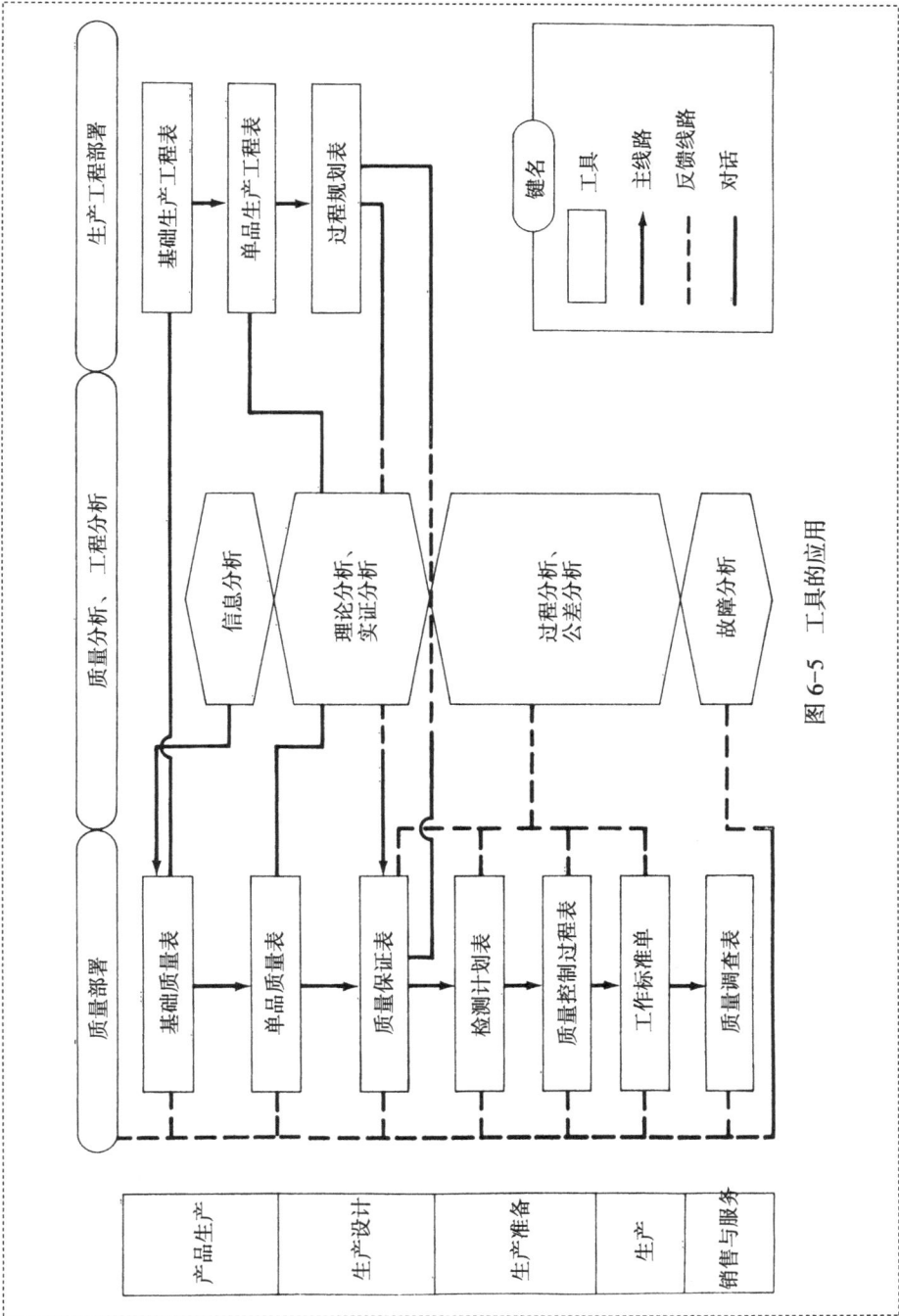

图 6-5 工具的应用

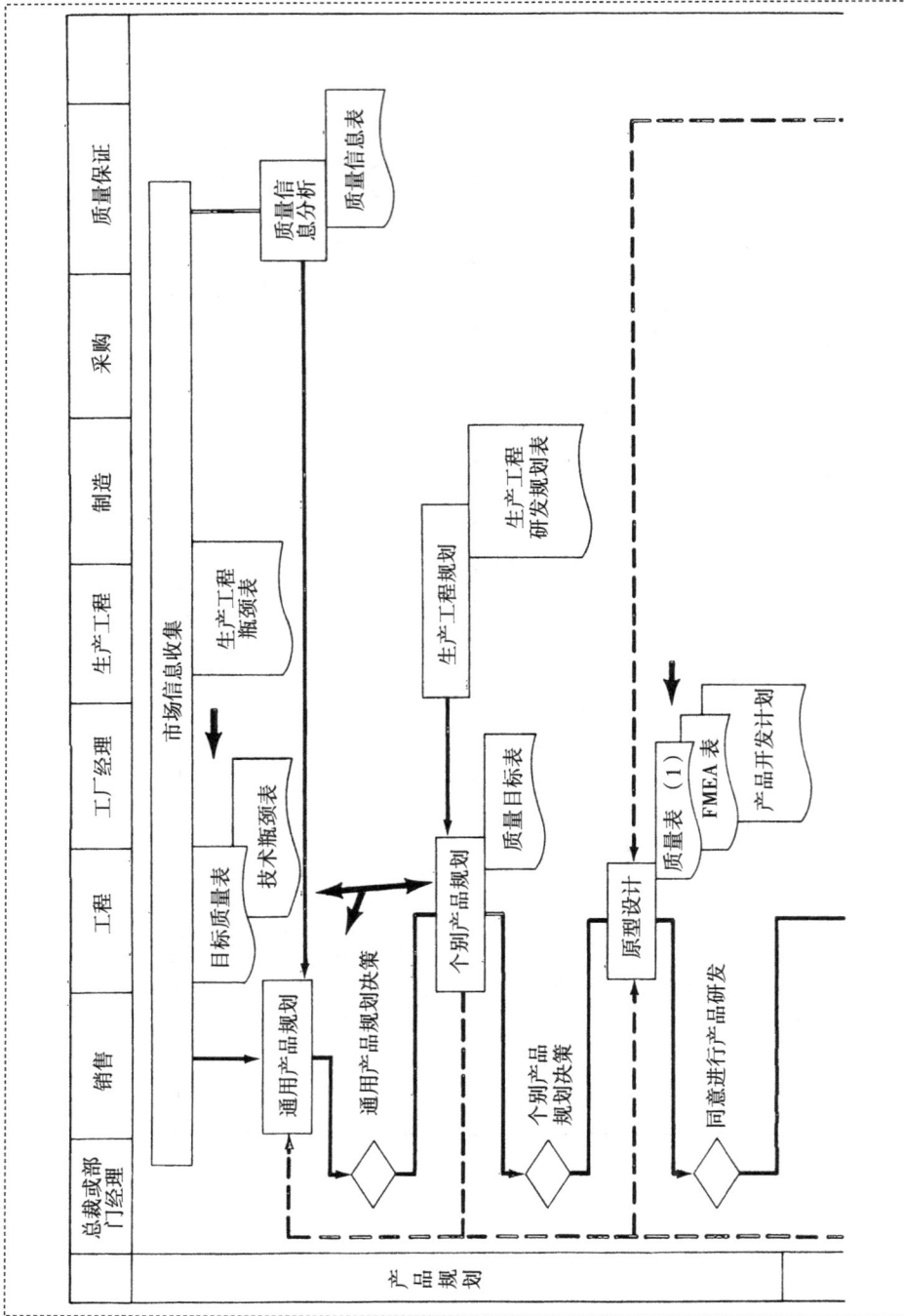

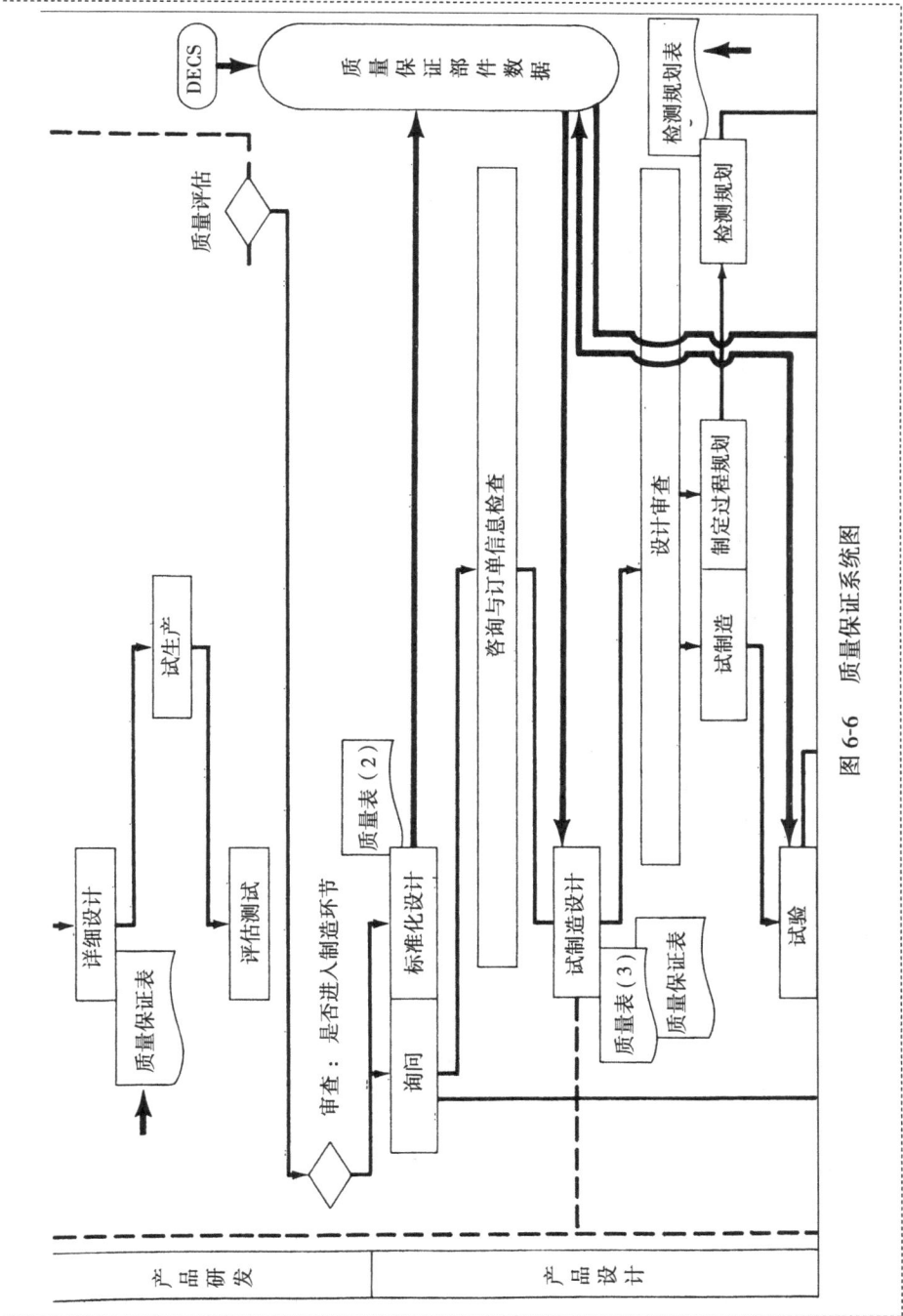

图 6-6 质量保证系统图

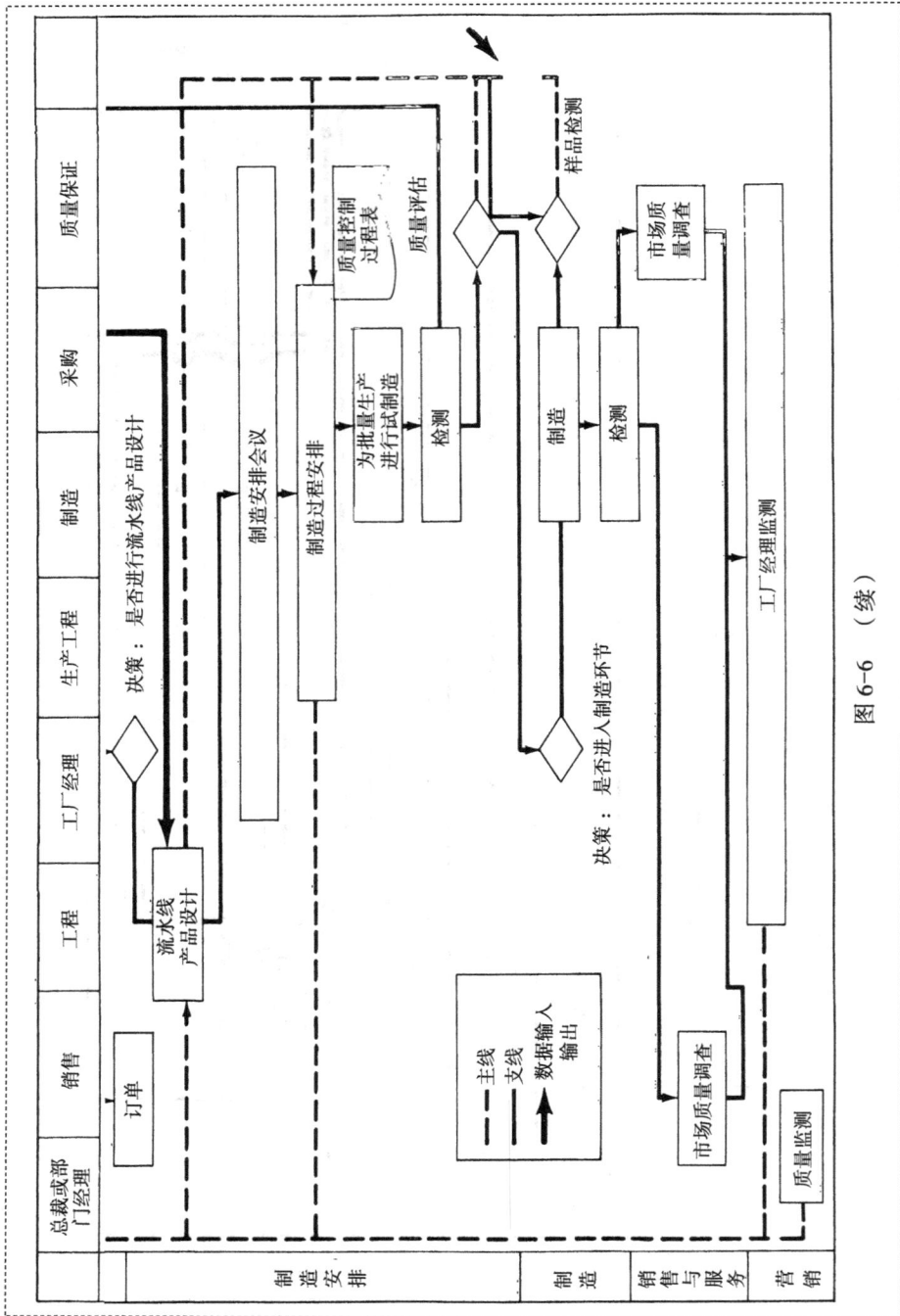

图 6-6 （续）

保证项目	保证活动	分类	总裁或部门经理	销售部门	设计工段	研发工段	试验工段	质量保证部门	检测工段	质量保证工段	泵质量保证工段	质量控制文档	制度或标准
信息收集（产品规划）市场信息合理性	1. 收集、分析、调查市场信息	A		◎	○	◎						产品研发信息表	产品研发管理规定
	2.	A		△		◎				○		质量信息表	
	3.	A		◎		△				○		质量表（列出质量目标）	
												技术瓶颈表	

符号：
◎ 负责部门
○ 协作部门
△ 信息接收部门

分类：
新产品 ABC
产品改进 BC
其他 C

工程部门｜质量保证部门｜制造部门

图 6-7　质量控制活动表（样例）

产品规划			A			产品规划总结	产品研发管理规定
通用产品规划		1. 通用产品规划	A	○	◉		
	通用产品规划的合理性	2. 批准通用产品规划	A	◉			
个别产品规划			A	◉	○	研发工程预算	
	个别产品规划的合理性	3. 批准个别产品规划	A	◉	○		
			B	◉		概念图	
	对用户需求的适应性	1. 基础设计	C	○	○	质量表 1	质量表手册

			投诉调查报告	重大质量问题登记说明书	重大质量问题控制图	预防投诉重现措施	投诉评价报告		重大质量问题控制图	质量月报	检测与检查表	内部缺陷重要质量问题处理规则 / 重要质量问题处理规则
销售与服务	投诉处理与预防投诉重现	1. 紧急投诉汇报	○	○		○				○		
		2. 调查	○	◉		◉	◉	◉			○	
		3. 重大质量问题登记	○			○	◉	◉			○	
		4. 预防投诉重现说明	○	◉		◉					○ ○	
		5. 投诉数据汇总与分析			◉				◉	◉	◉	
		6. 重大质量问题评估										
评估	产品质量评估	重大质量问题登记										
		质量保证系统检测										
		定期质量检测/评估										

图 6-7　（续）

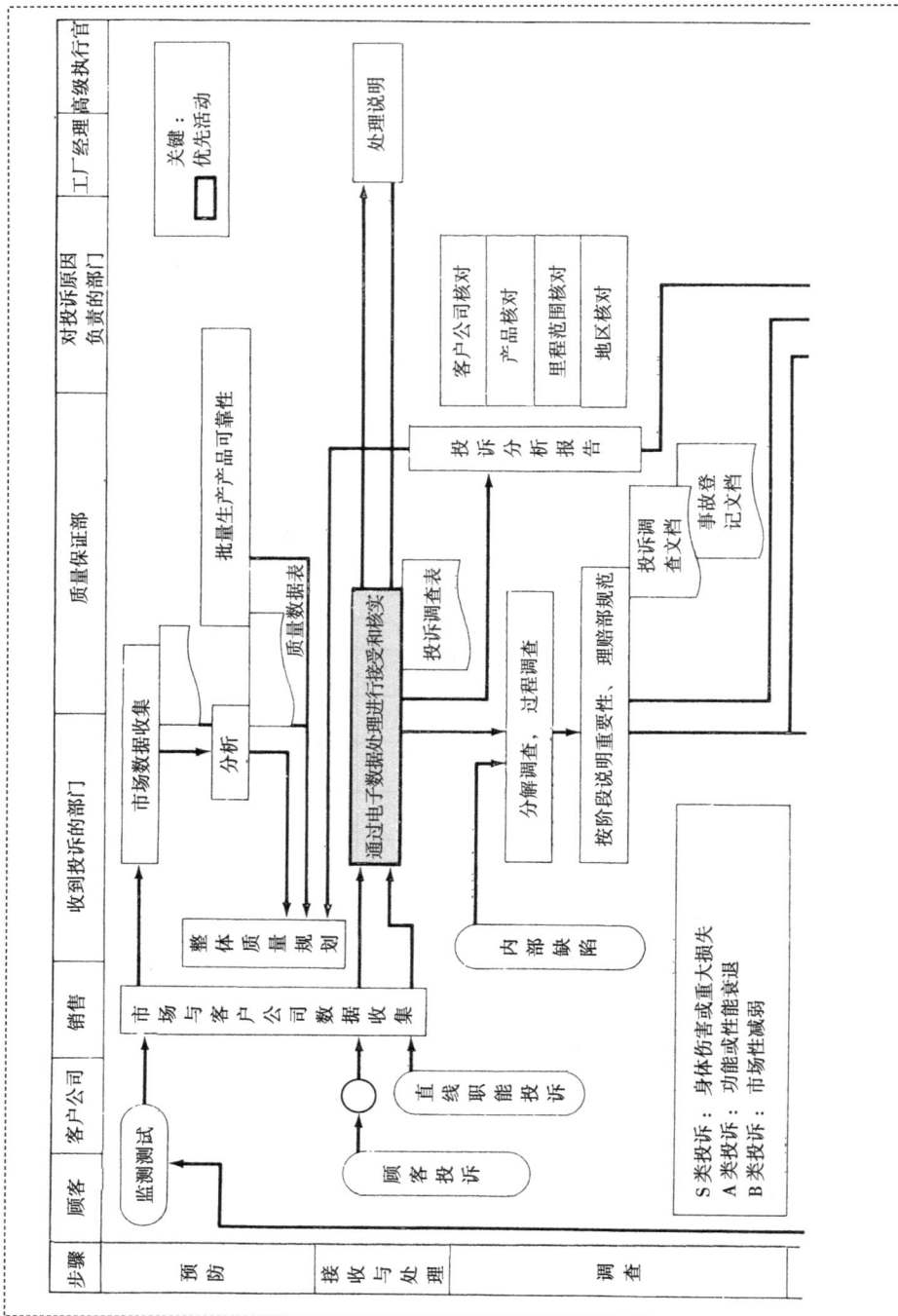

高级执行官

工厂经理

关键：
□ 优先活动

处理说明

对投诉原因负责的部门

客户公司核对
产品核对
里程范围核对
地区核对

质量保证部

批量生产产品可靠性

投诉分析报告

质量数据表

投诉调查表

投诉调查文档

事故经记文档

收到投诉的部门

市场数据收集

分析

通过电子数据处理进行接受和核实

分解调查，过程调查

按阶段说明重要性，理赔部规范

内部缺陷

销售

整体质量规划

市场与客户公司数据收集

客户公司

监测测试

直线职能投诉

顾客

顾客投诉

S 类投诉：身体伤害或重大损失
A 类投诉：功能或性能衰退
B 类投诉：市场性减弱

步骤

预防

接收与处理

调查

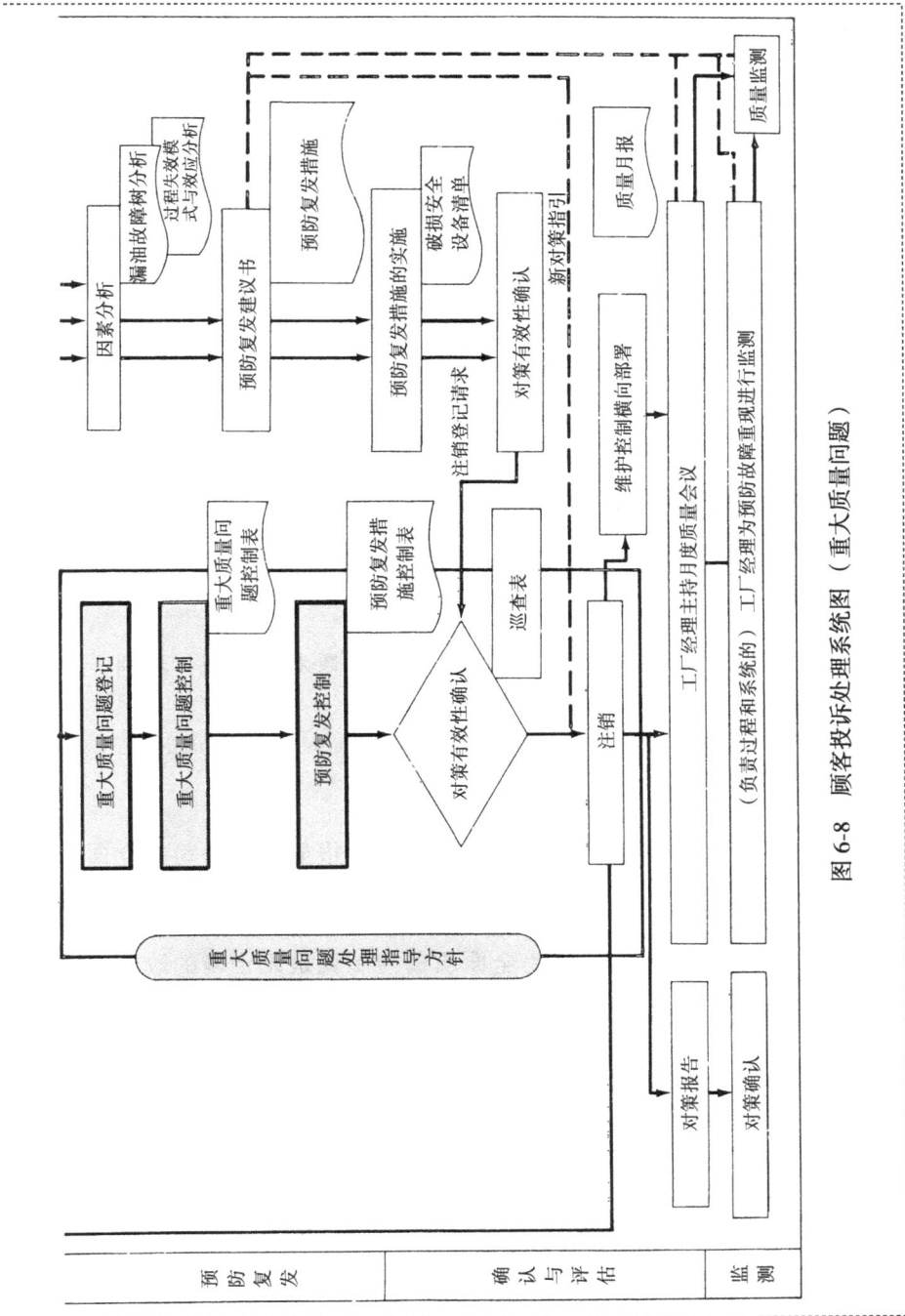

图 6-8　顾客投诉处理系统图（重大质量问题）

案例　小林高丝公司引入全面质量控制

1980 年，日本第四大化妆品生产商小林高丝公司获得了"戴明工厂奖"。20 世纪 70 年代初，工厂中出现的一系列生产问题导致产品被退回，既伤害了公司的信誉，也挫伤了员工的士气。管理层不得不出重拳整肃自己的业务。

小林高丝公司管理层发誓再也不会把问题产品交给顾客，于是在 1977 年 1 月，该公司决定引入全面质量控制，并在那时确定了五大目标：

- 用质量控制统计技巧改进管理效率
- 引入质量保证，建立能生产出好产品的系统
- 让员工掌握"顾客至上"的哲学
- 通过让质量控制小组不断学习并向问题发起挑战，培训并发展公司的人力资源
- 在 1981 年之前赢得戴明奖

尽管那时候没人使用"战略"一词，但很显然，公司的全面质量控制运动正是经典的战略规划案例。小林高丝公司全面质量控制规划与协调部门经理高洲久志认为全面质量控制就是无止境的改进，它的成功实施需要下面三个前提条件：

（1）高层管理者务必做出坚定的承诺。由于引入全面质量控制理念会挑战现有的做事方式，这样的努力会遇到一些阻力，比如某些执行官就习惯于用自己的方式做事。如果高层管理者不能坚定地给予支持，全面质量控制策略的实施将注定刚开始就失败。在各个工厂、部门层级上的经理都务必做出严正的承诺。

（2）动员和配置公司重要职位上的可用人员实施全面质量控制策略。有时候，他们需要利用高层管理者赋予的权力向前"推动"，有时候他们还要"绥靖"各方面的抵抗力量。他们务必要长于政治。

（3）公司内部务必成立一个特别小组冲到运动的最前线，为其他团队做出表率。

在小林高丝公司正式启动全面质量控制之前，相关经理全面讨论了公司中存在的问题，并达成了共识。他们全身心地投入到质量控制技巧的学习中。主要经理和工程师都被送到由日本科技联盟及其他组织举办的全面质量控制课程中学习。回到公司后，这些关键的员工被派去完成下面的任务：

- 在公司内部担当讲师
- 参与先锋团队，改进与生产相关的特殊问题，并在没有先锋团队的地方创建先锋团队
- 担当质量小组领袖，帮助其他成员应用全面质量控制中的统计技巧解决具体问题

小林高丝公司的一个目标便是在 1981 年前赢得戴明奖。引入全面质量控制来实现这样的目标需要对做事的方式进行改革。要在 4 年内做完别人用 10 年才能做成的事情，这需要为每个人提供一个清晰的目标。

高洲回忆，为戴明奖而努力就像为一次难的考试进行备考。不管你工作得多努力，总是觉得不够。这是一个永无止境的学习和实践的循环。当戴明审计一天天临近的时候，很少有经理能够在晚上 11 点之前回家。平均来说，他们一个月工作 28 天。一般情况下，经理都不得不在早上 5 点钟开始质量控制工作，因为他们在白天的所有时间都在

忙着做例行工作。但当他们最终获得戴明工厂奖时，他们享受到了一种满足感和成就感。高洲说，如果经理不做好准备迎接挑战，他们就别指望能竞争到戴明奖。

高层管理者的承诺

在日本，质量问题由职能经理负责，但在西方，质量常常被当作质量控制经理的职责。好像质量问题是管理工作中完全独立的一件事，一件需要由质量控制经理一个人处理的事情。不管什么时候一个严重的质量问题出现时，在日本都要由职能经理来负责。而在西方，出现了问题要解雇的是质量经理。不幸的是，这种做法只会使西方的职能经理加深这样的想法：质量问题不由他负责。有一点毫无疑问：保证质量是管理者的责任，出现低劣的质量是管理不善的结果。

如果说改善的益处要逐渐显现出来，且仅能从长远来感受改善的效果，很显然，改善仅能在高层管理者真心关注公司的长远健康的情况下才能繁荣发展。

如前所述，日本和西方管理方式上的一项重大不同在于他们眼光的长远。日本管理者看重长远的收益，而西方管理者则看重短期结果。这种不同也能从管理层对改善的理解方式上显现出来。西方管理者不愿意引入渐进式的改进，而更愿意创新，因为后者常能很快带来投资回报。

如果高层管理者不能意志坚定地引入改善并赋予其最高优先级，则不管多努力地引进改善都注定会昙花一现。在大多数以改善为导向的日本公司中，改善策略都是由高层管理者引进的。

1961年，小松公司在 Maru（一场运动的名字）运动中启动了全面质量控制活动，野川所持负责全面质量控制的实施。从那之后，他一直都参与全面质量控制活动，哪怕他被升任为生产经理、工厂经理、生产部经理。当野川在 1982 年被任命为小松总裁时，即将离任的总裁、现任主席河合良一说，野川被选为总裁是因为他对全面质量控制的贡献。如今，野川就是小松公司的"全面质量控制先生"，理由很简单：小松公司在 1959 年获得了戴明奖，并在 1981 年获得了日本质量控制奖，小松被认为是日本拥有最优秀的全面质量控制项目的公司之一。全面质量控制深深扎根在小松公司的文化中，以至于董事会成员反对某事的原因常常是"这件事听起来不像全面质量控制"。

最近，小松主席河合指出："在全面质量控制策略中，销售人员的工作是确认顾客需求；此后，工程师进行产品设计，在质量和成本中保持恰当的平衡；制造工人则按设计将产品生产出来。管理者的工作是为使上述系统有效发挥作用提供必要的服务。"

每家公司都需要一名"全面质量控制先生"来为改善营造一个良好的环境。在横河惠普，笹冈健三就是那位"全面质量控制先生"。横河惠普在 1977 年开始全面质量控制，在 1982 年获得戴明应用奖，横河惠普的成功吸引了美国母公司的积极关注。如今，健三会定期去美国惠普讲解全面质量控制活动。

健三一直认为，日本工业革命是对传统观念的直接挑战，主要体现在以下三个方面（见表 6-1）：

表 6-1　日本工业革命对传统观念的挑战

传统观念	日本革命
质量越高，成本越高	质量越高，成本越低
量大成本小	量小成本小
工人不重要	一个会思考的工人就是一个有生产力的工人

　　引入改善应当自上而下地展开。当为改善提建议却应当由下至上，因为最具体的改进建议来源于离问题最近的人们。因此说，改善既需要自上而下又需要由下至上的手段。

　　在过去的几年里，我有机会与许多来过日本的西方执行官探讨全面质量控制实践。他们中的许多人在离开日本时相信，在他们回国后，应当干出一番大事业来。但是，几乎在所有的案例中，他们的个人诚意都未能引燃整个公司内的热情之火，因为他们的信息从来传递不到高层管理者那里去。事实上，来日本学习全面质量控制的人常说："我老板应当来这里看看。"如果管理者要在整个公司范围内引入全面改善，则由高层管理者提出动议至关重要。没有公司执行官、董事会以及其他高管坚定的承诺，改善将永远没法作为一项公司范围的运动开展起来。

　　从短期看来，管理者应当关心利润报表里的业绩。这些结果显而易见，很容易通过利润表、每股收益、投资回报率计量出来。从长远上看，管理者应当关注为增强竞争力所做的持续改善。然而，改善是缓慢的，计量方法也是相当模糊的。因此，高层管理者常常觉得如果他们为改善而发起一项不甚明朗的项目，可能会收益甚微。然而，正是由于在生产效率、劳资关系、质量控制、员工参与管理、新产品研发以及供应商关系等许多领域都急切地需要改善，才更需要高层管理者为改善创造良好的环境。

　　要用多长时间才能看到改善的效果？根据石川馨所说，在引入全面质量控制之后，通常需要三五年的时间才能看到公司业绩出现显著的改进。笹冈健三则更乐观一些。他说如果西方公司认真地遵照日本经验并乐于学习日本经验，则仅需要两年的时间就能实现日本需要 10 年才得到的效果。

　　富士施乐总裁小林阳太郎说，当改善指向一个具体的目标时，如改进产品质量或是在某一特定地区增加市场份额，在几个月内取得积极结果并不难。然而，他同时认为一个好的系统还需要制度化，从而保证改进能持续下去，并在公司上下传播"改善"的益处。他说管理者不应该仅满足于看到改善，而应该认识到改善的目标要比竞争本身更重要。实现这样的目标显然需要多用几个月的时间。

管理者可能会贪恋短期的利润目标而放弃了长远的改善机会，但在世界市场上，如果你的竞争对手正在日夜兼程地为改善而辛勤劳作、审慎规划并一丝不苟地执行策略，就算是短期利润，你的公司又能守得住多久呢？

改变企业文化

顾客：质量的终极裁判

为改善进行的所有管理努力都是为了四个字：顾客满意。不管管理者做什么，如果不能最终实现顾客满意度的提升，则一切都是徒劳的。然而，如何界定顾客满意却并不容易。管理者应当处理顾客满意中的哪些问题呢？

举例来说，一位经理要求在他的办公室里铺一块新地毯。他说他接待过许多重要顾客，发现新地毯能够增加顾客满意度。管理者如何判别这样的提议呢？如果管理者将削减成本作为第一要义，经理就不可能会提出这样的要求。然而，如果管理者将为公司重要客户提供更好的个人服务作为优先要做的事，那么铺块新地毯的要求就不会显得过格了。

我常常在想，为什么日本管理者会如此迫切地要求开展全面质量控制。原因有很多，比如石油危机，但最重要的因素之一是日本顾客提出的要求越来越苛刻。所以归根结底，是顾客为质量提出了高标准，他们决定买谁的产品、买哪种产品。从这一点上来讲，日本顾客似乎总比其他国家的顾客对产品或服务的要求严格。不论好坏，日本顾客对于细节的关注迫使管理者不得不开发出一种能够打造优秀质量的系统。

针孔穿线

为什么日本从我们这买的产品不多？最近，全世界的生意人和政客一致地发出了这样的抗议。近日，访问日本的商贸代表团得出一个这样的结论：应当把更多的进口货物交给日本百货公司来销售。

毫无疑问，通过一家知名的百货商店将一种新产品引入市场是在日本开展生意的最妙的方式之一，因为与百货商店结盟会带来其他零售渠道无法带来的声誉与销售流水。然而，许多海外出口商好像以为仅仅向百货商店寄送产品手册和目录就能开展合作。因此，我想有必要简单讲讲如何与日本百货公司打交道。

百货商店与成百上千的批发商之间的力量天平永远压倒性地倾斜在百货商店一边。就百货商店而言，那里是买方市场。只有在百货商店有"账号"的批发商才能与百货打交道。因此，想要在某百货商店摆放自己物品的制造商只有通过一家有账号的批发商才能与百货商店合作。

过去，有不少希望在日本经销产品的外国公司企图跨过批发商直接与百货商店打交道。这些人几乎无一例外地失败了，因为他们的这种做法违背了行规。不管一家公司想通过百货商店经销什么样的新产品，很大可能是百货商店已经有了许多种类似的产品。由于商店的空间是预订好的，多出一种新产品就意味着其他产品的空间就会变小，因此竞争对手会竭尽全力击退入侵者。

为某一楼层选择新产品的工作委派给了负责该楼层的主任（或叫作主管）。于是，主任就会永远淹没在成千上万希望将自己的商品上架的申请者中间，这是主任在与批发商打交道过程中的首要内容。面对这种情况，他的主要工作似乎不是去发现有潜力的新产品，而是筛选掉不会吸引消费者也就没法为他的楼层销量做贡献的产品。

于是，主任就掌握了绝对的权力。不仅凌驾于初次与他做生意的人之上，还高过经常与他打交道的批发商之上。每个人都想永远享有主任的恩惠，过去有报道称，在夏冬送礼季节，这种权力能为主任带来一卡车的礼物。的确如此，过去人们常说，一个人当上了主任几年后就能买套房子。

因此不难想象，一位希望在日本开展销售的某美国饮料公司驻东京的销售经理（我叫他山田先生）在与一家领先的百货公司打交道的初期，会何等艰难。初来乍到，他发现自己遇到的第一个障碍居然是件再简单不过的事：如何约到主任。

负责上百种饮料品牌的主任极其忙碌，既要会见批发商，还要会见制造商方面的经理和销售人员。山田本周没有见到主任，于是决心星期日去见他，因为那时没有批发商拜访主任。最后，他终于堵到了主任，并与其讨论在百货公司销售他们公司饮料产品的可行性。尽管这个饮料品牌在国外很有名，但主任很不情愿与他合作，因为他已经有好几条销售很好的竞争品牌产品线。最终，由于他不确定新产品能否给商场带来足够多的销量和利润，他在正常的佣金外还要了一笔回扣。

得到主任的批准后，山田还要去拜见课长（也叫部门主管）并获得他的批准。同样，根本不能提前预约到课长。山田每次拜访，都发现部门主管外出。所以他只好将名片留下表明他来拜访过。课长桌上成堆的名片高得足以证明山田的"诚意"后，他最终得到了"入场券"，有机会展示他的产品。到这时，已经6个月过去了。

在得到部门主管的同意后，山田还要走完拜访百货公司经理的全部流程。时间走到这里，距离山田第一次联系这家百货公司已经一年过去了，山田最终将公司产品摆到了百货商场的货架上。

故事到这还没有讲完。产品一旦上了百货商店的柜台，就会受到定期销售统计的严密监测。销售缓慢的商品会每 6 个月重新评估一次，还会受到撤架的威胁。因此，负责山田公司饮料的销售员不得不使尽浑身解数维持住一个令人满意的销售流水，有时甚至还要用公司的钱去买自己的产品。

还有许多日本特有的行规能反映出百货公司对于批发商甚至间接对于制造商的绝对优势地位：第一，商品以寄售方式在商店销售，这意味着在商品销售出去之前百货公司一分钱都不用支付；第二，百货公司常要求批发商为楼层提供促销人员；第三，百货公司希望批发商配合商场特卖活动。比如，特卖促销楼层布置就常常在商场闭店之后进行。

布置活动被称为"站立"运动，常常在晚上 10 点之后开始，凌晨 3 点结束——山田的推销员通常会一直在那里帮忙。尽管商场对这样的配合从来都不做正式要求，但这或多或少都是必需的，因为其他公司的推销员也留在那里。如果山田的人不在，他会发现自己的产品会在第二天被"迁移"到遥远的角落里。

据说，更机灵的推销员会在第二天商店开门前再返回公司，将自己的产品稍微地挪到一个更有利的位置。

有时候，推销员还会在特卖期间留在公司里帮助楼层销售工作人员，在收银台旁服务，从而更好地了解他们的产品和对手的产品如何销售出去。

除此之外，山田还会在繁忙的购物季到位于东京郊区的百货公司配货中心，兼职学生和家庭主妇在那里忙着为配货进行包装和分类。山田会称赞他们的辛苦工作，感谢他们的努力，并会给他们留下饭团和米饼等小吃。他这样做是想与百货公司保持一种亲善的关系，从而维持住公司对他们的照顾。

　　商店在晚上6点关店后，在旺季时工作人员还要用3个小时的时间核对销售数字与库存。因此，常常直到晚上九十点钟，他们才给批发商打电话下补货订单。这意味着批发商的销售人员要在办公室里等订单到深夜。这还意味着山田和他的销售人员不得不留在办公室，从而保证产品可以在收到通知后即刻配送。

　　山田所在的日本分公司永远有两卡车的货品整装待发。如果没有卡车，销售人员还要自己把货送到公司。

　　对于外国执行官来说，所有这些故事听起来都那么不可思议，毫无疑问，无论对于哪个国家的想与日本百货公司做生意的人来说，这些行规都是令人畏惧的阻碍。然而，这些行规的存在从来都不是日本市场对西方产品关闭的理由。去责备这些怪异的行规容易，但努力去理解并适应这些行规则更有意义。

　　日本一位成功的营销专家说："日本有许多特有的行规和传统，但如果说有什么事实是不可撼动的，我想那就是我们别无选择，只能学着去适应它们。"

供应商关系

　　全面质量控制的一项基本原则便是，要想保证下游产品或服务的质量，最好的方式是维护好上游质量。这种理念甚至延伸到了工厂与供应商的关系中。

　　1984年4月2日，《财富》刊登了杰瑞米·梅恩的一篇文章，他写道：

　　准时制的要义是制造商不必在手中保留过多的库存，他依靠供应商为他们提供用于组装的产品部件。相比之下，美国公司却一贯采用常被称为

"以防万一"（just-in-case）的系统，用大量的库存保证生产的连续性。

改进与供应商的关系成为日本由管理者主导的改善中优先级最高的事项之一。将从高层管理者向下部署下来的工厂经理政策作为指导，采购人员不断地改进与供应商的关系。这类事项通常包括：

- 建立更高的标准去衡量最优库存水平
- 开发其他供应源确保供货更快
- 改进订单安排方法
- 提高给供应商的信息质量
- 建立更好的物流系统
- 更好地理解供应商的内部需求

采购部门的工作之一是发展一套标准，从价格、合作、质量、送货、技术以及整体管理能力几个方面考量供应商的相对实力。

小松公司为供应商和分销商颁发特殊奖项。给供应商（小松把他们称为"合作公司"）的奖项基于以下因素：供应商政策与管理系统、质量保证、成本控制、送货、技术开发、教育、安全以及环保控制等。

日本制造商付出了大量努力协助供应商引入全面质量项目，帮助他们引入不同的改善项目（如建议项目与小组活动），并在产品、质量、数量及交货进度等问题上与供应商保持良好的沟通。于是，供应商能够以少量成本或零成本改进工作程序，在改进产量、更好地确认材料以及降低盈亏平衡点等方面取得成绩。

许多乘用车、工业机器或电子产品的制造商每年或每两年举行大会为那些能够满足质量要求或交货进度的供应商颁奖。日本公司在帮助供应商做得最好的过程中，自己也会受益，供应商和采购双方一起努力满足共同的需求。这种共同努力改进的结果便是本田的供应商在 1974～1978 年取得下面的成绩：

平均销量	从60%提高到了80%
员工数量	几乎没变或更少
人均附加值	从60%提高到了70%
盈亏平衡点	下降超过15%

丰田每月都会见供应商，共同研究员工教育、新材料、物流系统、改进生产线，以及如何建设更好的质量保证系统等问题。

最近，制造商与供应商还结成了联合项目组，共同从事新产品开发、节约资源、保存能源等问题。制造公司总裁每年拜访主要供应商与其讨论关键政策问题也不稀奇。

供应商关系是准时制系统中的关键一环，因为该系统不但要求质量稳定还要求送货精准。密切沟通与共同努力都至关重要。

石川馨说制造厂商与供应商的关系可以分为三个阶段：第一阶段，制造商检查供应商送来的所有货物；第二阶段，制造商只检查样品。第三阶段，制造商不用检查质量就接受所有货物；只有到了第三阶段才算是真正建立了富有价值的关系。

1959 年，太田吉崎首次访问美国研究美国的工业车辆行业。他发现有许多部件供应商为不同的工业车辆制造商提供服务。那时候，日本制造商对这种集成式的生产很着迷，认为这是生产工业车辆最高效的方式。美国的这些经验很吸引太田。

从那时起，日本厂商选择将大部分部件和元件外包出去。然而，只有在专业领域（如液压元件）出现可靠的分包商时才有可能发生这种转变。太田注意到，在过去的 30 年里，日本已发展出许多可靠的专业领域分包商，制造厂商更像一个组装者，将精力解放出来致力于探索更有效率的组装方式。

　　然而，最近一次重访美国和欧洲，太田惊讶地发现一些大型的工业车辆制造商又回归到了"集成生产"神话中，他说，这就解释了为什么日本和西方之间的生产力存在差距。

　　就算西方公司致力于"集成生产"，他们内部的各部门间似乎达不到日本制造厂商和供应商之间高水平的联系与信任。许多西方公司难以在不同的业务单位间建立互信。更糟的是，一家工厂从同一集团内另一家工厂采购货物，竟都不能对其实施与外部供货商相同水平的控制，因为它没有选择另外一家供应商的权利。

　　还有许多特色使日本工厂与西方工厂截然不同。如上所述，日本工厂的第一个特色是极其依赖外部分包商。在开发新产品时，日本管理者面临的第一个决策便是："做还是买"。日本工厂的另外一个特色是雇用非全日制雇员（在一些行业里这类雇员的比例高达50%）。

　　这种对外部分包商与非全日制雇员的双重依赖能让日本管理者更好地处理经济的周期性波动。

案例　理光公司与供应商的关系

　　理光厚木工厂在制造办公设备和复制机时特别依赖准时制系统和看板概念。据复印产品部门采购部总经理吉田胜见说，准时制系统在理光的叫法是 STF（speedy and timely flow，快速及时流程），理光的看板系统叫作 RP（real-time plate，实时板）。这两个系统对保持生产区整洁有序同时又保证产品质量和生产效率至关重要。

　　厚木工厂保留最小的库存空间，部件和元件一般由外部供应商在几个小时内送达组装线。像丰田生产方式一样，一条生产线上组装多种类型的设备。

与供应商保持紧密关系对于这个系统来说至关重要。理光的供应商被分为"指定供应商"和"非指定供应商"两种类型。每年理光公司都会对所有供应商的表现做一次评定。当觉得某一特定供应商在产品质量和送货问题上可靠时，它就会有资格成为"指定供应商"。

指定供应商在理光享有订单优先权，并享受特殊激励计划和优惠的支付条款。目前，理光大约有70家指定供应商，占供应商总数的绝大部分。

为了提高指定供应商的技术能力，理光还会邀请指定供应商的技术人员与理光技工一起工作。理光会把自己的技术专家派到供应商那里，帮助他们实施不同的改善活动。此外，指定供应商的员工还可以参与理光内部的各种培训项目。

理光还会明确订单进度，为理光与供应商间的沟通提供便利。每个月末，理光都会为下个月确认订货。不过，实时板倒是个例外。考虑到实时板系统精准性较高，实时板部件都会以天为单位在某个时间点确定未来三天的订单。理光还会告诉供应商第三个月第一天、第二天、最后十天都需要什么，并估算出第四个月的订单数量。这样，在每个月末，供应商都能估算出未来三个月的生产需求水平，并相应地对自己的生产进度做出规划。

由供应商送来的部件通过传送带"喂给"生产线，因此，严格遵守质量、数量、交货日程安全十分关键。

按新规格生产的部件第一次送到时，还要求供应商提供一列质量保证表格用在生产中。此外，供应商的箱子大小与标签包括编号都要完全遵守理光的标准，否则整批货都会被退回来。比如，如果有10箱货，要在每个箱子上标注上1/10、2/10、3/10，依次类推来表明10箱货品的次序。如果一只箱子丢了编号，则整批货都会遭到退货，因为这些箱子需要按次序被"喂入"生产线上，任何差错都会导致后续生产线出现严重问题。

通常，理光的工程师会走访供应商并要求他们写出生产过程，向理光工程师展示在得到一个特别订单时会用到哪些工具和模具。如果供应商的过程看起来较复杂，理光会建议将流程简化从而削减成本。

每年，理光都会在公司范围召开经理会议。这些会议的一个亮点就是为杰出供应商举办的颁奖仪式。这些供应商都是由采购经理选出的，理光总裁还会亲自授予证书。

证书是优秀供应商的标志，备受瞩目。这样的证书不但受金融界认同，其他制造厂商也将证书看成是对质量和可靠性的认证。有证书在手，供应商可以以更优惠的条款向银行贷款，可以更容易地获得新顾客。

尽管制造商和供应商会在价格上产生利益分歧，理光相信一个好的制造商和他的供应商在服务顾客需要方面拥有共同的利益，因此应当为不断的改善和成本削减共同努力。

改变企业文化：　西方面临的挑战

"今日'半导体之战'的前线是全面质量控制的战场。"松下公司的唐津一如是说。在日本，我们已经达到了这样的水平：执行官以 ppm（百万分之几件）来讨论残次率。一些全面质量控制的狂热分子甚至说以百分比来考察残次率的执行官应当进博物馆，他的公司正在走向灭绝。

范德比尔特大学欧文管理学院教授迈克尔·哈利最近访问日本考察全

面质量控制实践。他的结论是日本将全面质量控制当成了一项企业策略。

为了便于实施，策略务必对组织机构内的每个人来说都是具体的。因此长远的策略务必要转化成明确且可执行的短期计划和目标。

全面质量控制的原则提供了必要的结构性框架，帮助员工和管理层进行沟通，并决定如何改进工作的质量和生产效率。

于是，作为一项企业策略的全面质量控制就不可避免地涉足了以下领域：改进沟通及劳资关系，以及重新唤起组织结构的活力。

综上所述，最为重要的是，全面质量控制作为一项企业策略务必要与人打交道。它产生的网络效应就是工人生产效率更高，经理效率更高，沟通更好，组织机构更有效率。更好的人和更好的管理会带来更好，更有竞争力的产品，倒过来说却不成立。

公司策略不应该仅被一小撮高层管理者掌握，务必落实到纸面上，被公司的所有人理解、解读、贯彻。如哈利所言："它务必是一个商业组织中所有个体间沟通的基础。策略务必与他们的需求相关并能激励他们的业绩。"

让每个人都参与到改善中来成为在今日保持竞争力的关键一步。然而，让所有人积极参与，需要有适宜的氛围或企业文化。例如，如果劳资双方存在严重的对立则获得所有人的配合将很困难。因此，如果管理者想把改善理念应用在所有的企业活动中，就务必先要不断地将改善理念应用到劳资关系中。

创建合作的氛围和企业文化是改善项目必不可少的一环。所有在日本得以实施的改善项目都有一个共同的前提条件：获得工人的认可，克服他们对改变的抗拒。实现这一点，务必要做到：

- 不断地努力改进劳资关系

- 重视对工人的培训与教育

- 在工人中发展非正式的领导者

- 组建小组活动，如质量控制小组

- 支持和认可工人们为改善所做的努力（P 型标准）

- 有意识地使工作区成为能让工人追求生产目标的地方

- 将社交生活尽可能多地带到车间中

- 培训监工，使他们可以更好地与工人沟通，并能够与工人建立一种更积极的个人关系

- 将纪律引入车间

图 7-1 和图 7-2 可以帮助解释企业文化和利润之间的关系。企业利润最大化的目标可以通过增加销量和降低变动费用与固定费用来获得。假定有两家生产相同产品的公司，它们之间竞争力的最终差距可以通过盈亏平衡点来表达。

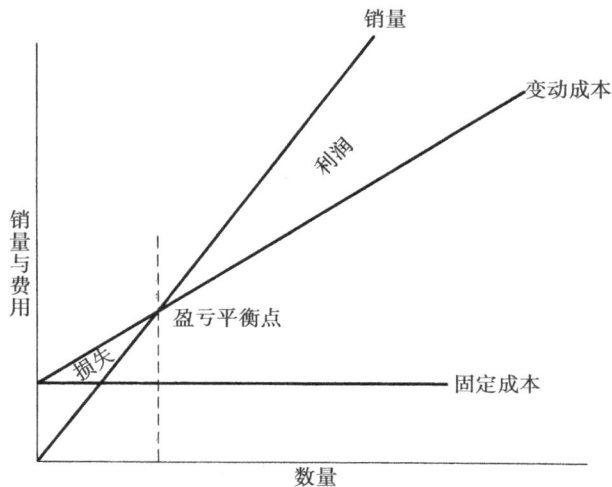

图 7-1　A 公司的盈亏平衡点与利润

图 7-1 和图 7-2 之前，可以很清楚地看出哪家公司的盈利能力更强、更有竞争力。两家公司不同的企业文化造成了这种差别。改善策略通过降低变动成本和固定成本来实现将利润最大化的目标，而这只能通过改进上至行政套房下至工厂车间里所有层级人员的做事方式来实现。

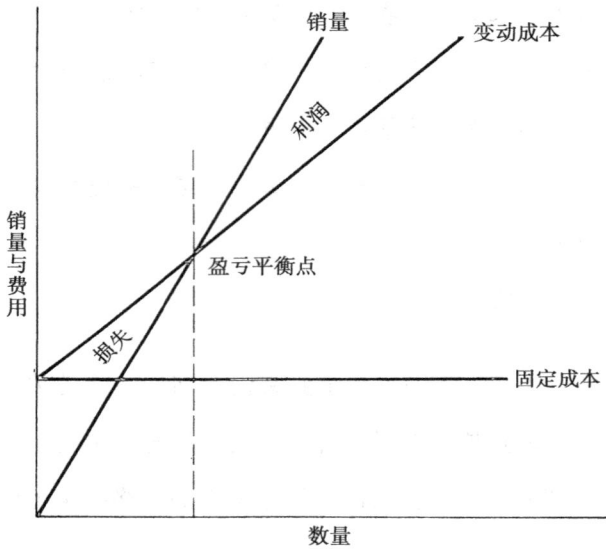

图 7-2　B 公司的盈亏平衡点与利润

在我作管理顾问的 20 多年间，我观察许多外派到日本的经理，发现他们做决策的模式与日本模式迥然不同。在做决策时，外籍经理与日本经理所持的标准不同。

举例来说，外国分公司的市场经理常常制定新政策。大多数在日本的西方公司以突然改变营销方式著称，这令他们的日本顾客和经销商十分恼火。其中包括定价、打折以及骤然从一个批发商变为另一个批发商。这些改变常常出于一种考虑：为下一季度改进盈亏一览结算线。

相比之下，日本经理则常常非常不愿意在经营中引入突变，担心这些变化可能会对组织机构和市场产生消极影响。日本经理更可能将他的优先级放在未来而不是利润上。"文化"一词相当模糊，但是我要在这里用这个词来表示产业结构与哲学方面的因素，它决定着未来公司整体实力、生产力以及竞争力。这些因素包括组织机构的效率、劳资关系以及节约地生产出优质产品的能力。

如果我们把利润和改善看成是影响管理决策的两种标准，会发现日本和外国管理者给予这两种标准的权重有很大不同。大多数西方管理者明显更强调短期利润，而日本企业文化则是更倾向于改善。问题在于这两种标准常常被看成是相互排斥和矛盾的：经理决定采用这个标准常常必须要牺牲掉另一个，反之亦然。文化上的动机常常很微妙且都是潜意识的，但是，每个经理在做决策时头脑中都有这两种标准的标尺，尽管许多经理甚至没意识到他们在使用这样的标尺。

如果管理者能够成功地改进组织机构的文化，从长远上看，公司会有更高的生产力、更富有竞争力，同时也会变得更加盈利。然而，管理者为改进文化所做的努力需要经过多年才能显现出巨大的影响作用。如果管理者只关注眼前利益，他们就不愿花费时间和精力改进文化，不能从长远提高组织机构的竞争力。于是，西方经理在试图改进生产力的时候，往往不愿伤害到短期的盈利率。而日本经理在采取措施改进企业文化时，他们通常知道，为了实现创建更有竞争力的组织机构这一长远目标，他们可能会面临损害短期盈利率的风险。

图 7-3 和图 7-4 表示小林高丝公司在引入全面质量理念之后顾客投诉和生产成本的走势。如图所示，顾客投诉与生产成本在刚引入全面质量控制时都立即增加了。但是这很好理解，因为在一项新措施显现积极成果之前总需要一段时间。如果管理者只有"利润"这一个标准，经理一看到生产业绩出现恶化就心灰意冷，于是希望停止所有的全面质量控制项目。

这是为什么向西方公司引入全面质量控制的努力常常断断续续且很少

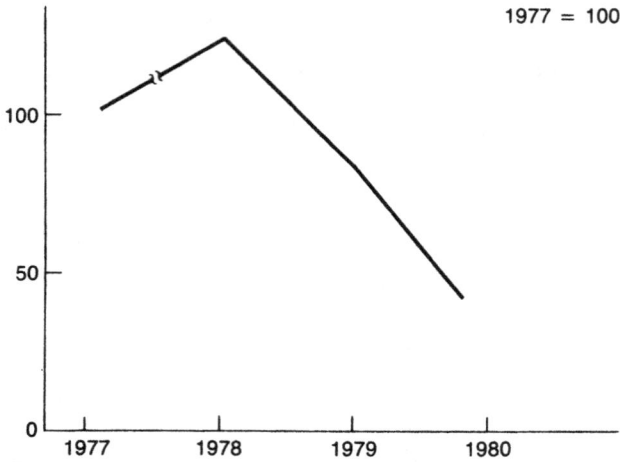

1977 = 100

图 7-3　小林高丝公司引入全面质量控制后的顾客投诉情况

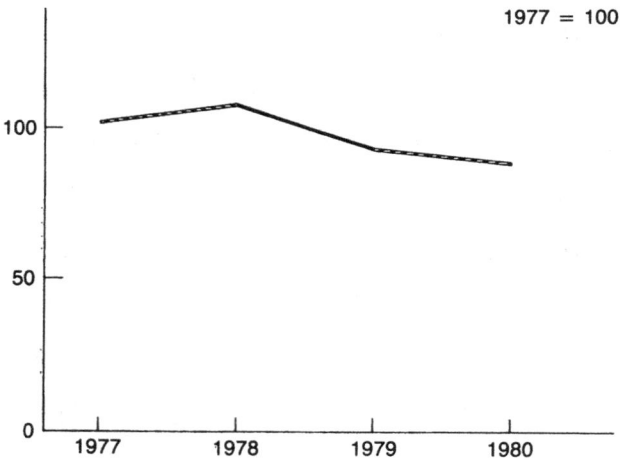

1977 = 100

图 7-4　小林高丝公司引入全面质量控制后的生产成本水平

能成功地改进企业文化的原因。西方公司要想在在国际上变得更有竞争力的唯一方式是同时运用利润和改善这两个标尺去衡量高层经理的业绩。

　　这样的动议应该由董事会发起。如果董事会将利润看成是考量高层管理者业绩的唯一标准，经理将不愿意发起看重过程的改进，去面临损害短期利润的风险，哪怕这种变化会带来可观的长远利益。

　　董事会应该为改变未来 5 年或 10 年的文化建立预算，这样高层管理者就可以集中精力致力于改善，同时履行其实现利润的职责。很自然，利润与改善之间存在一种制衡。因此，董事会必须试着说服投资者、社区以及公众，告诉他们改善的重要性。

　　除此之外，董事会应当为高层管理者建立过程导向的标准用以衡量改善的水平。就好像利润可以用特定的指标来衡量，如盈亏一览结算线、投资回报率、每股收益等，改善也要以清晰、预置的指标来衡量。

　　为了提高生产力和竞争力，公司要改变企业文化，同时在利润和改善之间保持一种平衡，这是当今西方公司面临的挑战。

　　在这个十字路口上，如果西方管理者要在其管理系统里引入改善，下面的问题应当予以考虑：

　　（1）高层管理者能否致力于引入改善并将其作为一项公司策略？是否能够投入足够的时间去理解改善的真正意义？

　　（2）高层管理者能否致力于质量、成本以及进度等跨职能目标？是否愿意部署必要的资源，包括为所有员工提供培训项目？能否致力于跟踪并审计改善项目的进展？

　　（3）现有的系统与企业结构是否支持完成这些目标？如果不能满足跨职能目标，高层管理者是否准备好做出改变——即使要改变组织机构、结构、规划控制甚至是人事问题（包括薪酬与人员调动），也在所不惜？

　　企业结构或组织机构应当为跨职能目标服务。有时候，人们常说"组织策略"，好像组织机构规定了策略，这是一个误解。策略应当决定组织机构，而不是相反。

　　为实现跨职能目标需要采用怎样的企业结构才算适当，因公司和行业而异，同时还要取决于公司的规模。不少多部门公司采用了所谓的矩阵组织。同样，矩阵组织的效率还要从它能否满足跨职能目标的角度来考量。

（4）高层管理者能否致力于在涉及组织机构内所有人的持续不断的项目中做出跨职能的改进？在西方公司里，跨职能的改进常常被当成是一劳永逸的工作，由一个项目团队完成。

跨职能管理根本的信条之一便是，许多管理中的关键问题常常发生在跨职能领域，因此常常涉及跨部门的活动。发生在某一特定部门（或职能）内的问题相对容易处理，因为相关经理通常有权限和资源去处理这些问题。然而，实施跨职能改进有必要处理部门间的跨界领域。应当由谁负责这项工作？特定经理的工作内容通常仅局限于他本人或部门的职责。工作规定越精确，经理在解决跨职能和跨部门问题时越放不开手脚。

工作说明务必包括跨职能职责。如果没包括，就应当做出修改。同时，还要审核各部门间的内部汇报关系。

在典型的西方公司里每个职能都是由骄傲的专家担任，他们在自己的专业领域内接受过高深的教育，历经多年获得专业地位。他们越是骄傲，就越难以与来自其他职能领域的人员就跨职能问题进行有效沟通。在这样的氛围中，很难实现有效的跨职能沟通，因此需要从根本上改变态度。甚至，还有必要提供商学院或其他教育机构的选修课，鼓励他们进行跨职能思维。此外，管理者会发现将专家调到特定职能（如工程部）或如生产和销售等其他职能岗位上也是必要的。

（5）公司怎样鼓励工程师更多地参与到生产相关的活动中呢？对于西方管理者来说，工程资源的使用特别重要。传统上，工程师都为从事的项目工作能远离工厂现场而自豪。工厂的工程工作常被认为比总部的工作档次低，这可以从他们较低的薪资水平上反映出来。典型的工程师梦想的"成功"是到中心研究实验室工作，那里有更高的社会地位和更丰厚的薪水。存在于西方的这种体系助长了优秀的工程师跳出生产领域的动机。

如果承认工程办公室与工厂间的联合至关重要，那么就应该修正这种系统，将更好的工程资源配置到工厂中去。在日本年功薪酬体系框架中，工程师对被安排到工厂工作没有任何异议，因为他知道自己与那些和他年纪相仿的在总部工作的工程师得到的薪酬一样。

（6）改善始于发现问题。在西方的用人环境中，发现一个问题常常等同于业绩不良，甚至面临被解雇的风险。上级忙着找下属的问题，下属忙着掩藏问题。改变企业文化去容纳和培育改善——鼓励每个人承认问题，制订计划提出解决办法，需要在人事实践以及人与人的工作方法上进行深刻的变革。

（7）最后却并非最不重要的一点，西方管理者需要在各个层级上引入过程导向的标准，有必要提供公司范围的再培训项目，并对规划与控制系统进行重组。

> **案例** **直面挑战：飞利浦的全面质量控制**
>
> 目前，越来越多的西方公司引入了全面质量控制项目并得到了高层管理者的坚定支持。飞利浦是一家跨国公司，那里的高层管理者坚定地引入了所谓的全面质量管理。1983 年 10 月，飞利浦公司总裁德克博士就公司范围的质量政策做出了下面的声明：
>
> *产品和服务的质量对于我们公司的继续发展极其重要。*
>
> *通过采纳旨在对所有活动进行完整控制的质量政策，将能实现质量最优化、生产力和灵活性最大化并能削减成本价格。每名员工都要唤起不断努力改进的意识。*
>
> *管理委员会决定为公司范围的质量改进方法提供有力的领导。*
>
> *有关此项动议近一步的形式和内容，将在未来的几个月陆续推出。*
>
> 我们的质量政策包括以下要点：

- 质量改进是管理层作为一个整体最首要的任务和职责。
- 为了让公司的每个人都参与到质量改进中来，管理者务必使所有的员工（不只是工厂中的员工）都参与到准备、实施与评估活动中来。
- 质量改进务必以一种系统的、有规划的方式进行和跟进。这适用于我们组织机构的各个部分。
- 质量改进务必是一个持续的过程。
- 组织机构务必集中精力在顾客和用户身上——既指公司外部，也指公司内部的顾客和用户。
- 所有相关单位都要对竞争对手的业绩了如指掌。
- 重要的供应商也要参与我们的质量政策。这里指提供货物、资源和服务的内外部供应方。
- 广泛关注教育与培训。评估现有的教育与培训活动，同时评估它们对于质量政策的贡献。
- 务必向公司各个部分公开质量政策，从而使所有人都能理解政策。利用所有可用的方法和媒体进行内外部宣传与沟通。
- 汇报政策的实施进展情况永远是评审会的一项议题。
  质量执委会受管理委员会领导，与公司质量科提供公司层级的支持与协调。

为此，飞利浦为来自世界各地的 400 名飞利浦高层经理组织了一系列的研讨会。在研讨会上，德克说：

对于我们管理委员会来说，如果我们确实想要做得更好，我们就可以做得更好。为了生存下去，我们必须想要做得更好……

　　研讨会之所以重要，是因为它关注了一个新的管理理念，即持续改善的理念。

　　你应当了解，我们的主旨是不单向整个组织机构灌输公司范围质量改进的重要性，还要灌输你以及委托给你负责的员工的重要性。我反复强调要共同为实现质量目标建造条件……

　　研讨会之后，大家应当更加集中精力处理这个问题，为自己的下属提供他们需要的工具，教他们如何使用这些工具从而实现需要达到的质量改进目标。

　　你不但要进行质量审计，自身还要经历质量审计。管理委员会已经将质量审计列在各个评审会议的头几项，并将其纳入个人评估的考评范围。

　　我们想要实现的无外乎是精神态度上的一次彻底转变。

总结

　　至此，我试着对改善进行了阐释——它是什么，如何起作用，它做什么。它的益处对于那些引入改善的人们来说很明显。改善可以改进质量、提高效率。第一次引入改善的管理者可以很容易地看到生产效率提高了30%、50%，甚至是100%或更多，并且不需要任何重大的资本投资。改善能够帮助降低盈亏平衡点，帮助管理者更专注于顾客需求，建立起充分考虑顾客需求的系统。

　　改善是一种人性化的手段，它希望每个人（没错，就是所有人）参与进来。它基于这样一种信念：每个人都能为改进工作环境做出贡献，在那里，人们要度过生命中1/3的时间。

　　最后，改善能够使企业更有竞争力、更盈利。在过去的 30 年里，日本管理者一直都在遵守不断改进的政策，却没有给这种改进正式取名叫改善。如今，第一次，日本以外的公司能够追寻改善的发展轨迹，以全面的视角，开始规划改善策略的实施。

　　改善策略力求同时关注过程和结果。我们讨论改进过程时，看重每一份努力，管理者因此必须发展出一套系统报答员工和管理者的努力。这种对努力的认同不应与对结果的认同相混淆。

　　引入改善策略需要运用自上而下和自下而上两种手段。应当注意，自上而下的管理方式通常需要设计手段，而自下而上的方式需要分析手段。于是，在管理等级阶梯的较低层级上，需要培训员工和管理者使用分析工具。而对于较高的层级，设计手段（如政策部署、质量部署以及七种新工具）则更有用，因为这些层级上的人更多地关注设定目标并为实现这些目标部署手段。

　　分析手段要从过去的经验中学习，而设计手段则要利用预设目标去建设更好的未来。尽管传统上的设计手段仅限于工业工程和设计中，但它在管理问题中的应用仍值得认真对待（附录 E 简单介绍了设计手段及其工具）。

　　当这两种手段在各个层级经理制定决策和解决问题的职能中结合在一起的时候，它们将成为实施改善策略的强大工具。在引入改善理念时，管理者需要在开发培训和教育项目时将两种手段的要求牢记心中。

　　为实施改善策略，日本发展出许多有用的理念和工具，我相信其中的大部分在其他国家也同样有效。其中包括顾客导向的哲学、PDCA 循环、跨职能管理、政策部署以及如系统图与质量表这样的工具。

　　依据大阪电气通信大学教授纳谷义信的说法，改善策略与全面质量控制管理能实现以下效果：

- 人们能更快地抓住实质问题
- 更加重视规划阶段
- 鼓励过程导向的思维方式
- 人们专注于更重要的事
- 每个人都参与建设新系统

基于我的观察，所有人都有改进自我的本能需求，因此，我相信改善理念不仅在日本有效，在其他国家也将同样有效。

没错，文化因素能影响个人的行为，但个人的行为方式也能通过一系列因素或流程进行衡量并受其影响。因此，不管何种文化，总有可能将行为分解为一个个过程，并建立起控制点和检查点。这解释了为什么决策制定和解决问题这样的管理工具具有普适的有效性。尽管在应用过程导向的思维方式时需要考虑文化因素的影响，但至少不能否认过程导向的思维方式本身的有效性。

改善不会替代和妨害创新。相反，两者是互补的。最理想的情况是，在改善被穷尽后开展创新，而改善还要在创新启动后进行跟进。改善和创新是进步不可或缺的要件。

富士施乐的小林阳太郎说："改善通过为现状增加附加值而改进了现状。如若不断地朝着一个明确界定的目标努力，改善终将产生积极的结果。"

"然而，改善也是有局限的，因为它替代不了或者说不能从根本上改变现状。一旦改善的边界价值开始下降，你就应当去挑战创新。高层管理者的工作是在改善和创新之间保持一种平衡，永远不能忘记寻找创新的机会。"

最后，尽管我在本书中对改善策略的介绍仅限于其对商界的影响作用，但我相信改善策略可以广泛地应用于非工商领域，如政府服务、学校及其他机构，甚至在受到经济控制的国家里仍然受用。这些机构可能不受利润驱动，但改善理念可以成为检查进展的有效标准。

就这一点，也许可以引用克劳德·李维斯有关进步概念的阐述。1983年，在日本举办的生产力问题国际研讨会上，他说：

我们称一些社会为原始社会，是因为他们渴望待在最初由上帝或祖先给他们创造的状态中，他们知道如何保持人口平衡，利用社会规则和迷信保护一成不变的生活标准。

我真诚地希望我们能够克服"原始"状态，希望改善策略终将不仅应用于商界，还能应用在全世界所有的机构和社会中。

致　谢 |Kaizen

我必须声明，本书中的观点并非全部来自本人。我仅仅是把过去在日本得以发展并为企业所用的管理哲学、理论和工具进行了梳理。如果说我做了哪些贡献，那就是将这些理论、工具总结进一个更容易理解的理念——改善之中。

在本书的写作过程中，我得到了日本和国外许多的工商界人士、专家以及学术机构给予的帮助。我打算将这些人的名字全部列出来，但这显然很难做到。

特别感谢武藏工业大学校长石川馨，他是日本全面质量控制理论的大师；感谢丰田前任副总裁大野耐一，他最先提出了"看板"和"准时制"的概念。石川和大野一直致力于协助剑桥集团向西方传播"改善"理念，并曾多次参加剑桥集团举办的研讨班和学术讲座。

帮助我的人还有多摩川大学的小暮雅夫及赤尾四时教授，爱信华纳公司总裁西村正志、副总裁诸户修三，日本制钢所总裁八木直彦，萱场工业公司执行董事经理浅野改作，横河惠普总裁笹冈健三，富士施乐总裁小林阳太郎。

我还受益于日本国内那些在公司范围积极实施质量控制的众多管理

者，包括丰田公司的片山善三郎，派通公司的岛田善事，小林高丝公司的高洲久志，小松公司的下山田馨，佳能公司的佐渡英和，理光公司的长洲武雄、山本春雄，日本制钢所的渡边健司，丰田合成公司的佳树岩田。

从 1957 年开始，我有幸在华盛顿日本生产力中心工作了 5 个年头，研究美国管理实践，并协助将其引入日本，这段经历为我提供了有关管理理论和实践的极富价值的洞见，使我走上了漫长而又富有成果的职业管理顾问之路。在 30 年前建立生产力中心并领导该组织至今的乡司浩平主席，在我职业成型期给了我巨大的支持，并在 1961 年我回到日本之后，继续孜孜不倦地指导我。

日本科技联盟（JUSE）、日本生产力中心、日本规格协会、日本中部质量控制联盟、日本能效协会等组织发行的出版物，为本书提供了有价值的素材源泉。事实上，我常常为日本可用的海量信息所震撼。

在本书编写的过程中给我提供帮助的人还有飞利浦高级咨询顾问萨伯拉曼尼、《国际动态管理》总监罗斯·马西森、《日本研究》总裁艾美德·伍里曼、教育发展学院约翰·鲍尔斯、《教育系统与设计》副总裁艾米·瓦力丝、艾尔博特加尔加诺协会董事经理艾尔博特·加尔加诺。我还要感谢奥斯汀林博公司的艾伦·奥斯汀和罗伯特·佐诺维奇，是他们将本书引介给兰登书屋，使其出版成为可能；同样感谢兰登书屋的哈斯凯尔和保罗自始至终给予本书的关注与支持。

最后，也是最重要的，我要感谢我的秘书五十岚法子，她不懈地协助我收集和整理书中的素材，耐心地反复录入，投入大量心血，职责内外任劳任怨。

尽管我从这些人中受益良多，但若因我的拙笨无能而使他们的教导和帮助未能尽显效力，终使本书未能尽善尽美的话，则与他们毫无关系。

今井正明

改善活动中的 3-Mu

改善中的控制点能帮助工人和管理者永远记得还有哪些领域需要改进。下面就是一个常用的例子，其中包括三个控制点，总称 3-Mu。

Muda（浪费）	Muri（滥用）	Mura（不一致）
1. 人力	1. 人力	1. 人力
2. 技术	2. 技术	2. 技术
3. 方法	3. 方法	3. 方法
4. 时间	4. 时间	4. 时间
5. 设备	5. 设备	5. 设备
6. 模具和工具	6. 模具和工具	6. 模具和工具
7. 物料	7. 物料	7. 物料
8. 生产数量	8. 生产数量	8. 生产数量
9. 库存	9. 库存	9. 库存
10. 空间	10. 空间	10. 空间
11. 思维方式	11. 思维方式	11. 思维方式

改善运动中的 5S

5S 运动的名字来自 5 个以 S 开头的日本词汇：seiri、seiton、seiso、seiketsu、shitsuke。它是整体项目中能够看得见的一部分，车间里经常反复张贴这些步骤。

第 1 步　seiri（整理）

- 在制品
- 不必要的工具
- 不用的机器
- 残次产品
- 纸张与文件

区别必要的与不必要的东西，废弃不必要的。

第 2 步　seiton（整顿）

务必使物品摆放整齐有序，为用时做好准备。一位美国机械工程师回忆，在辛辛那提工作的时候，他常常用几个小时的时间寻找工具和部件。只有在他进入一家日本公司，看到员工那么容易地找到需要用的物品时，他才意识到"seiton"的价值。

第 3 步　seiso（清扫）

保持工作环境清洁。

第 4 步　seiketsu（清洁）

让干净整洁成为一种习惯，要从使自己干净整洁做起。

第 5 步　shitsuke（素养）

遵守车间中的程序。

5W +1H

谁（who）	什么（what）	where（哪里）
1. 谁做	1. 做什么	1. 在哪做
2. 谁正在做	2. 正在做什么	2. 在哪做完
3. 谁应当正在做	3. 应当做什么	3. 应当在哪做完
4. 还谁能做	4. 还能做什么	4. 还有哪里能做
5. 还谁应当做	5. 还应做什么	5. 还应当在哪做
6. 谁在做 3-Mu	6. 正在做哪些 3-Mu	6. 哪里正在做 3-Mu
何时（when）	为什么（why）	how（怎样）
1. 何时做	1. 为什么他做	1. 怎么做
2. 何时做完	2. 为什么做	2. 怎么做完
3. 应当何时做	3. 为什么在那儿做	3. 应当怎么做
4. 还能在其他什么时候做	4. 为什么那时做	4. 这种方法能用到其他领域吗
5. 还应当在其他什么时候做	5. 为什么那样做	5. 有没有其他方式
6. 有时间做 3-Mu 吗	6. 思维方式是否存在 3-Mu	6. 在方法中是否存在 3-Mu

4M 一览表

A. man：人（操作人员）

1. 他遵守标准了吗？

2. 他的工作效率能接受吗？

3. 他具有问题意识吗？

4. 他负责吗？（他有责任感吗？）

5. 他够资格吗？

6. 他有经验吗？

7. 他是否被派到了合适的工作岗位上？

8. 他愿意改进吗？

9. 他是否保持了良好的人际关系？

10. 他身体健康吗？

B. machine：机器（设备）

1. 它满足生产需求吗？

2. 它满足工序能力吗？

3. 涂油（润滑）充分吗？

4. 检测充分吗？

5. 操作经常中断是因为机器故障吗？

6. 满足精确度要求吗？

7. 是否发出异常的噪声？

8. 场地充足吗？

9. 机器或设备充足吗？

10. 是否都处于良好的工作状态？

C. material：物料

1. 数量是否有误？

2. 等级是否有误？

3. 品牌名称是否有误？

4. 是否有杂质混入？

5. 库存是否充足？

6. 是否存在材料浪费？

7. 操作充分吗？

8. 是否丢弃了在制品？

9. 场地充足吗？

10. 质量标准是否充分？

D. operation method：操作方法

1. 工作标准充分吗？

2. 工作标准升级了吗？

3. 方法安全吗？

4. 方法能否确保生产出优秀的产品？

5. 方法有效吗？

6. 工序充分吗？

7. 设置充分吗？

8. 温度湿度够吗？

9. 光亮和通风充分吗？

10. 与前面和后面流程的联系充分吗？

改善中用于解决问题的工具

七种统计工具

解决问题有两种不同的手段。第一种手段用于有数据可用且通过分析数据就能解决问题的情况中。生产相关领域出现的问题大多数属于这一类别。分析地解决问题的七种统计工具包括：

（1）帕累托图（pareto）。此图将问题按原因和现象分类。根据优先级，用一个条形图将问题表现在图表中，用 100% 表示损失总值。

（2）因果图（cause-and-effect diagrams）。此图用于分析某个过程或某种情况的特征，以及造成这些特征的因素。因果图也被叫作"鱼骨图"或"哥斯拉骨架图"。

（3）直方图（histograms）。用测量得到的频率数据表现某一数值的峰值。质量特征的波动被称作"分布"（distribution），以极性图表示的频率数据被称作直方图。此图主要用于通过检查"离差"（dispersion）的形状、中值以及"散布"（dispersement）的本质来确认问题。

（4）控制图（control charts）。变动分为两种类型：一种是在正常状态下发生的不可避免的波动；另一种是由某种原因造成的变动。后一种被称作"异常"。控制图借助折线图（line graph）探测异常趋势。与标准的折线图不同，这里的折线图的控制线位于中央、顶端和底层。样品数据以点的形式标注在图上，用来评估过程状况与趋势。

（5）散点图（scatter diagrams）。散点图上标注出两组相对应的数据。标注出的点之间的关系显示对应数据之间的关系。

（6）分层法（graphs）。可用的图形有很多种，取决于想要什么形状以及分析目的。条形图（bar graph）通过并列的条形柱来比较数值，而折线图则用来表示一段时间内的变化波动。扇形图（circle graph）表示数值的分类统计，雷达图（radar chart）帮助分析以往评估项目。

（7）检查表（checksheets）。设计表格，针对某一情况进行日常记录，将结果列在表中。

这些工具被质量控制小组、工程师、经理广泛使用，用来发现和解决问题。它们是统计和分析工具，在积极从事公司范围内质量控制的公司中，员工都要接受培训，学会在日常活动中使用这些工具。

七种新工具

在许多管理情境中，不是所有用于解决问题的数据都可用。新产品研发就是一个例证。开发一种新产品的理想方式是先确认顾客需求，将这些需求转化成工程需求，再将工程需求转化成生产需求。为了提高生产力而开发新的制造方法也是同样的道理。在两个例子中，必要的数据总是不可用，可用的数据常常只存在于相关人员的大脑中，以语言的形式表达而非以数字的形式表现。这种话语上的数据必须转化为有意义的形式，这样才能制定出合理的决策。

在管理中，解决许多问题都会需要各部门人员间的协同。这里也会遇到这个问题：硬数据稀少，可用数据很可能太过主观。

基于所有这些情况，有必要在统计手段之外，使用一种设计手段解决问题。设计手段中的"质量控制的七种新工具"（一般被称为"新七"）在产品质量改进、削减成本、新产品开发以及政策部署等领域被证明十分有效。如今，"新七"已成为经理、幕僚人员、工程师最有效的工具。

设计手段是一种综合的系统手段，用来解决对细节特别关注的问题。设计手段的另外一个特色是涉及不同背景的人，这使其在解决跨部门和跨职能问题时十分有效。

（1）关系图（relations diagram）。此图将涉及许多因素的复杂情境中的关系捋顺，阐明各因素间的因果关系。

（2）KJ法（affinity diagram）。它本质上是一种头脑风暴方法。以小组工作为基础，每个参与者写下自己的想法，再按照主题对想法进行分组和重新排列。

（3）树形图（tree diagram）。这是对职能分析价值工程[⊖]理念的延伸，用于表示各目标和措施之间的相互关系。

（4）矩阵图（matrix diagram）。用这种格式阐明不同因素之间的关系。矩阵图经常用于将质量需求部署到对应的工程特征中，然后再部署到生产需求中。

（5）矩阵数据分析图（matrix data-analysis diagram）。在矩阵图不能提供充足的细节信息时会用到此图。这是七种新工具中唯一一种基于数据分析并给出数字结果的方法。

（6）PDPC（过程决策项目图）。这是过程决策项目表在运筹学中的

　　⊖　价值工程（value engineering）指根据价值分析对各项计划和制度所进行的修改、变动等
　　　　工作。——译者注

应用。因为用于实现特定目标的实施项目经常不能按计划执行，还因为未预料到的进展很可能造成严重的后果，开发过程决策项目图不仅是为了得到最优的结论，同时可以避免出现意外。

（7）箭形图（arrow diagram）。常用于项目评估评审技术（PERT）以及关键路径法（CPM）中，用网络图表示实施一项计划的必要步骤。

七种新工具在与改进相关的活动中的应用将永无止境。尽管下面的清单列出了七种新工具在当今日本的主要应用领域，但这份清单绝对无法穷尽所有。不是每个项目中都会用到所有七种工具，而是会用到一个或多个，取决于项目的需求。

质量控制的七种新工具的典型应用：

研发	削减成本与节约能源
开发新技术	安全改进
开发新产品	竞争分析
改进分析与诊断技能	质量保证系统改进
生产进度安排	污染预防
生产管理	销售管理
生产力改进	市场信息分析
引入自动化	供应商管理
质量改进	政策部署

戴　明　奖

戴明用他早期在日本讲授质量控制所得收入以及讲稿文字和作品译本的版税创设基金，建立了最初的戴明奖。如今，戴明奖由日本科技联盟（JUSE）颁发。

戴明奖有三大类别：授予个人的戴明奖，授予公司的戴明应用奖以及戴明工厂奖。

1970 年增添了日本质量控制奖，作为最高奖项，只授予那些在得到戴明奖至少 5 年后展现出持续的高水平全面质量控制实践的公司。

从戴明奖的考核内容清单可以了解日本全面质量控制的活动范围。从列表可以看出，日本的质量控制审计实际上是对管理系统的全面审核。

戴明应用奖审计清单

1. 企业政策

为全面质量控制制定了哪些企业政策？为了进行规划、设计、生产、销售以及保证产品和服务质量，运用了哪些目标和措施？有多么成功，如

何检查？（政策信息、部署、实施与审计）

2. 组织结构与行政管理

利用哪种组织结构去执行和管理统计质量控制？此外，还要考察各部门、委员会活动、小组活动间的权威、责任以及协调如何明确（跨职能的组织机构）。

3. 教育与拓展

在公司内部和外部，提供了哪种常规的教育项目，如 SQC（统计质量控制）研讨班等。对于 SQC 的理念和方法的理解程度如何？如何确定这些项目的有效性？为供应商和分包商提供了哪些教育项目？建议系统如何执行？

4. 实施

在研发、设计、采购、制造、检测、销售等领域进行哪些活动来保证全面质量控制？例如，必须有以下各条目：

利润管理	成本控制	采购与库存控制
生产过程控制	设备管理	仪表控制
人事管理	劳工关系	教育项目
新产品开发	研发管理	供应商管理
委屈处理程序	消费者信息使用	质量保证（质量保证）
顾客服务	服务关系	

（1）质量信息的收集与使用。如何将信息从总部传播到各工厂、销售办公室和部门中去？

（2）分析。如何定义重要质量问题？如何使用统计方法解决问题？

（3）标准化。如何建立、使用、修正标准？如何维护标准化？如何保持各标准之间的连贯性？

（4）控制。如何建立控制点？如何采取对策？应急措施的控制系统是什么，如何管理？怎样使用不同的工具，如控制图？生产过程是否在控制之中。

（5）质量保证。如何管理和诊断质量保证系统？新产品研发的系统是什么？质量职能如何部署？安全和产品责任的预防性措施是什么？过程控制和改进的措施是什么？工序能力如何管理？

5. 效果

引入全面质量控制对于产品质量有什么影响？对于服务、交货、成本、利润、安全、环境有哪些影响？公司制造和销售的产品是顶级产品吗？公司获得了哪些切实利益？

6. 未来

公司是否认清了自己当前的实力与弱点？是否有计划将全面质量控制进行下去？如果有计划，这些计划与公司战略如何关联？

由被授予戴明奖的公司汇报的切实效果与无形效果有：

切实效果

市场份额增加	销售数量增加	生产数量增加
成功开发新产品	缩短了产品开发时间	开发了新市场
改进了质量	投诉减少	缺陷成本降低
过程变少	员工建议增加	劳动事故减少

无形效果

每个人有关管理的意识和参与程度都提高了

质量意识和问题意识得到提高　　横向和纵向的沟通得到改善

工作质量得以提高　　　　　　　人际关系得到改善

信息反馈得到改善　　　　　　　提高了管理技巧

"顺应市场" 的理念得以普及　　职责与权力间的阐述更明晰

增强了新产品研发的信心　　　　转变为目标导向的思维方式

改进了标准化　　　　　　　　　更积极地使用统计质量控制

案例学习： 佳能的改善活动

佳能生产照相机、复印机和办公计算机。佳能的改善活动以 CPS（佳能生产方式）为核心。如图 G-1 所示，佳能的目标是以更低的成本生产更优质的产品，以更快的速度交付产品。为了实现这些目标，佳能开发出三个系统：QA（质量保证）、PA（生产保证）以及 PT（人员培训）系统。

佳能生产方式的基本构成之一是 QA 系统。质量卓越对于使产品赢得世界范围的尊敬至关重要。为此，佳能试着在开发、生产和销售的各个阶段保证质量最优。

佳能生产方式的第二个基本构成是 PA 系统。佳能发明了两种系统，即佳能 HIT 系统（相当于准时制系统）与信号系统，用来实现更快地交货与低成本的生产保证。HIT 系统的意思是仅在有需要的时候生产需要数量的部件和产品。佳能运用 HIT 卡或信号机实现这个目的。设计这些子系统就是为了通过"可视化控制"理念实现准时制生产。

佳能生产方式的第三个基本构成是 PT 系统，在该系统下佳能员工通过终身培训项目得到持续的教育。

模范车间指这样的车间：
- 业绩持续改进
- 为发展劳动力持续付出努力
- 一直在为减少浪费而进行改善
- 明确定义了商定好的角色与目标
- 严格遵守商定好的规则
- 车间中正在进行的事情可以看得到，能被理解

佳能生产方式的目标
高质量
低成本
快速交货

佳能生产方式的政策
佳能质量保证系统
建立流通生产线提高人员效率

建立质量保证系统

佳能生产方式：每个管理等级的系统改进目标

基础结构

质量保证系统
交货保证系统
成本保证系统

支持结构

人员培训系统
生产技术与管理的研发
佳能生产方式运营系统

工作现场活动

小组活动
建议活动
"清理自己的工作区"活动
车间活动

系统改进
利润
模范车间
消除九种浪费

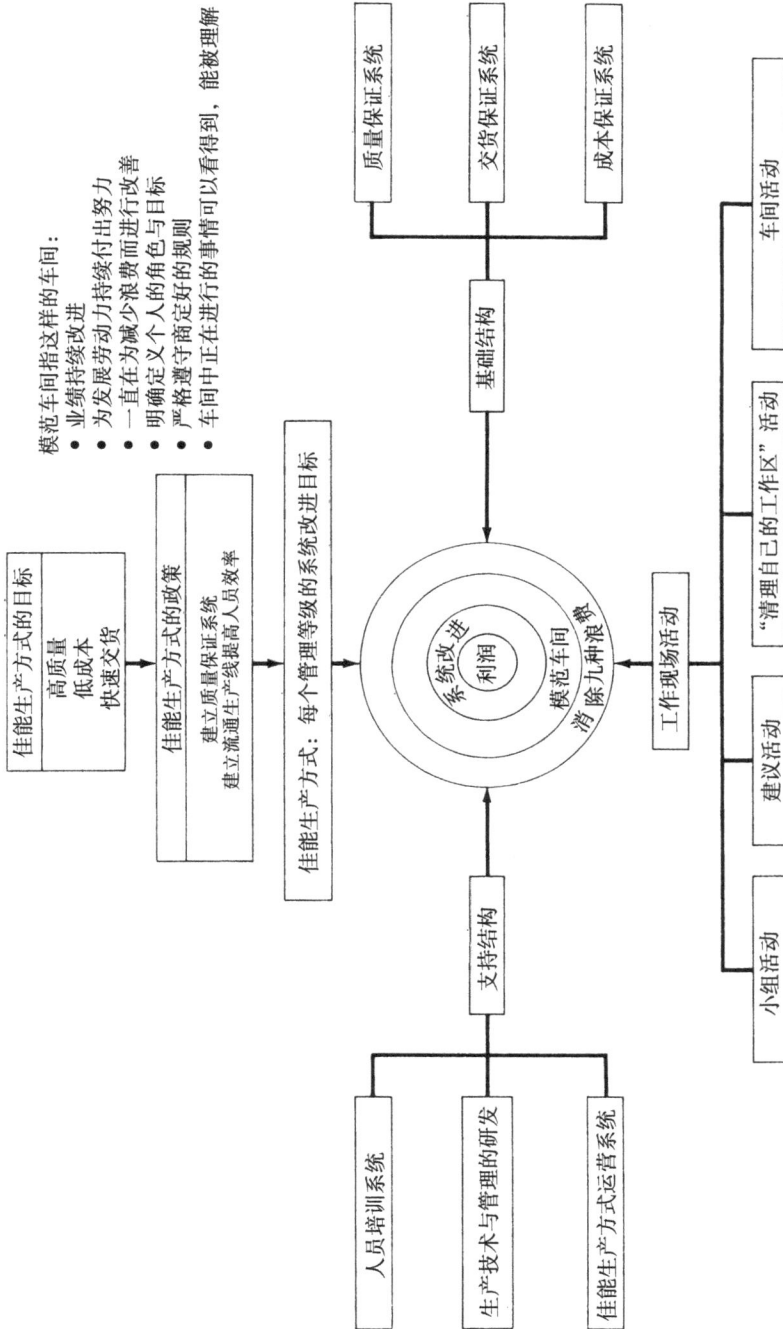

图 G-1　CPS（佳能生产方式结构图）

其他用以实现佳能生产方式目标的关键工具还包括"四项投资"与"消除九种浪费"。四项投资指用于技术、人力资源、设备和福利的投资。佳能认为忽视这些投资中的任何一项都会导致企业最终走向失败。

对于浪费来说，通常并不明显且经常伪装在日常工作之中。如果没有一个清晰的框架，很难分清人们是否要费事去消除某种形式的浪费。为此，佳能生产方式将浪费分成九大类，如表 G-1 所示。

表 G-1　佳能定义的九类浪费

浪费的类别	浪费的本质	经济节约的做法
在制品	存储不是当下需要的物品	改进库存
拒绝品	生产残次产品	更少的拒绝品
设备	机器闲置和设备故障，花很长时间去调试	提高产能利用率
支出	对需求产量投资过度	缩减支出
间接劳动	不善的间接劳动系统导致人员过剩	高效的工作分配
设计	生产出的产品功能超出必要	削减成本
人才	人才被派到可以由机器实现的或用技能低的人可以胜任的工作	节约劳动力或劳动力使用最大化
动作	没有按工作标准工作	改进工作标准
新产品预备	使新产品生产稳定的启动动作迟缓	更快地进入全线生产阶段

佳能生产方式的活动可以由消除的九种浪费来评判。佳能的管理者认为用这九种浪费分类去处理浪费问题可以：①帮助员工具有问题意识；②帮助他们从改进操作转向改进系统；③帮助员工认识到自我发展的必要。图 G-2 表示由佳能发现的存在于生产中的九种浪费系统图。

佳能估算，在公司范围通过佳能生产方式减少浪费的努力为 1983 年节省了 240 亿日元。佳能生产方式的成功使员工因为为公司的收入做出贡献而信心大增，颇感自豪。

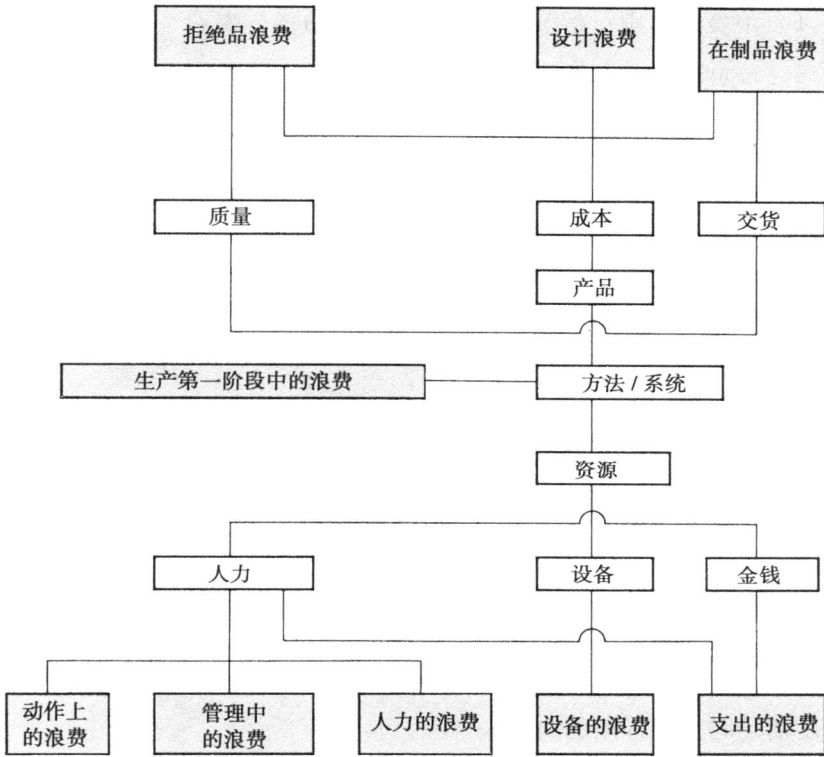

图 G-2　生产中的九种浪费

减少浪费的最终目标由高层管理者向下部署到车间，并在各个层级上建立目标。在佳能一家工厂中，一个被称为"改善项目100"的项目正在进行中。表 G-2 是项目中用到的表单。

表 G-2　改善项目100

浪费的类别	计划	对策		负责人员	进度	预期效果
	问题	5M	编号	改进的行动	直线关系	汇报

下面介绍如何填写上面的表格：

（1）浪费的类别：指明属于九类浪费中的哪一类。

（2）问题：列出每个浪费对应的问题，与理想的状况对比找到"应然"与"实然"间的差距。

（3）5M：将原因与5M挂钩——机器、设备、人员、方法、措施。

（4）编号：序号。

（5）改进的行动：实现理想状态的对策（欢迎向其他部门咨询）。

（6）负责人员：人员姓名。

（7）进度：完成项目的截止时间。

（8）预期效果：对效果的预测（用来指导优先级）。

在本案中，经理要为改进想出200项任务，为工长设定的目标是100项任务。每个监工都会得到一份"改善项目100"表单，并张贴在车间的墙上。每当他想到一种新的改进，他就会写在表单上。这种列表在规划车间月度活动时是很好用的向导。

在其他工厂，工长被告知在上午11:30～12:00腾出30分钟作为改善时间。在这段时间里，车间什么都不做，只用来思考改进问题。工长甚至不应在此30分钟内接电话或开会，同时建议工厂不要在这段时间召开会议。工长用这段时间找到问题并致力于改善项目。

表G-3列出了佳能年度嘉奖。从列表可以看出，这些奖项分别授予了个人、小组、车间单位，目的是表达管理者对于人们所付出的努力和所取得的成果的认同。

表 G-3　佳能年度奖励清单

名称	授予	内容	奖金：日元（美元）	奖励（其他）	每年获奖者的数量	颁奖场合
模范车间奖	部门	连续三年实现改进30%的佳能车间典范	200 000（900）	部门经理到海外学习，部门获得金制鹰首奖（Gold Eaglehead）	1~2	佳能生产方式方式大会
模范车间亚军奖	部门	同上，佳能的车间代表	100 000（450）	银制鹰首奖	10~20	佳能生产方式方式大会
消除九种浪费奖	团体	车间或团队为减少浪费做出卓越的改进	50 000（225）		50	佳能生产方式方式大会
佳能生产方式方式业绩奖	监工、部门助理经理、高级工程师	对减少浪费有独到的理念，并能成功地管理车间		海外学习	3	佳能生产方式消费浪费大会，佳能生产方式方式大会
优秀小组活动奖	小组	在小组活动中展现出卓越业绩的小组	50 000（225）		2	佳能小组全体大会
总裁积分奖	个人	建议积分排名前20的人	3 000 000（1 350）	金奖	20	工作改进建议大会
年度总裁奖	个人	建议积分排名前30的人	100 000（450）	银奖	30	工作改进建议大会
总裁奖	个人、团队	B等级以上的杰出建议	100 000（450）		10~20	工作改进建议大会
总裁特别奖	个人、团队	总裁奖中最杰出的个人和团体		领导海外学习	2	佳能生产方式方式大会
金奖	供应商	为质量、成本、交货搭建优秀系统的合作公司	300 000（1 350）	金质鹰首奖	1家	合作公司执行官会议
银奖	供应商	为质量、成本、交货搭建优秀系统的合作公司	200 000（900）	银质鹰首奖	1~2家	合作公司执行官会议
特别奖	供应商	在生产工程、生产及质量改进方面取得较高成就的合作公司	100 000（450）		每类1~2家	合作公司执行官会议

术 语 表

分析手段（analytical approach）（就改进管理而言） 分析以往经验，得出结论的一种方法。

自动停止（autonomation） 在丰田生产方式中，若生产中出现残次部件，机器设备会自动停止运行，这一特征被叫作自动停止。

检查点与控制点（check points and control points） 两者都用来测量不同管理层级中与改进有关的活动的进展水平。检查点是一种过程导向的标准，控制点是一种结果导向的标准。相对于某位经理来说的检查点，对于下一层次的经理就会变成控制点。因此，检查点和控制点也被用于政策部署。

跨职能管理（cross-functional manage-ment） 为实现"改善"和全面质量控制项目的政策目标，需要进行跨部门的合作。在确定企业战略规划之后，高层管理者要为横贯整个组织的跨职能工作设定目标。

跨职能管理是改进全面质量控制的主要组织工具，跨职能管理可能与西方某些管理工具相似，但不同之处在于它更侧重集中力量进行全局性的跟进，以使目标和措施取得成功。

戴明环（Deming cycle） 戴明借助车轮周而复始的运动特点，强调有必要使研发、设计、生产、销售各部门间保持不断的交流和互动，从而改进质量，使顾客满意。

设计手段（design approach） 通过建立预设目标，寻求更优化的手段。在未来的管理过程中，应更多地运用设计手段。

工厂管理的五大目标（five management objectives of factory management）
三菱汽车澳大利亚公司总监格瑞姆·斯伯灵为工厂设定的五项关键管理点。

改进（improvement） 改进作为成功的改善策略中的一部分，它的含义已超出了该词在字典中的意义。改进是维护和提升标准的不可撼动的思想意识。广义上，改进可以定义为改善和创新，其中改善策略是指通过细小的渐进式改变，提高工作标准，而创新则是通过大规模的技术或设备投资实现激进的改进。

一项成功的改善策略会将维护标准的责任十分明确地描述给工人。管理层的工作则是改进标准。日本对管理的认识可以浓缩为一句话：维护和改进标准。

准时制（just-in-time） 丰田生产方式的一部分，是控制生产和库存的一种技巧。由丰田公司的大野耐一设计并加以完善，目的在于减少生产中的浪费。

改善（kaizen） 改善意味着改进。此外，它还指个人生活、家庭生活、社会生活、工作生活中持续不断的改进。用在车间中，改善指的是涉及所有人的不停顿的改进，这其中包括经理也包括工人。

看板（kamban） 由大野耐一发明的用于准时制生产和库存控制的沟通工具。看板（kamban）或信号板（signboard），与生产线的特定部件相关联，显示该部件某一数量的供应情况，当部件全部用完时，相同的信号会传至该部件的生产部门，为需要增加的部件下订单。

看板系统是全面质量控制整体集成系统众多要素中的一个部分，它不能脱离其他要素而独立存在于生产过程之中。

维护（maintenance） 指对当前技术标准、管理标准及运营标准进行维护的活动。

可控边限（manageable margin） 生产过程中可接受的极限，当检查点显示流程已超过控制点，管理者必须立即找到责任因素并进行纠正。

可控边限还有另外一个不易觉察、难以管理的阶段。虽然生产过程仍在控制范围内进行，但仍然会呈现出一种模式，这种模式可能就是即将发生故障的先兆，因此有必要对这种模式进行评估。管理这一阶段的微妙变化需要发展技能，这是任何管理系统都会面临的终极挑战。

PDCA 循环（PDCA cycle） 计划（Plan）、执行（Do）、检查（Check）、行

动（Action）是戴明环的衍生物。戴明环重视研发、设计、生产和销售之间的持续互动，PDCA 循环则认为每一个管理行为可以通过认真地贯彻计划、执行、检查、行动这一系列步骤实现改进（见 SDCA 循环与戴明环）。

政策（policy）　在日本，这个词指中长期管理目标，也包括年度目标。它的另一层次意义还包含目标和措施，即结果和手段。

目标通常是指由高层管理者设定的数字目标，如销量、利润、市场份额等目标，而措施则指的是实现目标的具体行动项目。没有具体措施保证的目标仅仅是一句口号。高层管理者必须同时确立目标与措施，然后在组织机构上下部署目标和措施。

政策部署（policy deployment）　通过基层负责人直接实施或由跨职能机构间接实施改善项目中的政策。

政策优先化（policy prioritization）　在政策部署过程中，确保最大化地利用各级管理资源的一种技巧。在逐渐指向具体行动的目标中，高层管理者的政策务必在所有的管理层级中进行重申，直到对政策的陈述转变为精准的量化价值陈述。

过程导向式管理（process oriented management）　一种重视以人为本而不是只看重结果的管理方式。过程导向式管理支持并鼓励员工改进工作方法。它需要一种长远的眼光，常常需要人们在行为方式方面做出改变。

这种管理方式有一些值得借鉴的衡量标准：纪律、时间管理、技能发展、介入与参与、士气、交流。在改善策略中，这些标准被称为 P 型标准。改善策略主张有意识地建立一个激励 P 型标准的系统。

质量控制（quality control）　根据日本行业基准的定义，质量控制（QC）指的是"节约地生产满足顾客需求的产品和服务的手段系统"。

1950 年，戴明将质量控制理念引入日本，他主要强调在生产过程中运用统计工具改进产品质量。

1954 年，朱兰使质量控制成为一种改进管理绩效的工具。今天，质量控制作为一种工具，为所有与公司经营行为有关的因素进行持续互动，搭建了一个系统，从而实现提高质量使顾客满意的目的。

于是，日本的质量控制几乎成了改善的同义词，尽管统计仍是质量控制的支柱内容，但质量控制中增加了许多其他的工具，如用于改进的七种新工具。

质量控制小组（QC circle） 在车间里自愿执行质量控制活动的小组，不断地履行自己的工作，使其成为全面质量控制、自我发展、相互教育、流程控制及车间内部改进等项目的一部分。

QCS（质量、成本、进度） 就公司总体目标的等级构成问题，丰田汽车资深董事青木茂指出，"获得利润"是公司显而易见的终极目标，"……下一主要目标应该是……质量成本和（关于数量和交货的）进度安排，因此我们应该令所有其他部门都服务于 QCS 这三个高等级的目标。"

质量（quality） 就质量由什么构成这一问题，很难达成共识。广义来讲，质量是指任何可改进的对象。当提及"质量"一词时，人们往往首先想到产品质量。在讨论改进策略的本书环境中，这么理解就偏题太远了，因为改进策略最迫切关注的是"人"的质量。企业的三大基石便是硬件、软件和人才。只有当人才的地基夯实后，才有企业的软硬件可言。打造高质量的人才就是帮助他们建立"改善"的意识。

质量保证（quality assurance） 质量保证意味着确保产品质量令客户感到满意、可靠，同时经济划算。

质量部署（quality deployment） 将客户需求（即常见的"真实质量特征"）部署到设计特征（即对应特征）或部署到子系统（如元件、部件、生产流程）中去的技巧。质量部署被看作过去 30 年里日本对全面质量控制的最重大的发展。

质量控制的七种工具（Q7）与七种新工具 Q7 指七种统计工具，与七种新工具合在一起为全面质量运动的不断演化和改进做出了必不可少的贡献。

结果导向式管理（resultoriented management） 这种管理方式在西方已根深蒂固，强调控制、绩效、结果、回报（通常是财务上的），强调回避报偿，拒绝罚金。这种管理方式下的准则或 R 型准则易于计量并且都是短期的。西方几乎无一例外地强调 R 型准则。

SDCA（标准化、执行、检查、行动）循环 PDCA 循环的改良版，管理者首先确定标准，然后实施 PDCA 的功能。

七项提升运动（seven-up campaign） 1975 年日产改善项目中改进运动的宣传口号。

标准化工作（standardized work） 由丰田定义的工作、机器、材料三者的最优化结合。

标准（standards） 由所有主要运营部门的管理者建立起来的一整套政策、规则、指令和程序，是确保所有员工成功履行本职工作的指导方针。

建议系统（suggestion system） 在日本，建议系统是个人主导的改善活动不可或缺的组成部分。建议系统规划是公司的一项战略规划，其设计要经过周密的筹划、实施和沟通。同时，还要审慎地关注高层管理者的反应，开发出一套反馈与奖励系统。

日本式的建议系统强调提高士气，重视员工参与的价值，而不像美国式系统那样过分强调经济回报和金钱奖励。（日本建议系统的使用规模可以由每年提交的建议总数反映出来。1985 年，在日本公司中，松下公司员工提出的建议数量最多，总数超过 600 万！）

全面生产维护（total productive maintenance） 全面生产维护（TPM）的目的是在设备全生命周期内使其效益最大化。TPM 涉及各个部门所有层级上的每个人。它鼓励人们结成小组，通过小组活动进行工厂维护，这其中包括以下基本元素：维护系统开发、基本的内务教育、解决问题的技能、实现零突破的活动。

高层管理者必须设计一套系统，使得它能发现每一个人在全面生产维护中的能力和责任并予以奖励。

全面质量控制（total quality control） 在覆盖所有人的有组织的改善活动中，管理者和员工联合起来齐心合力，在各个层级改进绩效。改进绩效的直接用意就是实现跨职能目标，如质量、成本、进度安排、人力发展以及新产品的开发。全面质量控制（TQC）认为这些活动最终会带来顾客满意度的提升。

劳工大学（University of Labor） 日本生产力中心设立的一个项目，旨在教育工会的领导者掌握合理的业务管理理念，从而使他们能更好地与资方谈判。

可视化管理（visible management） 以一种清晰直观的方法为一项工作包含的各个元素提供相关信息和指导说明，以便工人能将生产效率最大化（看板系统就是该技巧的典型例子）。

准缺陷（warusa-kagen） 全面质量控制中指算不上是问题，但也不十分正确的事情。这种情况若置之不管，有可能会发展成严重的问题。准缺陷是改进活动的起点。在车间中，工人最先发现缺陷，因此，工人也就成为维护和改进的第一梯队。

精益思想丛书